U0839632

中国领导力
提升系列

主编 胡月星

领导思维

赵福生◎著

中国出版集团 研究出版社

图书在版编目（CIP）数据

领导思维 / 赵福生著 . — 北京 : 研究出版社，
2017.5

ISBN 978-7-5199-0011-3

Ⅰ. ①领… Ⅱ. ①赵… Ⅲ. ①领导思维学
Ⅳ. ① C933

中国版本图书馆 CIP 数据核字（2017）第 031467 号

领导思维

作　　者　赵福生　著
责任编辑　陈侠仁
出版发行　研究出版社
地　　址　北京市东城区沙滩北街 2 号中研楼
邮政编码　100009
电　　话　010-63292534　63057714（发行中心）
　　　　　63055259（总编室）
传　　真　010-63292534
网　　址　www.yanjiuchubanshe.com
电子信箱　yjcbsfxb@126.com
印　　刷　三河市金泰源印务有限公司
开　　本　710 毫米 ×1000 毫米　1/16
印　　张　19.25
版　　次　2017 年 5 月第 1 版　2017 年 5 月第 1 次印刷
书　　号　ISBN 978-7-5199-0011-3
定　　价　48.00 元

《中国领导力提升系列丛书》编委会

参与研究单位

国家行政学院

中国浦东干部学院

中国人事科学研究院

国家税务总局党校

北京行政学院

上海行政学院

黑龙江省行政学院

吉林省行政学院

广西行政学院

辽宁师范大学

宁夏行政学院

协助支持单位

国家行政学院中国领导科学研究中心

国家行政学院公务员培训研究中心

中国人才研究会领导人才专业委员会

西安思源学院新发展理念与领导力研究中心

提升领导力是聚焦点（代总序）

胡月星

领导科学研究告诉我们，组织发展与领导力提升并不是同步的。组织规模增大，并不意味着领导力随之提升。组织规模小，并不代表没有强大领导力。有的组织诞生时规模很小，但能够逐渐壮大，关键就在于其具有强大领导力。中国共产党诞生之初人数寥寥，但犹如喷薄而出的朝阳，光照四方。成功的秘诀在哪里？就在于党拥有强大的领导力，正是这一核心力量使党焕发出旺盛的生命力。今天，中国共产党是拥有436万多个基层党组织、8779万多名党员的大党，但规模越大并不意味着领导力就越强。加强和改善党的领导，必须把提升领导力作为聚焦点。

那么，领导力究竟是什么？以往人们通常把领导力等同于权力，认为有权力就有领导力。这种观点至今还停留在一些人的头脑中，限制了人们探索提升领导力的视野。领导力与权力确实有密切关系，但绝不是对等关系，有权力未必就有领导力，否则就难以解释个别领导“有权无威”甚至“众叛亲离”的现象。权力仅仅是领导力的一种重要资源，而不是领导力的全部。在领导科学研究中，领导力存在于精神信仰、思想观念、规章制度等方方面面，既包括组织领导力，也包括个体领导力。组织领导力是由个体领导力积极作用而成的合力，这就像百川终归大海一样。组织领导力与个体领导力相辅相成、高度融合，共同提升政党的领导力。我们讨论加强和改善党的领导，当然需要从组织领导力角度去分析，但领导科学研究表明，重视个体领导力对于加强和改善党的领导同样至关重要。因为组织领导力最终要具体落实到领导干部行为中，如果各级领导干部缺乏领导力所必需的知识、能力、品质以及积极行为表现等，组织领导力就会失去来源，组织就会变得软弱无力。可以说，领导干部的领导力直接决定着党的领导力。一个政党领导力的缺失，很大程度上是因为领导干部领导力的缺失。当前，从提升领导力入手加强和改善党的领导，需要把组织领导力与个体领导力紧密结合起来，从“领”入手，由“导”贯通，实现“心”与“力”的积极融合。

用信仰目标实现“领”。信仰就是希望，目标就是方向。没有信仰目标的政党是没有希望的，没有信仰目标的领导干部是难堪大任的。成立 90 多年来，我们党的领导之所以坚强有力，就是因为我们党有信仰、有目标，让广大党员有使命感，让人民群众有方向感。一个政党如果不能让自己的党员有使命感就无异于乌合之众，如果无法让群众有方向感就会失去号召力和凝聚力。新形势下，加强和改善党的领导，尤其需要把党的领导与党所坚守的崇高信仰、党所追求的远大目标紧密结合起来。要让广大党员和人民群众明白我们党究竟从哪里来、往哪里去，信仰什么、追求什么，党对人民群众来说有着什么样的功能和价值。把这些问题讲清楚，人民群众就会拥护党、追随党。

用科学理念实现“导”。信仰的追求、目标的实现都要有科学的理念。一个政党所坚持的科学理念凝聚着政党的智慧，能够引领人民群众的行动。从这个意义上说，理念科学，领导力就强。我们党一直强调用科学理念实现党的领导。习近平总书记在党的十八届五中全会上提出的创新、协调、绿色、开放、共享新发展理念，凝聚着全党的智慧，是统一全党思想和行动的指挥棒。领导干部能不能深入贯彻新发展理念，坚决纠正那些与新发展理念不相适应甚至背道而驰的错误观念与行为，直接关系我们党的领导力。领导干部要把学习贯彻新发展理念与提升领导力、加强和改善党的领导紧密结合起来。

用“心”与“力”的融合提升领导力。心为万力之本。提升领导力，从领导干部个体角度而言尤其要注重“心”与“力”的融合，具体而言主要包括以下几个方面：一是强调忠诚。忠诚是对“心”最重要的要求，是“力”的源泉。领导干部要对党忠诚，不论身在何方，不论处于何种境地，都要把对党忠诚作为自己的道德操守和行为准则，这样才能担负起组织重托。二是强调提升能力。有“心”无“力”，最终只能流于平庸。提升领导力，既要有“心”，也要有“力”。这就要求领导干部必须高度重视提升自己的能力。三是强调责任担当。责任是“心”，担当是“力”。当前，加强和改善党的领导特别需要领导干部有责任担当。有了责任担当，就能把“心”与“力”融合后的力量充分发挥出来，不断提升我们党的领导力。

原载《人民日报》（2016 年 04 月 15 日 07 版）

目录

CHAPTER 00

导论

领导力来自领导思维

思维着的精神是地球上最美丽的花朵。

——［德］恩格斯《自然辩证法》

人不过是一根芦苇，是自然界很脆弱的东西，但却是一根有思想的芦苇，我们的全部尊严就在于思想。

——［法］帕斯卡《思想录》

一个民族要想站在科学的最高峰，就一刻也不能没有理论思维。

——［德］恩格斯《自然辩证法》

恩格斯说过，思维着的精神是地球上最美丽的花朵。思维是人脑对客观现实的概括，是对事物的本质和事物间规律性联系的反映。人凭借高级的大脑思维，能洞察天机，认识世界；通过独有的意识活动，能谋定天下，改造世界。人类历史早已证明，思维决定思路，思路决定出路，出路决定道路。作为领导人类实践活动的思维，领导思维主要集中体现为领导者应具备的思维。领导思维是上层智慧，领导思维是成功领导需要的各种思维的集群，领导思维是领导者的内功心法。实践证明，领导者思想有多远，就能带领追随者走多远；领导者思维有多高，就可以率领、引导追随者攀登多高。一句话，领导力来自领导思维。

一、领导思维是上层智慧

法国著名哲学家帕斯卡在其《思想录》有句名言："人不过是一根芦苇，是自然界很脆弱的东西，但却是一根有思想的芦苇，我们的全部尊严就在于思想。"领导是有尊严的实践，是领导者对追随者的率领、引导，为的是实现更高更美的人类目标。领导活动的这一至上属性要求领导思维是高于平常人的大智慧。

（一）领导思维体现领导境界

"蒹葭苍苍，白露为霜。所谓伊人，在水一方。"世界虽深不可测，高不可攀，让人不可穷及，然而，虽不能至，心向往之。中国古代的《蒹葭》表达出人类对社会中一切可望难即，却锐意追求的境界。如果说帕斯卡的"思想的芦苇"名言洋溢着理性的光芒，那么先秦的"在水一方"则充满了诗意的感悟，二者都从不同侧面表现了我们人类思维，特别是领导思维的理性和理想境界。领导者既要有比平常人更多体现能使弱小的人类变得强大的思维力量，又要更多彰显虽有万水千山阻隔仍然执着寻觅的高尚精神。实践中，领导者的境界如何，首先并最深沉地体现在领导思维品质上，领导思维品质决定了领导者会为追随者构建出什么样的思维殿堂，铸就出什么样的英雄偶像。

（二）领导思维决定领导能力

领导思维是领导行动的方向盘、轮舵机、操纵杆，是驱动发展的引擎。领导思维是领导者谋事之道、行事之法、成事之术，因此，领导思维在起点和内生动力的意义上决定领导能力，领导者靠领导思维指引方向，激发活力，凝聚力量。因此，领导思维的不足不是一般意义的缺乏，是源头上的匮乏、起动上的无能。

孔子曰："民可使由之，不可使知之。"对于这句话，领导思维不同，对领导者的能力要求就不同。如果把它理解为"民，可使由之，不可使知之"，孔子的话，就会被误解为愚民政策，即民，只应该让他们去做事，而不可以让他们知道为什么要这样做，这就是强化专制统治和刚性管理，必然领导能力不彰；如果把它理解为“民可使，由之，不可使，知之”，就提出了一种普遍的领导方法，民心可用，让民发挥力量，民心不可用，领导者就要调研，知道民心不可用的原因何在，找到可用的途径，这是对领导者深入实践深入民众的能力要求；如果把它理解为“民可，使由之；不可，使知之”，那就是民主的领导，即人民会做的时候，让他们自由做，不会做的时候，则需要引导教育他们，领导的“导”的能力凸显；如果把它理解为“民可使由之，不可使知之”，则强调思想领导的重要性，因为一般来说，民可以按你说的去做，但无法知道他为什么要那样做，这就需要领导者有引导、教导、辅导、督导的能力，通过教化最终使民知。可见，领导者对待孔子在一句话上的不同思维，决定了不同行动，也提出了不同的能力要求。

（三）领导思维影响领导效能

恩格斯指出：“一个民族要想站在科学的最高峰，就一刻也不能没有理论思维。”[①] 具体到领导者身上，一个领导者要想站在伟大实践的最高峰，也一刻不能没有理论思维。领导者是领导人民干事创业的引路人、先行者，其思维水平的高低、思维能力的大小，直接决定着决策水平和领导效能。

今天，要实现中华民族伟大复兴的中国梦，领导干部必须更加重视领导思维的培育和锻造。习近平在庆祝中国共产党成立 95 周年大会上指出：“各级领导干部要加快知识更新、加强实践锻炼，使专业素养和工作能力跟上时代节拍，避免少知而迷、无知而乱，努力成为做好工作的行家里手。”[②] 避免少知而迷、无知而乱，领导者就要增强学习、培育、坚持科学思维的自觉性和坚定性，与时消息、与时俱进、与时偕行。

---

① 《马克思恩格斯选集》第三卷，人民出版社，第 467 页。

② 习近平：在庆祝中国共产党成立 95 周年大会上的讲话，《党建》，2016 年 7 月 1 日。

二、领导思维是科学思维群

领导思维是一系列思维构成的思维群，其中的各种科学思维相互依存、相互交叉、相互促进，在一定条件下相互转化。泰戈尔在《初雪》一诗中这样写道："世界上最遥远的距离不是树与树的距离，而是同根生长的树枝却无法在风中相依。"领导者不要在科学思维之间制造这样的同气连枝却无法相依的悲剧，在学习、培育和坚持领导思维中，不能搞零敲碎打，不能搞孤立封闭，而要系统运思、普遍联系。战略思维、辩证思维、系统思维、创新思维、法治思维、底线思维、历史思维、互联网思维等都是对客观世界的能动反映，都能在马克思主义哲学那里找到其理论依据和思想渊源，都是领导工作须臾也离不开的科学思维，因此，这八大思维也都是习近平强调和要求各级领导干部必须学会运用的科学思维。

从领导实践要求来看，这八大领导思维形成领导思维系统的有序结构。第一，战略思维是领导思维的根本。领导思维不同于一般思维的首要特征就是领导思维能站得更高，看得更远。可以说，作为领导者，首先最需要的就是拥有战略思维能力。第二，辩证思维是领导思维的前提。辩证思维是以联系和发展的视角认识事物的思维，是能够抵御思维片面化和"假大空"的"武器"。第三，系统思维是领导思维的基础。系统思维将认识对象视为整体，通过结构优化来完善功能，它能帮助领导者统筹兼顾，加强协调，提高领导效能。第四，创新思维是领导思维的关键。创新思维能破除常规、激活思想、放飞心灵，为领导实践开辟新局面。第五，法治思维是领导思维的保证。它是能帮助领导者依法判断是非和处理事务的准绳。第六，底线思维是领导思维的核心。底线思维积极防控风险、追求最大效能，是有守与有为相统一的辩证思维，底线思维是领导战略之基，也是辩证思维、系统思维之核，还是领导创新战略之用、法治思维之体。第七，历史思维是领导思维的保障。历史思维从历史发展及其规律中汲取智慧来指导现实领导活动，为领导思维提供滋养和资源。第八，互联网思维是领导思维的新范式、新方向。八大思维在领导思维体系中地位和意义不同，层次和功用不同，所以在领导思维的不同阶段或情境下应有所侧重。八大思维又彼此交叉交织交融，决定领导者在实践中的综合运用，发挥整体效能。

三、领导思维是领导者的内功心法

从领导的过程来看，从战略思维、辩证思维、系统思维，到创新思维、法治思维、底线思维，再到历史思维、互联网思维，显现出领导思维是一个不断锤炼的过程、一个内功修炼的过程、一个不断向外延伸的过程。

对于一个新的领导者来说，开始进入角色，超越一般管理，总要从 do the things right 到 do right things，即从“把（确定了的）事情做对”到“做（一切可能）对的事情”转换，这首先就要树立战略思维，培育战略眼光。随后大小兼顾，整体与局部兼顾，部门与个人兼顾。领导思维又包含了辩证思维和系统思维，适应了实践需要，这个领导者的工作也取得些成绩。但此时，领导者成长处于量变时期，工作业绩的增速也放缓甚至停滞不前，这时领导者就需要创新思维。

领导创新思维虽然是自由的，但毕竟不同于艺术家思维的天马行空，领导思维总是要落地的，总是要转化为领导实践的，因此，领导创新必须于法有据，领导创新思维必须与法治思维结合起来。此时，由于领导者对取得的成绩极易骄傲自满，开创新局面也面临诸多阻力，各种诱惑也纷纷袭来，这些挑战都需要领导者强化底线思维。居安思危，防患于未然，以史为鉴，这又要求领导者培树历史思维。从历史走向未来进入当今时代，互联网时代决定、催生领导者的互联网思维。

如果上述的假设和分析成立，那么，从战略思维、辩证思维、系统思维到创新思维、法治思维、底线思维，再到历史思维、互联网思维，就体现了领导者成长的一个自然历史过程，也是领导连续体的一个内在逻辑，体现了历史与逻辑的统一。

按照这样的关系顺序，本书主体内容相应分为八章，每章都分别解释了八大领导思维是什么、有什么价值、有哪些内在要求、如何培育等问题，并在最后精选典型案例加以简要分析。

第一章战略思维，关注事关领导事业兴衰成败的第一位的思维问题，是一个决定政党能否赢得领导权的根本性问题。战略上判断得准确，战略上谋划得科学，战略上赢得主动，党和人民事业就大有希望。本章包含战略思维关系成败、体现格局、把握大势，培育战略思维需要消除误区、寻求高大上来谋定天下等内容。

第二章辩证思维，关注既要做好“大文章”又能做好“针线活”，既能“岁月静好”又能“应时而动”，乘辩证思维之风，破时代难题之浪；把联系发展之脉，开辩证思维之方；培矛盾分析之土，育辩证思维之苗；历览古今多少事，辩证思维在其中。

第三章系统思维，从系统出发强调整体功能、结构优化、统筹兼顾的必要性，强调学习现代系统科学强化系统意识的必要性，以系统思维解决复杂问题和复合矛盾。

第四章创新思维，强调没有创新思维就没有创新发展，创新思维是人类一切创新活动的精神之根、思想之源。人类历史证明，凡是改革的先行者，都抢占了创新思维的“高地”；凡是发展的落伍者，都陷入了落后观念的“泥淖”。为此，本章安排了六个部分：谱创新思维之曲，奏发展进步之声；抚革故鼎新之琴，弹创新思维之音；握立足实践之笔，书创新思维之章；引理论指引之线，织创新思维之锦；泼激活潜能之墨，绘创新思维之景；讲创新思维之事，悟破旧立新之道。只有运用好创新思维，领导者才能创造出“史上奇观”。

第五章法治思维，面对“能吏寻常见，公廉第一难”的历史难题和现实困境，本章探讨法治思维为领导保驾护航、以法治思维为基础的六度空间、面临机遇与挑战及以信仰敬畏法律培育法治思维之道。

第六章底线思维，关照领导者要坚持底线思维，强化危机意识，运筹帷幄，才能稳中求进、险中取胜。本章包括底线思维是复合性思维、划定领导边界、为领导活动设置警戒功能和以遵规守纪培育底线思维之法。

第七章历史思维，从历史是最好的教科书和清醒剂切入，分析历史思维以科学方法研究历史和现实、助领导者鉴古知今晓未来、培育历史思维要靠唯物史观引领、让历史告诉未来等内容，以史为鉴、以史求是、以史寻根。

第八章互联网思维，注重以互联网的方式思维，作为发展新引擎的互联网思维体现互联互通、追求共建共享、强化平民领导，领导者要既做“低头族”又做“抬头族”，让思维插上互联网翅膀，共创美好未来。互联网时代，脚下好比信息高速公路，领导者好比车队的“头车”，领导思维好比发动机。如果组织成员没有领导思维，就会掉队，如果领导者没有领导思维，就会丧失领导力、失去领导权。

今天，人类在进行伟大的实践，中国更在进行伟大的实践，伟大的实践离不开先进领导思维的引领和驱动。希望本书能助人学习，予人新知，给人启发，引人深思。

C H A P T E R 0 1

第一章

战略思维

不谋万世者，不足谋一时；不谋全局者，不足谋一域。

——［清］陈澹然《寤言二迁都建藩议》

泰山崩于前而色不变，麋鹿兴于左而目不瞬。

——［北宋］苏洵《心术》

《中国青年报》上讲过一个县委副书记的故事。

这位副书记认为："没有人才，民不能富，县不能强，翻两番的目标就不能实现。"他担任县委副书记拜访的第一个人是一位非党作家。一来二去，他俩的话题无所不及，有时二人收住话锋时，已是次日凌晨两三点钟。每遇这种情况，为了不影响门卫的休息，两人常常叠罗汉一般，一人先蹲下，另一人站上肩头，悄悄地从大铁门上翻过，然后相视一笑，算是道别。

通过交流，这位副书记发现了这位非党作家的大局视野和组织才能，让他挑起了文化局局长的重担。

他一上任，便把原来混乱的文化系统整治得井井有条。在任期间，这位作家局长为当地文化事业的发展和古文物的研究保护，真是竭尽全力。不但兴建修复了剧院、书店、电影院等文化设施，还让一批国家级和省级文物得以重现风采和雄姿。

这位县委副书记是谁?

他坚持运用的是什么思维，使县里的工作都得到了根本性、长远性、全局性提升?

他为什么能坚持这种思维?

古人云:“不谋万世者，不足谋一时;不谋全局者，不足谋一域。”凡世间成大事者，无不有大格局、大胸怀，大格局向高远处展，大胸怀往广阔处开，大开大合，大放大收，自然卓然于世、领袖于群。拥有战略思维的领导者胸怀大局、把握大势、着眼大事，有“登泰山而小天下”的气度、“纳万流而成大海”的胸襟，对大局了然于胸、对大势一望而知、对大事从容指挥，才能因势而谋、应势而动、顺势而为、造势而起、乘势而上。

一、战略思维关系成与败

战略思维是指研究全局性、长远性和根本性认识规律的思维方式，是人们分析和解决宏观性、前瞻性、政策性等重大战略问题的立场、观点和方法。

战略思维是领导者的一个基本功。战略思维的成熟与否，战略思维能力强弱与否，不仅直接制约着领导者观察、分析、判断事物运动变化发展的立场、观点，而且直接制约着领导者的领导方法、领导艺术、领导绩效。

第一，战略思维对未来起到明确奋斗目标和方向的作用。

有一则新寓言故事。

兔子与乌龟赛跑输了以后，总结经验教训，并提出与乌龟重赛一次。

赛跑开始后，乌龟按规定线路拼命往前爬，心想:这次我输定了。可当乌龟到了终点，却不见兔子，正在纳闷时，见兔子气喘吁吁地跑了过来。乌龟问:“兔兄，难道又睡觉啦?”兔子哀叹:“睡觉倒没有，但一着急，没辨明方向，跑错了路。”

原来兔子求胜心切，一路上埋头狂奔，恨不得三步两蹿就到终点。估计快到终点了，它抬头一看，发觉竟跑在另一条相反的路上，因而最后还是落在了乌龟的后面。

这则寓言故事深刻地说明：竞争道路上，你的实力再强、条件再好，也要明确方向，必须与你的奋斗目标相结合，树立起战略思维。

第二，战略思维对现在起到总览全局、抓住重点的作用。“不谋根本者，不足谋一事。”在全局中并不是所有的事物都同样重要，其中必有一种是具有主导和决定作用的事物。着重研究解决事关全局的重大问题，从哲学方法论的意义上来说，也就是正确认识和处理主要矛盾，也就是抓住了工作中心和工作重点问题。我们要善于抓住影响事物发展的关键环节，根据形势现状因势利导，从事物发展的关键根本点上实现质的突破和飞跃。

第三，战略思维对历史起到认清大势、看到实质的作用。金一南将军在《什么在决定成败》一文中讲到，第二次世界大战之初，斯大林的战略思维就出现了问题①。

开始，斯大林以为凭借一纸《苏德互不侵犯条约》，能有三至四年的时间进行战争准备，未料想一年多时间希特勒就发动了侵略战争。当所有征候已经极其明显，斯大林就是不相信战争迫在眉睫。他不但未做出相应部署，还要求一线部队按兵不动，“不给对方提供挑起战争的口实”，致使战争初期苏军损失极其重大。战争爆发第五天，苏军西方方面军就被德军合围，两个集团军全部、一个集团军大部分共22个步兵师，加上配属的若干个坦克师和机械化旅共计30万部队在明斯克方向陷入绝境。斯大林从德国广播电台中听到这个消息，只来得及派飞机将方面军主要领导接

① 金一南：《什么在决定成败——关于战略思维的思索之一》，《解放军报》，2010年3月4日。

到莫斯科，然后军法审判，除政治委员福明纳赫以外，方面军司令帕夫洛夫大将、参谋长克利莫夫斯基中将等人全部被执行枪决。但灾难并未就此中止。过了一个月，1941 年 8 月，德军完成斯摩棱斯克合围，苏军损失 39 万人。再过一个月，德军完成基辅合围，苏军损失 60 余万人。基辅合围被西方史学界称为“世界战争史上最大规模的陆上合围作战”。又过一个月，德军完成维亚兹马合围，苏军损失 50 余万人。这就是卫国战争之初，因苏军严重损失使苏联面临的严重态势。虽然后面有德军兵临莫斯科城下斯大林依然在红场阅兵表现出的钢铁般意志、有莫斯科保卫战和斯大林格勒保卫战实现的伟大转折、有苏联红军攻克柏林横扫半个欧洲铺开的辉煌胜利，都无法掩盖战前和战争初期，以斯大林为代表的苏联领导层因战略思维出现问题，给国家、民族和军队带来的巨大灾难。

无独有偶，蒋介石在 1931 年日本制造了九·一八事变攻占沈阳前出台“不抵抗”政策，也是认不清国际大势，看不到事变实质，结果使 130 万平方公里的国土沦陷、3000 万同胞成了亡国奴，其中教训不可谓不重大。

中国共产党高度重视战略思维，善于把握大势、驾驭全局，无论是革命、建设还是改革的历史征程中，始终以全局视野和战略高度，研判中国所处的历史方位，捕捉战略机遇，制定战略目标，明确战略任务，展开战略布局，实施战略举措，以宏大的视野和宽广的胸怀领导，依靠和团结全国各族人民铸就辉煌。

党的十八大以来，习近平分别阐述了战略思维、辩证思维、系统思维、创新思维、法治思维、底线思维、历史思维和互联网思维，形成了体大思精的治国理政方法论体系。战略思维作为对全局性、长远性、根本性问题进行谋划的思考方式，是科学世界观和方法论在实际工作中的具体运用，也是领导干部能力素质的重要体现。当前，在世情、国情、党情发生深刻变化的新形势下，更加迫切要求各级领导干部提高战略思维素养。习近平指出：“战略问题是一个政党、一个国家的根本性问题。战略上判断得准确，战略上谋划得科学，战略上赢得主动，党和人民事业就大有希望。”

二、战略思维体现大格局

战略思维体现格局，格局决定布局，布局决定结局。因此，要先谋于局，后谋于略，关照全局，抓住要害。

（一）战略思维的内涵

“战略”最早是一个军事术语，产生于人类的军事斗争实践，随着社会生活的变化，“战略”一词被应用到公共管理当中。在西方，公元前 5 世纪前后，希腊语里就出现了“战略”这个词，意思是领兵打仗之术。在我国，公元 3 世纪末西晋历史学家司马彪所著《战略》一书，最早直接以“战略”为书名研究战争作战的谋略问题。可以说，“战略”一词人们长期运用，也都大意相同，但人们一直没有对它的内涵和外延做出明确的界定。直到 19 世纪初叶，德国近代军事学家、被誉为西方“兵圣”的克劳塞维茨在他的名著《战争论》中，才对战略做了确切的定义，即“为了达到战争目的而对战斗的应用”。显然，这个定义是相对于战争而言的，它是基于实现战争目的而对战争全局的筹划和指挥。

随着社会不断地发展，特别是人类进入 20 世纪，世界大战的复杂程度远非以往局部战争可比，政治、经济、科技、文化和精神等因素对战争的渗透越来越深、影响越来越大，这些变化促使人们重新思考战略问题，西方战略理论中相继提出了超越军事战略之上的“大战略”“国家战略”“全球战略”等词汇。随之“战略”一词及其军事含义被泛化到政治、经济等社会生产生活的各个领域之中，战略的内涵也随着其应用领域的不断延伸而变得越来越广泛。

一般情况下，相对于策略而言，战略泛指对具有全局性、长远性、根本性问题的筹划和指导。战略思维，就是指分析和解决具有全局性、长远性和根本性的问题所运用的思考方式、方法的总称。领导作为高层次、超脱性的管理，具备战略思维无疑就成为各级领导干部必须具备的一项基本功。

（二）战略思维的三个维度

战略思维是全局性、长远性和根本性问题的思考。全局性体现战略思维的宽度、长远性体现战略思维的长度、根本性体现战略思维的高度，从而形成战略思维的立体结构，体现了战略思维的时空。

1. 战略思维的宽度

战略的宽度讲的是全局。讲全局，讲的是自觉的全局意识、自觉从全局看问题，把工作放到全局上去想、去做，讲的是国家好、民族好，个人才会好。全局不好，局部就会受损，所以要顾全大局、服从大局、服务大局。然而，抓全局不能丝毫不顾及局部，没有局部的全局是空的全局，但是只重局部就会失去全局视野，如何把握全局与局部关系就成为战略概念形成的方法论依据。这就意味着，一方面，战略总是立足于全局的。否则，战略就不成其为战略。另一方面，全局绝不是孤立的、空泛的，离开局部的全局，而是与局部保持特定关系的全局。战略思维的展开，体现为全局与局部的整体性结构。把握好全局与局部关系的基本内涵和基本关系，是提高战略思维能力的关键所在。

2. 战略思维的长度

战略思维的长度讲的是时间维度，讲的是基于现在看未来的战略预见性。眼光的长远与否直接决定了领导者战略思维的高度，看得远才能走得远。什么叫看得远？常言道：“比别人多看出一步是高人，多看出十步是哲人，多看出百步是伟人。”比别人看得远，就要立足当前、着眼长远。战略总是对未来的安排或导向，同时又是基于现在而朝向未来的。战略思维在时间维度上具有不可逆性，所以才会有“机不可失，失不再来”的说法。时间维度的另一特殊性是不确定性。时间是最无情的，在某一个时间点上比较确定的战略要素，随着时间的推移，经常会变得确定性减少，甚至很不确定。这种不确定性给战略思维提出了特殊的挑战，也对人的能动性提出了更高的要求。

3. 战略思维的高度

战略思维的高度讲的是战略思维的目的目标，也是战略思维的效能。任何一个具体的战略，都要有其特定的目的与手段，建立目的与手段之间的效能关系。在战略思维中，效能性就是通过目的和手段的优化，以及目的与手段关系的优化而体现出来。当代一些战略家，如美国陆军学院的阿瑟·莱克上将甚至直接把战略概括为：战略＝目的＋途径＋手段。认识战略思维具有目的与手段的效用结构，对于提高战略意识和战略思维的水平，具有基础性的意义。

战略思维的三维结构反映了战略思维的一般特征，形成战略思维的基本结构。领导干部要提高自身战略思维能力，必须对这些特征及其关系有基本的把握。

（三）战略思维的基本要求

战略思维的基本要求与战略思维的三个维度一一对应。首先，战略思维在空间维度上要求我们着眼全局。其次，战略思维在时间维度上要求我们科学预见。最后，战略思维在效能维度上要求我们把握重点。

1. 着眼全局

所谓着眼全局，就是要求把观察和处理问题的出发点和落脚点放在全局上，把局部问题放在整体之中予以思考。

战略思维的切入点是从大看小。大是系统、全局，小是要素、局部。从大看小就是要放眼全局，站在全局的高度去看待全局与局部、局部与局部的关系。毛泽东在《中国革命战争的战略问题》中指出："指挥全局的人，最要紧的，是把自己的注意力摆在照顾战争的全局上面。""任何一级的首长，应当把自己的注意重心，放在那些对于他所指挥的全局说来最重要最有决定意义的问题或动作上，而不应当放在其他的问题或动作上。”[①] 管理学中有一种说法，叫“细节决定成败”。这句话能否成立，依赖于一个前提，那就是战略是否正确，如果战略出现失误，细节就没有“决定”意义。有人说：“与战略无关的细节是陷阱，与细节无关的战略是圈套。”这种表述可能有些过激，但却从侧面表明战略思维对着眼全局的基本要求。

要做到着眼大局，首先必须胸怀广阔。邓小平指出：“最重要的问题是要胸襟开阔。要从大局看问题，放眼世界，放眼未来也放眼当前，放眼一切方面。”[②] 没有广阔的胸怀，就没有宏大的视野。如何具体做到着眼大局？2016年1月，在中央政治局会议上，习近平指出，要增强政治意识、大局意识、核心意识、看齐意识，自觉在思想上政治上行动上与党中央保持高度一致。领导干部增强大局意识，就要时刻做到正确认识大局，自觉服从大局，坚决维护大局，确保中央决策部署落地生根。

2. 科学预见

“凡事预则立、不预则废。”预见性是战略思维的一个重要特征，科学预见是战略思维的一个基本要求。具有战略思维的领导者，就像一个下棋的高手，他每下一步棋，想的都是后面许多步的棋，而不是脚踩西瓜皮，滑到哪里算哪里。有人总是抱怨说，自己没有机会。事实上，不是没有机会，而是你没有预见的眼光，所以看不到机会。只有具备超越常人的眼光，才能抢占先机、抓住机遇，同时，能未雨绸缪，规避现实中的风险和危机。

科学预见，就是妙算于未发、决策于未始、防患于未然。1945年，在党的七大上，毛泽东同志说过这么一段话：“预见就是预先看到前途趋向，如果没有预见，叫不叫领导？我说不叫领导。”“坐在指挥台上，如果什么也看不见，就不能叫领导。坐在指挥台上，只看见地平线上大量普通的东西，那是平平常常的，也不算领导。只有当这还没有出现大量普遍的东西的时候，当

① 《毛泽东选集》第一卷，人民出版社1991年版，第176页。

② 《邓小平文选》第三卷，人民出版社1993年版，第300页。

桅杆刚刚露出的时候，就能看出这是要发展成为大量的普遍的东西，并能掌握住它，这才就领导。”[①] 如果要等到某一重大战略问题表现得很突出时才去热切关注，而在其酝酿期、潜伏期、初始期没有充分的准备，一般是无法掌握主动权的。

无预见，不战略。战略思维是对未来的思考，是对目标的预想。那么，作为领导干部靠什么预见，靠自己的格局，有格局才有布局，没有格局就可能出局，那么，需要预见什么内容呢？首先，要预见事物发展的总趋势，正确确立行动目标。其次，要预见事物发展过程的阶段性，有步骤分阶段地推进战略举措的落实。最后，预见具体实践发展的多种可能性。多做几手准备，以防止意外情况发生。

3. 把握重点

荀子曰：“主好要则百事详，主好详则百事荒。”从一定意义上来说，把握了重点就把握了全局，丢掉了重点就丢掉了全局。何谓重点？就是有决定意义的问题。一般来说，重点有三类：一是主要矛盾和中心任务，它决定战略主攻方向，对全局的发展起主要的决定作用。二是重大矛盾和战略布局。三是关键环节和工作的着力点。19 世纪末 20 世纪初的意大利经济学及社会学家帕累托从经济数量统计中发现一组有规律的数据：80% 的产出，来自 20% 的投入；80%的工作，由 20%的人员承担；80% 的医疗资源，消耗于 20% 的疾病；80% 的交通堵塞，发生在 20% 的路口；80%的存款，来自 20%的客户；80% 的销售额，来自 20% 的顾客……帕累托由此得出结论：80% 的结果，归于 20% 的起因。这一结论被人概括为“重要的少数与不重要的多数定律”“80/20 定律”或二八定律。二八定律告诉我们：要分清主次，不要面面俱到，要摆脱众多纷纭的琐事和俗务，以最大精力去解决最重要的问题。

“一着不慎，全盘皆输”“一着棋活，全盘皆活”。领导干部运用战略思维，

---

① 毛泽东：《在中国共产党第七次全国代表大会上的结论》，1945 年 5 月 31 日。

当然要统筹兼顾，但必须把握重点，不能平均使用力量。

三、战略思维帮助观大势

战略学界有这样一个观点，战略思维比好的战略更重要，因为战略思维把握大势，好的战略是战略思维的结果。提高战略思维既具有一般意义，又具有现实意义。

（一）提高战略思维能力的一般意义

1. 战略思维是时代的需要

当今世界，人类都处在重大而深刻的变革时期，科学技术的迅猛发展，使得综合国力的竞争日趋激烈，经济全球化、政治多极化和文化多元化又使得竞争的环境日趋复杂。战略思维具有很强的目的性、全局性、长远性、层次性和稳定性，能够应对复杂形势。因此，当代社会的急剧变化、激烈竞争的复杂环境和严峻形势，迫使每个国家、地区、企业的领导者都要提高战略思维能力，做出自己的正确战略选择。

2. 战略思维是事业前进的需要

作为一个地区，一个部门或一个企事业单位的决策者、指挥者，如果没有战略头脑，就可能失去发展的方向，偏离发展正确道路，产生系统工作混乱，导致工作处于徘徊观望状态，从而丧失发展的良机。所以要准确地把握改革、发展、稳定中具有全局性、长远性、根本性的重大问题，抓住机遇，促进发展。

3. 战略思维是凝心聚力的需要

战略目标具有拉动、凝聚和激励作用。我们常说“心往一块想、劲往一处使”，那么，到底心往哪儿想？劲往哪儿使？一定是向战略目标和愿景上发力。通过制定正确的战略目标和远景规划，把群众动员起来、组织起来为了一个共同的目标而持久地努力奋斗，这是古今中外领导者带有共性的成功经验。

（二）提高战略思维能力的现实意义

当前，我国正处于全面建成小康社会的关键时期，提高领导干部的战略思维能力，对于破解难题、助推发展具有重要的现实意义。

1. 有助于保持战略定力

“胜，不妄喜；败，不遑馁；胸有激雷而面如平湖者，可拜上将军！”“任凭风浪起，稳坐钓鱼船。”“不管风吹浪打，胜似闲庭信步。”这些语句，很好地体现了战略定力。那么，战略定力从何而来呢？

中国还有一句俗语，叫“人定胜天”。有人错误地认为是指人一定、必定要胜天，这种理解是错误的。人定胜天，“定”指的不是必然，而是“不乱”，是说人如果有定见，有定力，就能胜天。所以，正确的理解是“人定兮胜天”，不是“人兮定胜天”。正确的大战略就是这种定见，坚持正确的战略，要靠这种定力。

宋代名家苏洵说：“为将之道，当先治心。泰山崩于前而色不变，麋鹿兴于左而目不瞬，然后可以制利害，可以待敌。”当前，我国经济社会发展机遇与挑战并存，“时和势总体有利，但艰和险在增多”。只有具备较高的战略思维素养，才能对道路方向保持高度自信、自觉，“任尔东西南北风”。习近平指出，找到一条好的道路不容易，走好这条道路更不容易。中国特色社会主义这条道路，我们看准了、认定了，必须坚定不移走下去。要始终保持清醒坚定，保持强大前进定力，不为任何风险所惧，不为任何干扰所惑。

具备较高的战略思维素养，才能做到不患得患失，不瞻前顾后，对于业已制定的大政方针延续稳定，“咬定青山不放松”。习近平认为，我们的国家这样大，情况极其复杂，因而在治理上应该有稳健的态度，注意审慎决策，做到稳中求进，政贵有恒。要真正做到一张好的蓝图一干到底，“功成不必在我”。

具备较高的战略思维素养，才能在面对错综复杂、风云变幻的环境时，平心静气，该变则迅速变，不该变则坚决不变，“乱云飞渡仍从容”。习近平还强调:“当今世界,机遇和挑战并存。风云变幻,最需要的是战略定力;竞争激烈,最重要的是激流勇进;迎接挑战,最根本的是改革创新。”

毛泽东同志曾说过,“牢骚太盛防肠断,风物长宜放眼量”。战略上看得越清楚,才越不为外界所惑,越能够形成自己的判断。作为领导干部,只有具备较高战略思维能力,才能够真正做到坚持道路自信、理论自信、制度自信和文化自信,才能做到既志存高远,又脚踏实地,才能行稳致远。

2. 有助于把握战略机遇

保持战略定力解决的是大方向问题,这是起点,而能不能认识机遇、捕捉机遇、善用机遇,才是能不能获得主动、获得优势、赢得未来的关键。具有战略思维素质的领导者,才能够主动去认识机遇。

在事物全局的发展中,由各种条件所决定,常常出现加速发展或实现质的飞跃的可能性,对于实践主体来说,这就是机遇。抓住机遇,贵在及时。我国古代军事家吴起说:“用兵之害,犹豫最大,三军之灭,生于狐疑。”法国的拿破仑说:“战略就是运用时间和空间的艺术。我是比较重视前者。空间失去了,还可以收回,时间则一去永不回。”“在战争中时间的损失无可补救。”这是讲战机的重要,商机亦如此。美国企业家李·艾柯卡说:“即使是正确的决策,如果决定迟了,也会是错误的。”毛泽东要求我们,“要多谋善断”。多谋,就是多研究、多思考、多同群众商量。多谋是善断的基础,只有多谋才能善断。但是,多谋还不等于善断。所谓善断,一要断得正确,二要断得及时。把握战略机遇首先要研究和分析客观环境做出判断:机遇有还是没有?在何时显现?会延续多长时间?在认识机遇的基础上,还要在主观做出应有的努力,改变自己的某些内在状态,做好相应的准备,以求在恰当的时空点上,抓住机遇,实现自身的发展。

当前,我国发展仍处于可以大有作为的重要战略机遇期。习近平反复强调,要维护、用好和延长重要战略机遇期。习近平站在大战略的视角,以世界眼光和全球思维谋划中国的发展。他指出,世界繁荣稳定是中国的机遇,中国发展也是世界的机遇。为此,习近平提出了通过多元共生、包容共进,造福于本地人民和世界人民；提出了要抛弃零和博弈的冷战思维，增强合作意识，用共赢思维构建新型大国关系；提出了大国要通过共同协商完善全球治理秩序；提出了实行多元开放以及建设丝绸之路等战略构想。

当前，提高领导干部的战略思维能力，对于准确把握战略机遇期内涵的深刻变化，牢固树立并切实贯彻落实五大发展理念，破解发展难题，厚植发展优势，不断开拓发展新境界，具有重要意义。

3. 有助于防控战略风险

“君子以思患而豫防之”，有备才能无患，既要把握好战略机遇，又要防控好战略风险。有效防范和化解各类风险，是我们利用好重要战略机遇期的前提。我国古代有句名言，叫作“知止”。老子《道德经》中有“知足不辱，知止不殆”。《大学》里有这样一句话：“知止而后有定；定而后能静；静而后能安；安而后能虑；虑而后能得。”我们在工作中要注重把握底线，要善于找到短板，防患于未然。习近平在一次重要会议上强调：“要善于运用底线思维的方法，凡事从坏处准备，努力争取最好的结果，做到有备无患、遇事不慌，牢牢把握主动权。”

“十三五”时期，可能是我国发展面临的各方面风险不断积累甚至集中显露的时期。一是我国仍处于体制转轨、经济转型和既往政策消化期，新旧矛盾交织；二是全面深化改革要涉及重大利益关系调整，可能引发新的矛盾；三是改革发展步伐加快，经济社会面临的主要矛盾和矛盾的主要方面随之发生变化；四是伴随经济全球化深入推进，国际风险会以更快的速度、更大的规模和更深刻的影响传递到国内。各种风险往往复合交织而形成一个风险复合体。

2014 年 2 月 7 日，习近平在接受俄罗斯电视台专访，谈到深化改革时说道，改革再难也要向前推进，敢于担当，敢于啃硬骨头，敢于涉险滩，步子要稳，就是方向一定要准，行驶一定要稳，尤其是不能犯颠覆性错误。为此，我们必须把防风险摆在突出位置，着力提高防范风险的意识和化解风险的能力。“力争把风险化解在源头，不让小风险演化为大风险，不让个别风险演化为综合风险，不让局部风险演化为区域性或系统性风险，不让国际风险演化为国内风险。”[①]

可以说，在防控战略风险的意义上，底线思维就是战略思维。在战略意义上，底线是不可逾越的警戒线，是事物质变的临界点。一旦突破底线，就会产生无法接受的坏结果。当前，我国经济社会发展中各种结构性的深层次矛盾日益凸显，在全面深化改革进程中如何管控好战略风险和系统性风险，守住底线，是决定各项工作成败的前提。

四、战略思维切忌短平快

客观地说，战略思维的重要性目前还没有充分引起一些领导干部特别是基层领导干部应有的重视。在干部的思想中或多或少地存在一些认识误区，具体表现在实践中的短平快思维仍然很严重。

（一）战略虚无主义

这种观点认为，在基层工作的对象是具体事务，只要把具体事务抓好了，工作的目标就实现了。至于战略思维，那是中央或是上级领导的事。这种观点的错误在于：一是没有认识到战略的层次性，没有认识到自己统领的辖区的全局性、长远性的问题就是战略性的问题，因此才会出现短期行为、形象工程、政绩工程带来的拆了建、建了拆的问题，浪费了财政税收，损害了人民群众利益。二是容易造成不顾大局和长远利益，片面强调地方利益和眼前利益，其后果必然是既损害全局利益，又很难真正实现自身利益，一举两损。

事实上，全局和局部的区别是相对的，不是绝对的。第一，相对于全局而言，你体现为局部；然而，相对于所管辖的部分而言，你又是全局，也有一个总览全局的问题。因此，每一个领导干部都应当具有战略思维能力。第二，即使从你所处的局部地位来说，你也需要了解全局，具有全局意识，这样才能自觉服从和服务大局，而不是妨碍大局，甚至危害大局。一切工作都

---

① 赵振华：《深刻把握“十三五”时期重要战略机遇期的内涵变化》，《求是》，2016（5）。

有全局和局部关系问题，都必须懂得全局高于局部、局部服从全局的大道理。这就需要有战略意识和战略思维能力。

（二）战术至上主义

这种观点把理论思考、战略思维与策略战术对立起来。理由是：理论思考、战略思维无非是读几本书，学几个文件，掌握几个观点，最实在也最管用的还是办几件实事。这种观点的错误在于：没有正确地搞清战略和战术的关系。战略与战术是全局与局部的关系，如果从基层工作的实际情况来看，更需要战略思维。因为基层组织和基层干部实践经验丰富，可以总结出大量具体可行的“战术”，但由于理论相对薄弱，对事物进行规律性的认识，形成一种总体思路和对策来，就会有很大难度，并且由于缺乏战略指导，单凭战术会给工作带来大量人力、物力的浪费，现实中这样的例证不胜枚举。

陷入鸡零狗碎的事务主义，事实上也是战略能力的短板；但有些人为了一时政绩罔顾战略全局，则是受私利所驱动，故意为之。从这个角度来看，战略思维就不仅是一种能力问题，而且是一种责任问题。党的十八大以来，干部考核不再单纯以 GDP 论英雄，而是观照到地方发展全局，鼓励领导干部深谋远虑；问责机制也不再局限于任期之内，终身追责、离任审计也都相继出台，政绩冲动将无处藏身。更加科学的考核体系、更加严厉的问责机制，为领导干部涵养责任担当、培养战略思维提供了更好的制度环境。当然，我们不能否定具体“战术”的重要性，缺乏战术支持的战略等于空谈。只有二者的有机结合，才能使领导的决策更具科学性。

五、战略思维寻求高大上

“会当凌绝顶，一览众山小。”树立战略思维要寻求高大上。高是指“顶天”，对于中国领导干部来说，就是要顶马克思主义科学理论之天。大是指“立地”，就是立人类实践生活的大地。对于中国领导干部来说，就是立足960 万平方公里土地的中国大地。上是指至上追求、无上心法。对于中国领导干部来说，就是“上兵伐谋”。

（一）高：战略思维的前提是极高的理论修养

“欲穷千里目，更上一层楼。”是否具有战略思维意识，战略思维是否具有“战略”意义，战略思维能否做到行之有效，最重要的基本条件是理论修养。理论修养对战略思维有着“哺育”作用，它能为战略思维提供科学的世界观和方法论，能为战略思维下的实践活动提供理论指导和理论知识。没有毛泽东同志的《论持久战》，就不可能形成全国人民同仇敌忾的抗日斗志和灵活机智的斗争办法。没有邓小平理论的修养，就不可能形成各地经济快速发展的战略思维。

宋代诗人王安石 30 岁时写作《登飞来峰》。初涉宦海，抱负不凡，抒发胸臆，寄托壮怀，这是他作万言书的先声、实行新法的前奏。

飞来峰上千寻塔，
闻说鸡鸣见日升。
不畏浮云遮望眼，
只缘身在最高层。

这种文化自信是何等气派、气势和气魄！没有如此高深的理论修养，很难想象王安石能有宏大改革战略设想。

而同为北宋大儒、年龄长王安石 1 岁的张载更是通过他的名句表达出高远的人生境界、浓厚的家国情怀、强烈的社会责任感，使之世代流传、千古流芳。

为天地立心，
为生民立命，
为往圣继绝学，
为万世开太平。

张载之所以有发如此高的境界，能给宋神宗皇帝讲治国理政的战略之道，原因在于他是北宋时期的重要思想家、关学的创始人，理学的奠基者之一。他的理论修养极高，他的学术思想在中国思想文化发展史上占有重要地位，对以后的思想界产生了很大的影响，他的著作一直被明清两代政府视为哲学的代表之一，作为科举考试的必读之书。

毛泽东在年轻时代就以张载的“四绝”为己任，抱负远大，博览群书，深入调研，他的“雄关漫道真如铁，而今迈步从头跃”“数风流人物，还看今朝”等诗词章句仍然激励我们前进。今天，领导者要提升自己的战略思维，就要有王安石的自信、张载的抱负、毛泽东的情怀，形成文明进步的发展思想，不断与时俱进，只有这样才能把领导职能发挥好。缺乏理论修养的领导干部是很难形成战略思维模式的，也很难成为一名称职的领导干部，“三拍干部”（拍脑袋决策、拍胸脯保证、拍屁股走人）就是缺乏理论修养，没有战略思维习惯的干部。那种轻视理论轻视战略思维的领导，其结果只能是一个拘于一地一事的事务主义者，而不可能是一个大谋大略的事业者。当然，对战略思维者强调理论修养，并不是割裂实践。没有充分的实践，就不可能进行具有丰富内涵的战略思维。毛泽东把马克思主义的普遍真理同中国的具体实践相结合，形成了农村包围城市、武装夺取政权的确保中国革命一次一次取得胜利的战略思维和战略决策，最终凝结为毛泽东思想。毛泽东的军事部署和战略决策都是他结合实际，运筹帷幄的思维结果，在毛泽东指挥的军事战役中，几乎没有“临时商议”“见机行事”的情况出现，基本上都是按照他的谋略进展的。毛泽东为我们的领导干部在战略思维中，把理论与实践统一起来，做出了典范。我们只有把理论和实践统一起来，树立马克思主义的学风，做到理论联系实际，才能真正做到善于运用战略思维。

习近平深刻指出，“我们中国共产党人干革命、搞建设、抓改革，从来都是为了解决中国的现实问题”，“要有强烈的问题意识，以重大问题为导向，抓住关键问题进一步研究思考，着力推动解决我国发展面临的一系列突出矛盾和问题”。矛盾无处不在，问题无时不有。当今中国行进在全面建成小康社会决定性阶段，观念交锋碰撞、利益摩擦抵牾、结构深度调整产生的大量新矛盾、新问题，和历史遗留积累的旧矛盾、老问题交织叠加。我们正在经历“发展起来以后”的矛盾凸显期、发展深水区、改革攻坚期。如何看、怎么办，考验着我们的勇气和智慧。

一要注重理论学习。学好理论，提高理论思维能力，这是培养战略思维的前提和基础。从一定意义上来说，理论思维的深度，决定战略思维的高度。而提高理论思维能力的根本途径就是学习理论。

每一种战略思维的背后都有一种哲学基础。戴高乐说，在亚历山大的行动里，我们能够发现亚里士多德，亚历山大是亚里士多德的学生。同样，我们在拿破仑的行动里，能够发现卢梭和狄德罗的哲学。领导干部要努力学习和掌握马克思主义的立场观点方法。坚持人民立场，是运用好战略思维的前提。心系民利，谋略民事，才能体现领导就是服务这一本质。

战略思维本质上是一种理论思维，需要系统的理论知识。领导干部特别是年轻领导干部必须高度重视和不断加强唯物辩证法和历史唯物论的学习和研究，只有学好唯物辩证法，才能透过现象看本质，才能抓住主要矛盾，从容应对经济社会发展重大问题，牢牢掌握决策的主动权。也只有学习马克思主义，才能自觉加强党性修养。战略思维主要管的是方向性、宏观性的问题和长远性、发展目标性的大事，因此不能不讲政治。讲政治才能够看清目标、顾全大局，正确处理局部和全局的关系，妥善解决眼前利益和长远利益的矛盾，维护国家和民族的根本利益和整体利益，排除各种诱惑和干扰，在战略选择面前作出正确的决断。

习近平在主持中央政治局第十一次集体学习时指出，各级领导干部尤其是高级领导干部要“努力把马克思主义哲学作为自己的看家本领，坚定理想信念，坚持正确政治方向，提高战略思维能力、综合决策能力、驾驭全局能力，团结带领人民不断书写改革开放历史新篇章”。

2013 年 12 月 26 日，在纪念毛泽东同志诞辰 120 周年座谈会上，习近平指出，在为中国人民不懈奋斗的光辉一生中，毛泽东同志表现出一个伟大革命领袖高瞻远瞩的政治远见。习近平 2014 年 8 月 20 日在纪念邓小平诞辰 110 周年座谈会上说："我们纪念邓小平同志，就要学习他高瞻远瞩的战略思维。战略思维，是邓小平同志一生最恢宏的革命气度，也永远是中国共产党人应该树立的思维方式。"

在治国理政问题上，习近平特别注重从战略上进行思考和谋划，如他提出的"一带一路"战略，实现全面建成小康社会、社会主义现代化和中华民族伟大复兴的"新三步走战略"，协调推进"四个全面"战略布局等。党的十八大以来，以习近平同志为核心的党中央高瞻远瞩、统揽全局，注重运用战略思维治国理政，从确立战略愿景到构建战略布局再到推动战略合作，从筹划战略决策到实践战略部署再到坚定战略意志，环环相扣，形成科学系统的战略思想。

二要深入实践。领导干部的战略思维能力，不可能离开实践的土壤，也不是领导干部把自己关在办公室里闭门造车。实践是认识的源泉和检验认识的标准，也是提高人们战略思维能力、解决一切重大问题的坚实基础和根本途径。毛泽东能够成为指挥战争艺术的大师，就是他针对中国革命的现实实践难题，在残酷的战争中不断成长和提高。毛泽东连续领导了 20 多年的革命战争，和中国的蒋介石，和日本、美国都打过仗。因此，"他能够把他的战争实践上升为理论，他还能把他的理论拿到战争实践中去检验，经过反复实践才形成了毛泽东军事思想"[①]。从掌握认识论、方法论来说，毛泽东始终是像《孙子兵法》所说，"胜兵先胜而后求战"。比如他确立的战争指挥的逻辑顺序是，"正确的作战行动来源于正确的作战部署，正确的作战部署来源于正确的作战决心，正确的作战决心来源于正确的判断，正确的判断来源于周到必要的侦察以及对各种侦察材料连贯起来的思索"。这样他就把一个逻辑的顺序解释清楚了，把一个前提而必要的条件，和各种侦察连贯起来进行思索。因为侦察材料是互相矛盾的，特别是很多情报部门

① 李际均：《战略思维：在战争中学到的智慧》，《新华日报》，2010 年 11 月 3 日。

所提供的侦察结论，往往是模棱两可的，没有规定性。指挥员就要把各种侦察材料连贯起来思索，去伪存真，然后作出判断。所以我们指挥作战首先应该给出对敌情判断的结论，然后根据判断下决心，根据决心确立部署，根据部署指挥作战行动。

战略思维能力作为领导干部必备的素质，只有在领导干部的工作实践中才能形成并提高。尊重实践，加强调查研究。思想之树植根于实践沃土，思想之果源自于群众创造之花。领导干部要积极深入社会实践之中，注重向生动活泼的社会实践学习，向富于创造的人民群众学习。群众中蕴藏着无穷的智慧，领导干部只有甘当他们的小学生，才能汲取丰富的思想营养，找到破解难题的“灵丹妙药”，获得力量源泉。

（二）大：战略思维的基础是极强的大局意识

培育战略思维，提高战略思维能力，就不能陷入具体业务事务之中，事无具细，事必躬亲。在加强理论修养的基础上，不仅需要前面说的大胸怀大慈悲，还必须不断强化国际化视野、复合型思维、大数据意识，从而强化大局意识。

一是不断强化国际化视野。今天，人类世界已经成为“地球村”，领导活动也往往牵一发而动全身，所影响的不仅是一时一事，而且可能是全局和长远，人们面对的形势和任务也复杂多变，当代战略活动的国际化使战略思维的视野必须相应地进行历史性调整。因此，战略的制定和实施主体不能仅仅局限于本单位的人，而要五湖四海，用人唯贤；战略的范围也不能仅仅局限于军事或政治的某一领域，而要将军事、政治与经济、文化、生态等所有的实践领域结合起来。战略的配置和组织实施也要调动全世界范围内的各类有益资源，形成人类性的共识和共治。

二是不断强化复合视域。当代世界矛盾的显著特点是复合化，因此，战略思维也必须与之相适应，强化复合化。首先，当代战略活动的要素呈现复合化。一方面，战略系统越来越大，构成要素越来越多、越来越杂；另一方面，系统内部的交叉性和互动性越来越强。一个表面的社会纠纷，背后可能涉及社会管理、公共职责、经济利益、体制改革等相互交织的复合性矛盾，如果不能以复合视域来看待，仅仅就事论事，“打盆论盆，打碗论碗”，那么，就可能无法真正化解社会矛盾，如果一拖再拖，就可能小事拖大，大事拖炸，引发整个系统的不确定。

三是不断强化大数据意识。准确及时的信息是战略思维运行的依据和基础。战略思维的过程就是统筹处理各类信息的过程。网络时代的到来使得信息生产、传播、处理的方式发生巨大的变化，也决定了战备思维由依托小数据到依赖大数据、从传统计算到云计算，从而使战略思维的手段出现了质的飞跃。信息传递的速度越来越快，为加快战略思维提供了条件，也对战略思维速度提出了新要求。根据联合国统计，截至 2015 年底，全球互联网用户已经达到 32 亿以上，占全球人口的 43.4%。全球手机用户已超过 71 亿，已覆盖 95% 以上的世界人口。这样的信息传播背景，既有利于凝心聚力提升战略思维，也对战略思维特别是战略决策的时效性要求更高。所以，提高战略思维能力，必须运用好互联网、大数据、云计算。

国际化视野、复合型思维、大数据意识要求和推动系统科学成为战略研究的重要理论。在这个意义上，战略思维离不开系统思维。通过学习和运用系统思维，有助于领导干部对发展规律的更好把握，对未来态势的科学预见，对风险危机的准确评估。

（三）上：战略思维的重点是上兵伐谋

谋略即主意、智慧，具体表现为预见、研断、解决问题的素质和能力。谋略水平的高低，决定战略思维的高度、广度、深度、实度。提高领导干部的战略思维能力，很重要的切入点和抓手是要提高其谋略能力。提高谋略能力的路径，一是要注意学习历史上关于谋略的思想，这其中包括我国历史中的、马克思主义的战略思想和国外的战略学知识，以追本溯源、整理思想。二是要独立思考，开动脑筋，激活自我，培养自己探讨问题的兴趣，并经常与人交流，和人切磋，日积月累，久久为功，就能使自己在重大问题的谋略上，站得更高一些、看得更远一些。三是要运用“全脑”思维，提升战略智慧。

战略思维的重点是上兵伐谋，领导者自己首先要有谋。领导者要运用自己的大脑，不仅听他人的主意，而且自己也要有主意。为此，领导者既要开发自己的左脑，优化逻辑思维；又要开发自己的右脑，培育艺术思维，从而实现理性和灵感的有机结合，真正谋到精处，精到妙处。“谋”不仅要依靠已脑，还要运用好电脑，电脑已经成为信息的生产地、集散地，不仅能够提供我们所需要的信息，还能够高效处理信息，辅助战略决策。

“运筹帷幄之中，决胜千里之外。”领导者不仅要“有谋”，还要善于“寻谋”；不仅要运用好“内脑”，还要运用好“外脑”。当今世界，智库是最典型的外脑。相对于领导干部的“内脑”来说，智库具有三个有利于坚持和运用战略思维的明显优势，领导组织和领导者要善于加以开发运用[①]。

1. 要运用好智库的独特思维来加强战略思维

在既往的社会科学研究传统中，学术研究常常被视为“象牙塔里的学问”。纯粹的学术研究关注知识创新，智库关注的是能够为决策者和公众所用、所理解的研究、分析和建议。智库，就是将多学科的学术研究与决策有机结合起来的制度化中介。作为学术研究与领导决策关联的智库，是“权力与知识的桥梁”。“连接”与“桥梁”作用的实现，常常是借助于战略思维研究来达成的，领导者要鼓励智库生产出符合决策需求的知识，拿出决策者用得上的政策建议或备选方案，使之为领导实践服务。

2. 要运用好智库的独立思考来加强战略思维

智库要发挥作用，保持中立或者说独立是必需的。如果智库成为某些机

---

① 何绍辉：思维·思考·思想——《智库的力量：公共政策研究机构如何促进社会发展》读后，《光明日报》，2016 年 3 月 22 日。

构、个人或企业的代言人，成为某些既得利益集团的发声筒，这样的智库不仅没有独立性可言，提出的政策建议价值也不会很大。当然，智库的独立性并不是说智库要脱离党和党委和政府的领导和管理，要与决策者刻意保持距离，甚或不能接受党委和政府的资助。恰恰相反，智库只有与党委和政府保持密切联系，才能知道党委和政府在想什么；只有了解行政的运作程序与逻辑，才能提出有用、可用和管用的政策建议来。独立思考的本意是促进智库在遵从人类福祉和国家利益的前提下，进行没有任何偏见的分析和研究，进而提出中肯的政策建议和备选方案。

3. 要运用好智库的独到思想来加强战略思维

智库的独到思维是指它不是提供低水平的重复研究、简单化的论证和证明，而是能够产出有预测性和可用性的思想方案。智库是汇集思想者的库房、生产独到思维的成果宝库。领导者要抓住智库来之不易的独到思想，把它视为人们认识智慧的结晶加以珍惜，变成“聪明和具有实践意义的政策方案”，使其建设性价值得以体现和实现。

六、战略思维擘画定天下

古往今来的领导实践证明，坚持战略思维，需要增强战略自信，保持战略定力，加强战略运筹，把握战略节奏，凝聚战略智慧，坚定战略步伐，从而不断实现战略目标。

[案例 1] 毛泽东危急关头力挽狂澜

毛泽东是一位能在危急关头坚持和运用战略思维的伟大领袖和军事统帅。1927 年，第一次国内革命战争发展到危急关头。蒋介石反动派磨刀霍霍，而陈独秀右倾机会主义又使党处于任人宰割的境地。毛泽东虽有保存武力，才有办法应付事变，上山可造成军事势力的基础的主张，但却得不到肯定与实行。待到八七紧急会议举行，清算了陈独秀的右倾机会主义，接受毛泽东的正确主张，确立了以武装的革命，反抗武装的反革命的路线之后，当时的党中央负责人瞿秋白要毛泽东到上海党中央机关工作，毛泽东毅然决定：我不愿意跟你们去住高楼大厦，我要上山结交绿林朋友。毅然决然地回到湖南，组织领导了决定中国历史发展进程的秋收起义，建立了井冈山革命根据地。他坚持马克思主义的基本原则，学习十月革命的经验，却又不受所限，陷于教条主义，而是走自己的路，创造性地开辟了以建立农村革命根据地，以农村包围城市，最后占领城市的井冈山道路，挽救了革命，挽救了党，丰富和发展了马克思列宁主义。

1934 年，“左”倾机会主义先是以拒敌于国门之外的阵地战，代替了机动灵活的游击战，使 30 万红军迭遭失败，损失百分之九十，根据地也丧失殆尽，被迫作战略转移；继之以叫花子打狗，边打边走的逃跑主义，使红军损失惨重，仅存 3 万多人。又是一个历史的危急关头。遵义会议确立了毛泽东在党和红军中的领导地位，他当机立断，做出决策，放弃会合二、六军团的企图，改向敌人力量薄弱的贵州前进。导演了历史上威武雄壮、光彩夺目的四渡赤水战役，把红军从四五十万敌人重兵围追堵截、重重包围的绝境中解救出来，机动灵活，连打胜仗，恢复了主动，摆脱了敌人，从而结束了“左”倾机会主义在党中央的长期统治，也使蒋介石反动派“让朱、毛做第二个石达开”的图谋破产。又一次挽救了革命，挽救了党，挽救了红军。

1936 年，在民族危亡的时刻，蒋介石却坐镇西安，迫令张学良、杨虎城进攻陕北。张学良出于民族大义，多次哭谏，要蒋介石改变攘外必先安内的卖国政策，蒋介石却冥顽不化，张、杨遂进行了兵谏，活捉蒋介石，这就是震惊中外的西安事变。这又是一个关系到中华民族和国家命运，也关系到我党我军命运的关键时刻。毛泽东高瞻远瞩，顾及民族危亡之大局，不计一党一人之恩怨，并以十月革命活捉绞杀尼古拉、拿破仑兵败滑铁卢被擒充军作比较，说服党人国人，做出了和平解决西安事变的决策，不但不杀蒋介石，而且主张释放蒋介石。这就粉碎了日本帝国主义冷静监视、以华治华、不战而胜的阴谋，也使汉奸何应钦挑起更大规模内战的狡诈伎俩破产。遂使西安事变的和平解决成了时局转换的枢纽，在新形势下的国共合作形成了，全国的抗日战争发动了。就连美记者埃德加·斯诺也看透了其中的奥妙：中国得了利，日本失了利。

1950 年，新生的中华人民共和国刚以蹒跚的脚步跨进第二个年头，美帝国主义悍然发动了侵朝战争，同时派第七舰队强占我台湾海峡，仁川登陆，越过“三八线”，逼进鸭绿江，把战火烧到我国东北，屡次侵犯我国领空。怎么办？出兵？面对的可是世界头号、最强大的帝国主义，可是关系到新中国的安危，关系到世界的和平啊！毛泽东在党内认识不统一，国际朋友存有疑虑的情况下，经过不知多少日日夜夜苦思焦虑，多方运筹，不怕威胁，不怕核讹诈，以空前的勇气最后做出了人民志愿军赴朝参战的英明决策。并从 1950 年 10 月到 1951 年 6 月 10 日连续进行五次战役，歼敌 23 万余人，把敌人赶回“三八线”以南，稳定了战局。连美国的评论家都说，毛泽东在一系列得心应手的运动战中征服了中国，最后他的部队，在朝鲜又以阵地战顶住了美国。毛泽东打了他一生竭力避免的阵地战。美国侵略者不得不承认，这是选择错误的地点，错误的时间和错误的对象进行了一场错误的战争。毛泽东为维护朝鲜人民的利益，保卫新中国的安全，维护世界和平，也为中国的社会主义建设赢得了一个相对稳定的和平环境，在中国和世界史册上写下了光辉的一页。

一个领导者，尤其是一党的领袖，一军的统帅，他的成败，绝不在于完成某个任务，打赢某一战役，而在于面对历史的关键时刻，运用战略思维，做出切合历史规律的战略决策，把事业逐步引向成功和胜利。

[案例 2] 战略思维为正定腾飞聚人才

“栽上梧桐树，引得凤凰来。”习近平在正定大念“人才经”，礼贤下士，爱才敬才，聚才用才，充分调动了广大知识分子干事创业的积极性。本章前面提到，《中国青年报》上曾经讲过一个县委副书记就是习近平，而拜访的非党作家，就是贾大山。

习近平说："人才是发展经济的根本，应该把人才的开发视为战略重点来抓。没有人才，民不能富，县不能强，翻两番的目标就不能实现。"根据习近平提议，1982年，正定对全县知识分子进行三次大普查，对各行各业技术人才进行登记造册，对2300多名大、中专毕业生专业、特长、工作经历进行分类、汇总，建立了正定有史以来的第一本"人才账"。同年11月，正定下发了《关于发挥知识分子作用，改善知识分子工作和生活条件的规定》，给各类人才安心工作、献计出力吃了定心丸。

对于人才，习近平要求大家围绕"看、用、养、招"四个字来做文章。他说，看待人才贵乎正，使用人才贵乎当，培养人才贵乎周，招聘人才贵乎广，才集贤众，方能振兴经济。

习近平在正定的人才战略最直接的启发是，领导者在人才问题上都要有战略思维，领导是因人成事，为人成事的过程，选贤任能是领导的基本职能，离开了科学选人用人，事业就难以得到很大发展。

而战略思维的一个重要前提是要有造福一方的强烈责任感，要推动事业发展，任何一级党委和政府的领导人都要有基于强烈责任感之上的求贤若渴的意识。

[案例3] 谋定"一带一路"

提出并建设"一带一路"，是以习近平同志为核心的党中央主动应对全球形势深刻变化、统筹国内国际两个大局作出的重大战略决策。

"一带一路"这条世界上跨度最长的经济大走廊，发端于中国，贯通中亚、东南亚、南亚、西亚乃至欧洲部分区域，东牵亚太经济圈，西系欧洲经济圈。它是世界上最具发展潜力的经济带，无论是从发展经济、改善民生，还是从应对金融危机、加快转型升级的角度来看，沿线各国的前途命运，从未像今天这样紧密相连、休戚与共。

“一带一路”不仅是实现中华民族振兴的战略构想，更是沿线各国的共同事业，有利于将政治互信、地缘毗邻、经济互补等优势转化为务实合作、持续增长优势。

通过“一带一路”建设，无论是“东出海”还是“西挺进”，都将使我国与周边国家形成“五通”。“一带一路”战略合作中，经贸合作是基石。遵循和平合作、开放包容、互学互鉴、互利共赢的丝路精神，中国与沿线各国在交通基础设施、贸易与投资、能源合作、区域一体化、人民币国际化等领域，必将迎来一个共创共享的新时代。

“一带一路”战略构想，正在世界各国人民心中落地生根。复兴丝绸之路，一幅横贯东西、共谋发展的宏大蓝图正在铺展开来。有梦想，有追求，有奋斗，一切都有可能。中国人民有梦想，世界各国人民有梦想，这将给世界带来无限生机和美好前景。

最核心的，“一带一路”战略构想是努力开创出国际新秩序的突破口。中美两国跨过广阔浩瀚的太平洋，形成这个时代传统强国和新兴国家最宏大的国际交往主题。

随着中国成为世界第二大经济体、第一大贸易体并不断向前发展，国际社会上“中国威胁论”的声音不绝于耳。“一带一路”的建设，正是中国在向世界各国释疑解惑，向世界宣告和平崛起：中国崛起不以损害别国的利益为代价，反而会团结各国一道科学发展。

[案例 4]“霍布森选择”

领导干部在谋划战略的时候能否真正做到“打开思维的空间”？这取决

于你能否跳出“霍布森思维”或“霍布森选择”。

霍布森是英国伦敦郊区的商人，是300多年前做马匹生意的。霍布森马圈确实是大大的，马匹多多的。但是，马圈的出口却是只有一个门，非常窄小的门。好马、大马根本出不去，能出去的只能是小马、瘦马、赖马。霍布森这个人是很狡猾的，他说：“买马可以，租马也可以，而且价格优惠。但有个条件，即只能在马圈门口随便你挑，随便你选。”这样大家高高兴兴、自以为满足地完成了决策、完成了选择。最后的结果怎么样呢？结果则是一个低质量的选择。

研究决策学获得诺贝尔奖的西蒙将这种现象称为“霍布森选择”或“霍布森思维”。霍布森选择是一种小选择、假选择、形式主义的选择。当事者自以为完成了选择，而实际上思维的空间很小很小，选择的空间很小很小。

国家行政学院的刘峰教授指出，我们有些领导做决策、选干部，习惯于在熟悉的地方选、在家门口选，甚至于在瘸子里面选将军。这样选来选去，实际上把最好的方案丢掉了，把最好的人、最适合的人忘掉了，造成决策方案的失误。这些话讲到了要害。可以说，霍布森思维是我们领导干部运用战略思维的最大敌人。

[案例5] 纸上谈兵

战国时有个人叫赵括，他的父亲赵奢是赵国的大将。赵括从小就学习兵法战略，谈论军事，连赵奢也难不倒他，可是赵奢并不说赵括好。赵括的母亲问赵奢这是为什么？赵奢说：“用兵打仗是关乎生死的事，然而他却把这事说得那么容易。如果赵国不用赵括为将也就算了，要是一定让他为将，使赵军失败的一定就是他呀。”后来，赵国与秦国交战，赵王听赵括说得头头是道，就任用赵括为大将，结果，赵括代替廉颇统兵以后，把原来的规章制度全都换了，把原来的军吏也撤换了。秦将白起听到了这些情况就假装逃跑，暗中却派人截断赵军运粮的道路，结果把赵军分割包围，最后赵括军队战败，几十万大军投降秦军，被秦军全部活埋了。

总结赵括失败的教训，我们看到，战略思维的关键是实事求是，要从实际出发，对客观事物进行深入细致的研究，从战略的高度全面地掌握实际情况，做到心中有数，并用科学的理论和正确的方法来指导研究战略问题，努力发现和掌握事物发展的规律。实事求是地进行战略思维，需要有求真务实的精神。一般来说，战略问题总是和宏观问题联系在一起的，需要有抽象的理性思考。但是战略思维又不能仅仅局限于抽象的理论原则的研究，即使是宏观问题，也要做具体分析，以时间、地点、条件为转移，不能大而化之，笼而统之。"实事"搞清楚了，"求是"就有了坚固的基础。"求是"的基本要求就是遵循规律性。战略思维只有建立在实事求是的基础上，才是科学的、严谨的、有效的。

[案例 6] 致命的弱点

古希腊神话中有一位伟大的英雄阿喀琉斯，他有着超乎普通人的神力和刀枪不入的身体，在激烈的特洛伊之战中无往不胜，取得了赫赫战功。但就在阿吉里斯攻占特洛伊城奋勇作战之际，站在对手一边的太阳神阿波罗却悄悄一箭射中了伟大的阿喀琉斯，在一声悲凉的哀叹中，强大的阿喀琉斯竟然倒下了。

这支箭射中了阿喀琉斯的右脚后跟，这是他全身唯一的弱点。原来，在他还是婴儿的时候，他的母亲、海洋女神忒提斯，就曾捏着他的右脚后跟，把他浸在神奇的斯堤克斯河中，被河水浸过的身体变得刀枪不入，近乎于神。可那个被母亲捏着的脚后跟由于浸不到水，成了阿喀琉斯全身唯一的弱点。阿波罗正是抓住了阿喀琉斯的致命弱点，攻破了关键要点，赢得了战争。

“得其大者可以兼其小。”真正的战略思维不是假大空，而是不仅放眼大局，也会抓住重点。因此战略思维一定也是辩证思维，辩证思维是战略思维的基本前提。从思维主体上来讲，思维是主观性的；从思维的客体上来看，思维的对象又是客观性的。领导干部要确立战略思维，必须要建立在唯物主义的基础上，启动思维，准确地判断客观实际，实现主观能动与客观实际的最佳结合。辩证思维，就是要在纷繁的千头万绪的事物堆里找出事物之间及事物内部诸要素的联系与区别。找不到事物之间的联系，就容易孤立、片面地看问题，思维判断也就会是局部的甚至是错误的。

C H A P T E R 0 2

第二章

辩证思维

福生于隐约而祸生于得意。

——［西汉］刘向《说苑·敬慎》

辩证法被看作关于一切运动的最普遍的规律的科学。

——［德］恩格斯《自然辩证法》

先讲一个事件。

2008 年，西部省份某县发生大规模群体性事件。因对该县一名女中学生死因鉴定结果不满，死者家属聚集到县政府和县公安局上访。在有关负责人接待过程中，一些人煽动不明真相的群众冲击县公安局、县政府和县委大楼，最终酿成严重打砸抢烧突发事件。

如何看待这起事件？

该省省委书记在阶段性处置情况汇报会上强调，这次事件，表面的、直接的导火索是女中学生的死因争议，但背后深层次原因是当地侵犯群众利益的事情屡有发生，而在处置这些矛盾纠纷和群体事件过程中，一些干部作风粗暴、工作方法简单，甚至随意动用警力。

“冰冻三尺，非一日之寒。”该省委书记讲，这起事件看似偶然，实属必然，是迟早都会发生的，对此，县委、县政府、县公安局和有关部门的领导干部负有不可推卸的责任。

事件突发，不怨天地。这位省主要领导运用科学思维分析这起公共安全事件，揭示了此次事件的历史根源。世界是普遍联系、永恒发展的，内在的矛盾运动是事物发展的根本动力，如果孤立、静止、片面地看问题，就会寸步难行。

“兴亡由人事，山川空地形。”领导者能否掌握辩证思维，把联系之脉，开发展之方，注重好质量互变，把握好对立统一，关系领导效能正负高低，关系事业的兴衰成败。

一、乘辩证思维之风，破时代难题之浪

辩证思维是指以联系和变化发展的视角认识事物的思维方式，通常被认为是与逻辑思维相对立的一种思维方式。在逻辑思维中，事物一般是“非此即彼”“非真即假”，而在辩证思维中，事物可以在同一时间里彼此关联甚至“亦此亦彼”“亦真亦假”灵活地进行辩证思维。辩证思维是唯物辩证法在思维中的运用，唯物辩证法的范畴、观点、规律完全适用于辩证思维。对立统一规律、质量互变规律和否定之否定规律是唯物辩证法的基本规律，也是辩证思维的基本规律。

辩证思维对于领导活动非常重要。恩格斯有句名言：“蔑视辩证法是不能不受惩罚的。”陈云说：“如果对辩证唯物主义一窍不通，就总是要犯错误。”

有这样一个故事。

从前，山东平原城里有位医生自称善治一切背驼，一经治疗，马上就直，而且手术简便，价钱公道。有个人背驼得直里六尺，横里八尺，听说有这等神医，就吩咐家人连忙准备厚礼，前来求治。医生吩咐他趴好之后，就跳上背去狠命踩踏。驼背痛得大喊：“啊哟哟，你这是要踩死我啊！”这位医生边

踩边说："我的招牌上不是明明白白写着专把驼背弄直，至于你的死活同我有啥相干？"

只管解决眼前的、局部的次要问题，而根本不管是否会妨害长远的、全局的主要方面，这种就事论事、简单粗暴的工作方法，必会给领导工作带来重大损失，是颠覆性错误，因而是领导工作的大忌。然而，之前一段时间，无论唯GDP现象，还是片面城镇化问题，本质上与这个所谓的医生的做法不是一样的吗？说到底，是违背辩证思维的错误观念在起作用。

可见，对领导者来说，所谓的辩证思维，是指要辩证地看问题，坚持"两点论"和"两分法"，任何时候都不钻牛角尖，都不片面、静止、孤立地看问题，承认矛盾、分析矛盾、解决矛盾，善于抓住关键、找准重点、洞察事物的发展规律，解决领导过程中的疑难问题。

当今时代，发展是第一要务，安全是第一责任。如何处理好发展与安全的关系，如何科学看待突发公共事件？都需要坚持和运用辩证思维。

德国研究"风险社会"的社会学家乌尔里希·贝克曾指出："中国正在全面迈向现代化，中国用30年的时间走完西方两三百年现代化里程，期间社会转型的痛苦、震荡是不可避免的，宛如一个饥肠辘辘的人快吃一盒压缩饼干，短时间内可能还尚无饱意，但不久肠胃胀痛与不适就会接踵而至。"贝克的这番话讲清了我国群体性事件发生的客观现实性。

就群体性事件来说，群体性事件既是坏事，也是好事。所谓"好事"是指三个方面：一是群体性事件暴露社会治理中存在的问题。群体性事件是社会风险的外化，通过突发事件这一外在的表现，显现社会治理内部问题，让我们看到和思考在发展中积累的问题。二是群体性事件在一定程度上释放了积累的社会紧张，调节了社会冲突，起到"社会安全阀"的作用，它释放了积累起来的压力，使社会这个"锅炉"不致炸毁。三是群体性事件的这种释放通常是在体制外的方式，这恰恰说明，目前体制内存在可供释放社会风险的管道过少、过窄的问题。

坚持“二点论”让我们把群体性事件既看成坏事也看成好事，坚持“转化论”，则让我们把坏事转化为好事。因此，在应对群体性事件时，绝不能仅仅满足于应对、控制事态、减少损失，而是要采取以调节为主的主动的风险识别和风险化解方法，从源头治理社会风险，推动社会改革，丰富社会目标、优化社会结构、调节社会关系、修复政府形象，化解社会风险，在不断的爆发、应对、查找、改革、修复、治理的过程中，保障社会的长治久安。

恩格斯说：“每一次历史的灾难都是以历史进步为补偿的。”只要人们能够自觉反省反思、改善提高，就能“失之东隅，收之桑榆”。

进入 21 世纪以来，传统、现代、后现代思想多元、多样、多变特征更加明显，人们思想活动的独立性、选择性、多变性、差异性明显增强。在主流思想舆论进一步巩固的同时，各种非主流的思想观念有所滋长。在这样的大背景下，应该重视辩证思维的养成，把辩证思维贯穿国家和社会治理理念创新、工作方式方法创新和体制机制创新等各个环节各个方面。辩证思维帮助领导者破解难题。辩证思维以联系的、发展的从而是全面的观点来考察思维对象，相应产生了联系、发展和全面分析的辩证思维方法。因而，辩证思维是抵御思维片面化的武器，辩证思维是以变化发展的视角认识事物的思维方式。因此，卓越的领导者无一不是熟练运用辩证思维处理问题的领导者。

（一）运用辩证之思创辉煌成就

马克思在其《〈资本论〉第二版跋》中指出：“辩证法不崇拜任何东西，按其本质来说，它是批判的和革命的。”因此，辩证思维以其批判性的品质战胜一切形而上学和唯心主义，以其革命性力量创造辉煌成就。这一点，已经为党领导人民革命、建设和改革开放的实践所证明。

我们党将马克思主义辩证思维与中国具体国情、实践相结合，创造性地来解决中国的问题，并总结中国革命和建设的经验，从而丰富和发展了马克思主义辩证思维。

在新民主主义革命时期，毛泽东在结合中国具体革命实践基础上，创造性地提出了《矛盾论》和《实践论》。在新民主主义革命时期，中国社会的主要矛盾性质是对抗性，要解决对抗性的矛盾就必须采用斗争性手段，因此毛泽东的辩证思维主要体现在对矛盾斗争性思维的运用。首先，他科学阐述了矛盾的普遍性与特殊性的辩证关系；其次，他系统论证了主要矛盾和主要矛盾在发展过程和矛盾各方面中的地位及其特殊性；最后，他又系统阐明了矛盾同一性和斗争性的关系以及在事物发展中的作用，进一步发展、丰富了对抗矛盾和非对抗矛盾理论。

邓小平作为党的第二代领导人，在继承和发展毛泽东辩证思维的基础上，结合中国国情，在社会主义建设时期，创造性地运用马克思主义辩证思维，深刻总结社会主义建设经验，全面分析社会主义建设实际。指出了矛盾已由对抗性转变为非对抗性，倡导和支持实践是检验真理的唯一标准的哲学大讨论，提出了将工作重心转移到经济建设上来，实行改革开放，从而为我国经济起飞奠定了基础。在国家统一问题上，他又熟练应用辩证思维方式提出了“一国两制”的伟大构想。

以江泽民为核心的第三代中央领导集体，在随着社会主义建设的发展，面对新的时代特点和历史任务，继承和运用马克思主义辩证思维思考、总结并指导党的建设，全面把握国际、国内两个大局，充分分析中国社会主义建设实践，在深刻总结中国共产党的领导和建设经验基础上，提出“三个代表”重要思想。通过对中国国情的全面把握和整体分析，对中国共产党始终代表先进生产力的发展要求、先进文化的前进方向、最广大人民群众的根本利益进行整体把握和分析，得出“三个代表”之间是相互联系、相互促进、不可分割的辩证统一体。

以胡锦涛为总书记的党中央领导集体在继承前几代领导人辩证思维的同时，运用马克思主义辩证思维又在新时期提出了“科学发展观”。科学发展观，是立足社会主义初级阶段基本国情，总结我国发展实践，借鉴外国发展经验，适应新的发展要求提出的重大战略思想。其内涵是发展是第一要务，核心是以人为本，基本要求是全面协调可持续，根本方法是统筹兼顾。其整个内涵都体现着马克思主义辩证思维，发展体现了抓重点、抓主要矛盾；全面协调可持续则充分体现了联系的观点，事物是普遍联系的，要全面分析和看待问题；而统筹兼顾又体现出其系统化的特征。

习近平在主持中央政治局第十一次集体学习时强调，推动全党学习和掌握历史唯物主义基本原理和方法论，各级领导干部"要努力把马克思主义哲学作为自己的看家本领"。在新的历史时期，党中央向全党发出学习马克思主义哲学的总动员，具有重大现实意义和深远历史意义。学习马克思主义世界观、方法论，一个重要方面就是要掌握辩证思维方法。领导干部只有掌握辩证思维方法，提高辩证思维能力，才能更好地认识规律，更加科学地解决问题，更加有效地推进工作。

在党的十八届三中全会第二次全体会议上，习近平指出："在推进改革中，要坚持正确的思想方法，坚持辩证法……"在之后召开的中央经济工作会上，习近平再次强调："'稳'也好，'改'也好，是辩证统一、互为条件的。一静一动，静要有定力，动要有秩序，关键是要把握好这两者之间的度。"这些重要论述，充分显示出习近平对辩证思维的高度重视。

刘向曰："福生于隐约而祸生于得意。"尽管我们取得了举世瞩目的成就，但是我们仍必须坚持辩证思维，牢记老子的训教："祸兮福之所倚，福兮祸之所伏。"谦虚谨慎，戒骄戒躁，推进四个全面战略布局的实施。

（二）全面深化改革需辩证之思攻坚

当前，从总体上来看，我国各级领导干部的辩证思维能力是适应的，但是，改革进入攻坚期、深水区，在全面深化改革任务面前，我们有属于体制机制的老问题，有受到利益格局掣肘的问题，更有落后思想观念的障碍。从领导实践来看，在一些领导干部身上还存在许多突出违背辩证思维的问题。

一是谋划改革以偏概全，缺乏把握全局的辩证思维。有的领导干部在谋划工作时，对"五大建设""四个全面"之间的辩证关系把握不准，仅凭经验习惯抓谋划、促改革；有的领导干部从个人兴趣出发，专注一点不及其余，完全违背辩证思维的整体运思原则；有的领导干部独断专行，违背“兼听则明，偏信则暗”“君子合而不同，小人同而不合”的辩证思维要求。

二是落实改革顾此失彼，缺乏相互结合的辩证思维。领导用权的过程包括决策、执行、监督三个环节，但是，有的领导干部只关注决策正确，却忽视执行，结果再好的蓝图也无法得到落实，不落实就落空，决策方案成为形式主义糊弄官僚主义的文本。有的倒是抓了落实，但是缺乏对落实过程的全面监督，结果落实之后也不断变异，成本不断追加，计划一再改变，“成绩”虽大，但是后患无穷。

三是面对改革中的困难简单对待，缺乏统筹兼顾的辩证思维。今日中国经济发展正处于增长速度换挡期、结构调整阵痛期、前期政策消化期、新的政策探索新的“四期叠加”，任何地方、任何层级的领导干部在推动经济发展过程中遇到各种各样的困难和问题。面对困难，有的领导干部忘记了我们深化改革的全面性要求，头痛医头，脚痛医脚，结果医头时又造成了脚痛，医脚时又造成了头痛；还有的领导干部仍然习惯于用对立的思维和斗争的办法去解决问题，动不动就上纲上线，政治泛化，不但没有调和矛盾，为全面深化改革寻取最大公约数，形成最大合力，反而激化了矛盾，加剧了冲突，造成难以收拾的局面。

总之，全面深化改革，要坚持辩证思维，处理好顶层设计与摸着石头过河的关系、整体推进与重点突破的关系、胆子大与步子稳的关系、改革发展稳定的关系。

二、平联系发展之脉，开辩证思维之方

恩格斯指出：“辩证法是关于普遍关系科学。”唯物辩证法是马克思主义哲学的核心方法，它要求以联系和发展的方法来看问题。

（一）用联系的观点看事情

联系的方法是把思维对象放在与它普遍联系的环境中来考量的一种观点

方法。也就是说，用联系的观点看事情主要是从空间上来考察思维对象的横向联系。

歌德在他的《叙事歌谣》里讲了一个故事。

耶稣带着他的门徒彼得远行，途中发现一块破烂的马蹄铁，耶稣就让彼得把它捡起来。不料彼得懒得弯腰假装没听见，耶稣没说什么就自己弯腰捡起马蹄铁，用它从铁匠那儿换来三文钱，用这钱买了十八颗樱桃。出了城，二人继续前进，经过的全是茫茫的荒野。耶稣猜到彼得渴得难受，就将藏于袖中的樱桃悄悄扔下一颗，彼得一见，赶紧捡起来吃。耶稣边走边丢，彼得也就狼狈地弯了十八次腰。于是耶稣笑着对他说："要是你刚才弯一次腰，就不会在后来没完没了地弯腰。小事不干，将来就会在更小的事情上操劳。"

歌德的这个故事很有趣味地表明，看似无关的事物实际上有着内在的联系，而智者就是善于把事物普遍联系起来。具体说，要关注事物间的三种联系。

一是把握事物内部各要素之间的有机关联性，通过强化某一要素要加强或削弱另一要素；通过弱化某一要素来削弱或加强另一要素。比如对于我们领导者来说，书本的知识固然重要，但实际知识也是不可忽略的。理论知识和实际知识两要素是相互关联的，两者不可偏废。

二是把握要素与系统整体的有机关联性，通过强化（或弱化）要素来加强（或削弱）系统整体，或者通过强化（或弱化）系统整体来加强（或弱化）要素。

三是把握系统的协同性，使系统的各个部分协调发展。"城门失火，殃及池鱼。"辩证思维采用生态网络的观点来看待系统，要求领导者更加注重因某一要素损失而连带产生的风险和危机。

对领导者来说，最重要的联系就是要把理论和实际联系起来，否则领导工作就要遇大挫折，出大问题。"按图索骥"的故事讲的就是这个道理。

古代著名相马专家伯乐写成了一本《相马经》。伯乐的儿子捧着《相马经》念，把它背得滚瓜烂熟。

有一天，儿子扬扬自得地说："爸爸，您的相马本领，我都学会了。"伯乐听了微微一笑，说："那好吧，你去找一匹千里马来，让我鉴定鉴定。"儿子一边答应一边出门去了。一面走一面还在背诵："千里马额头隆起，双眼突出，四蹄犹如垒起的药酒饼子。"他边走边找，看见大大小小的动物，都要跟《相马经》上的标准对照。但是，有的只符合一条，有的一条也不符合。最后，他终于在池塘边找到符合条件的了。就兴冲冲地跑回家报告："千里马可真不好找，您定的条件太高了。我好不容易在池塘边找到一匹，额头和双眼跟您书上说的差不离儿，就是蹄子不像药酒饼子。您给鉴定鉴定。"

伯乐一看，不由得苦笑起来："儿啊，让你找匹千里马，你却找来了一只癞蛤蟆。"

这个故事实在太好笑了，人们也笑谈了两千多年，然而，"按图索骥"不断重演。

胡耀邦的女儿李恒在《思念依然无尽——回忆父亲胡耀邦》一书中披露，在延安时期，胡耀邦曾经请教毛泽东为什么党的历史上"左"倾主义者或右倾主义者总是犯这样或那样的错误？毛泽东回答："是他们的思维方式出了问题。"出了什么问题呢？就是"按图索骥""刻舟求剑"、理论不联系实际，用僵化的观点看问题。

（二）用发展的方法想问题

《吴子兵法·论将》中有言："因形用权，则不劳而功举。"善于变革、因地制宜、因时制宜、因势制宜、因情制宜，是辩证法的重要法则，也是领导工作的重要原则。

"天时人事日相催，冬至阳生春又来"，"江山代有才人出，各领风骚数百年"。发展的方法就是运用辩证思维的发展观来考察思维对象的一种观点方法。换句话说，发展分析法是从时间上来考察思维对象的过去、现在和将来的纵向发展过程。它有许多具体的方法，系统动态法就是其中的一种。系统动态法是从系统的角度来考察事物的运动、变化、发展的一种发展分析法，它是由系统论的动态性原则转化而来的。

从唯物辩证法出发，我们看到，辩证思维是马克思主义唯物辩证法在人类思维上的核心体现。唯物辩证法要求人们，要客观地而不是主观地、发展地而不是静止地、全面地而不是片面地、系统地而不是零散地、联系地而不是孤立地观察事物、分析问题、解决问题，在矛盾双方对立统一的过程中把握事物发展规律。可以说，辩证思维高度概括了马克思主义认识论和方法论的要义，集中体现了唯物辩证法的世界观功能与方法论意义，并在新的时代条件下显现出其内在的理论维度。

第一，辩证思维是一种关系思维。事物是普遍联系的。辩证思维坚持充分展开事物各方面的相互关系，到“关系”中间去思考。比如“货比三家”，我们买东西时，如果只去一个商店，就无法知道要买的东西在这家店里的价格是否较合理、质量是否上乘；如果我们多去几家商店，通过比较就能发现哪里卖的这个商品物美价廉了，这是生活中最简单的关系思维。

从关系的角度来分析问题是辩证思维的一个基本视角，也是领导者洞悉社会的一个重要方法。众所周知，马克思就是从生产力和生产关系、经济基础和上层建筑这两大关系的角度来研究人类社会发展规律的，毛泽东的《论十大关系》也是如此。始终注重研究解决改革发展稳定中的若干重大关系，应该说是我们党治国理政的一条成功经验。党的十八大以来，习近平提出在全面深化改革的进程中要处理好“五大关系”、践行好“五大发展理念”，也是关系思维的具体运用和生动体现。创新、协调、绿色、开放、共享的发展理念分别体现了要处理好坚持与发展或继承与创新的关系，城乡之间、区域之间、“两个文明”之间的关系，人与自然的关系，国内改革与对外开放的关系，以及公平与效率的关系，等等。

运用关系思维，有利于我们正确领导。例如，领导者既要“有情”又要

"无情"。领导工作主要是做人的工作，工作的主体是人，对象主要也是人。人是一种感情动物，领导工作也必然是一种"有情"的工作。三国时代，刘备正是依靠与关、张"桃园结义"的手足之情和对诸葛亮"三顾茅庐"的求贤若渴之情才成就了帝业。今天事业的兴旺发达，也饱含领导者的孜孜以求和满腔热情。宋代学者程颐说："以诚感人者，人亦以诚而应。"对部属以诚相见、推心置腹，尊重、关心、爱护、信任他们，会产生"精诚所至，金石为开"的效果，将他们的积极性、主动性和创造性激发到极致。

不过，"有情"是有前提、有条件、有原则的，许多时候需要"无情"。法纪是无情的，原则是无情的，谁触犯、违犯了都要受到无情的惩罚和处理。这时，"无情"恰恰是一种"有情"，一是对敌人无情就是对组织"有情"；二是"道是无情实有情"，严肃党纪国法对干部来说也是一种保护，"严是爱，宠是害"，因为我们坚持的是"惩前毖后，治病救人"的方针。

第二，辩证思维是一种矛盾思维。黑格尔说过，既对立又统一，这就是矛盾。世界是由矛盾构成的，矛盾无时不有、无处不在。理论家和实践家的共同任务就是心平气和地承认矛盾，绞尽脑汁地分析矛盾，想方设法地解决矛盾。矛盾即问题。党的十八届五中全会上提出的五大发展理念就是针对我国发展实践中面临的一系列突出矛盾和问题而提出来的，具有强烈的问题意识和问题导向。其中，创新发展主要针对世界经济竞争激烈与我国科技创新能力不强的突出矛盾，重在解决发展动力不足的问题；协调发展主要针对我国经济社会发展中"一条腿长一条腿短"的突出矛盾，重在解决发展不平衡的问题；绿色发展主要针对经济发展与人口、资源、环境之间的突出矛盾，重在解决人与自然的不和谐问题；开放发展主要针对我国经济转型升级的客观要求与对外开放水平总体不高的突出矛盾，重在解决发展的内外联动问题；共享发展主要针对经济效率与社会公平的突出矛盾，重在解决发展的目的问题。

第三，辩证思维是一种整体思维。整体性是马克思主义哲学的一个基本特性。社会是一个有机体，世界是过程的集合体、是一个普遍联系和变化发展的整体、是马克思主义的基本观点。“十三五”时期要坚持“五位一体”的总体布局，要坚持“四个全面”的战略布局，要统筹国内、国际两个大局，要积极参与全球经济治理，要树立人类命运共同体意识，等等，就是整体思维的具体体现。习近平关于“一带一路”的构想，关于领导干部“要善于观大势、谋大事”的谆谆教导，关于要增强改革与发展的系统性、整体性、协同性的有关重要论述，也是整体思维的具体体现。五大发展理念站在事关党和国家事业发展全局的高度，从改革发展稳定、治党治国治军、内政外交国防的角度，在发展目标、发展动力、发展布局、发展政策、发展保障等方面提出了一系列新论断新战略，为今后五年甚至更长时期我国经济社会发展划定了时间表和路线图，同样是整体思维的具体体现。

第四，辩证思维是一种规律思维。无论是关系思维、矛盾思维还是整体思维，根本意义上都在于要探索事物内在的本质的必然的联系，在于发现事物矛盾运动的规律，在于对事物的发展趋势有一个宏观上、总体上的把控。它要求领导者要做深入细致的调查研究，要对感性材料下一番加工制作的功夫，要善于透过现象发现本质，从偶然中找到必然。改革开放以来特别是党的十八大以来，以习近平同志为核心的党中央不断深化对共产党执政规律、社会主义建设规律、人类社会发展规律的认识，提出要把握改革规律性，坚持正确方法论，以确保我们的发展必须是遵循经济规律的科学发展，必须是遵循自然规律的可持续发展，必须是遵循社会规律的包容性发展。习近平指出：“准确把握我国不同发展阶段的新变化新特点，使主观世界更好符合客观实际，按照实际决定工作方针，这是我们必须牢牢记住的工作方法。”历史和现实一再表明，任何成功的实践活动都要遵循客观规律。

（三）辩证思维是一个复杂思维方法群

运用联系和发展的眼光，在具体领导工作与实践的具体运用及其展开中，辩证思维又体现为一个复杂的思维方法群。一般而言，它主要包含下列几种具体方法。

1. 统筹兼顾的思维方法

统筹兼顾的思维方法又被人们形象地称为弹钢琴的思维方法。这是由毛泽东创造性地提出来的领导思维，也是毛泽东在工作中经常使用的一种领导思维，是一种典型的领导辩证思维。这种思维方法强调的是在领导工作中领导者既要注重全局工作，树立一盘棋的大局思想，同时也必须抓好具体工作，使具体工作与全局工作有机结合起来。这就好比一首优美的乐曲，不能由一个旋律、一种音调或一组音符所构成，弹钢琴也是这样，必须要十个指头都有动作，而且应该有主有次、有轻有重、有缓有急，如果十个指头同时全按下去，就不能成调子。要产生好的音乐，十个指头的动作要有节奏，要互相配合。弹钢琴的思维方法又被称为统筹兼顾，是指各级领导人在其工作范围内既要突出重点工作，又要照顾其他非中心工作，实现主次配合，协调一致，使各方面工作有重点、有秩序地向前发展。

毛泽东曾指出，领导人要善于统筹兼顾，掌握弹钢琴的思维方法，在领导工作中，领导人员依照每一具体地区的历史条件和环境条件，做到统筹全局，正确地决定每一时期的工作重心和工作秩序，并把这种决定坚持地贯彻下去，务必得到一定的结果，这是一种领导艺术，也是必须注意解决的领导方法。

实现科学发展，根本方法是统筹兼顾，只有通过这种方法，才能妥善处理好中国特色社会主义事业中的各种重大关系，促进现代化各个环节、各个方面相协调。

成功运用统筹兼顾的辩证思维方法，最为重要的是要注意处埋好结合关系，比如当前和长远相结合。我们做一切工作，都必须立足当前、着眼长远。我们强调求实效，求的不仅是一时之效，更有意义的是求得长远之效。同时，当前不见效，长远打基础的事也要努力去做。千万不要“空前绝后”，前任创造的政绩，成了留给后任的包袱，甚至犯下不可补救的过失，造成不可挽回的损失。

另外，抓全面、促兼顾要避免四面出击，平均用力。注重全局，并非眉毛胡子一把抓，西瓜芝麻一起捡，而是在协调好全盘、兼顾好局部的前提下，把主要力量置于对全局最重要和最有决定意义的问题和动作之上，避免平均主义倾向和一着不慎满盘皆输两个极端。

2. 解剖麻雀的思维方法

中国有句古话："观一斑而知全豹"，"麻雀虽小，五脏俱全"。如果要发现问题，可以从个别中看出普遍性，而不必把所有的麻雀都抓来解剖，这是因为个别性中蕴含着普遍性。"解剖麻雀"作为辩证思维方法的一种具体方法，是从典型的微观事物入手，进行科学的分析，由此得出具有普遍指导意义结论的思维方法，其遵循的路线是从个别到一般、从现象到本质，其基本特征是在人们尚未把握和了解面的规律的前提下，通过对面中个别事物加以详细深入的研究，从中揭示出这种规律性，实现从必然向自由的飞跃。

解剖麻雀的思维方法是我党历来所注重和提倡的重要领导和工作方法，我们的各级领导干部都应该善于"解剖麻雀"，通过对个别的事物的研究并从中发现一般的普遍的东西。我们的领导干部要运用好解剖麻雀的思维方法，就要求领导人必须要深入实践做详细的调查，对实际情况和典型案例加以研究，抓住那些具有典型性、代表性的"麻雀"，不能仅仅依靠书本知识，也不能靠道听途说，走马观花，而要"下马观花"，下去蹲点，深入调查，深入到社会之中、实践之中才能真正做好"解剖学"。在运用这一思维的现实过程中，除了注意抓住那些最具代表性和典型性的麻雀之外，解剖者务必破除思维的旧模式和旧习惯，不带框框、实事求是地进行调查和解剖。任何时候我们所主张的路线都应该是从物质到思维的路线而不是相反，不能在"解剖"之前就带着先见，只能在"解剖"之后根据实际情况得到结论。

毛泽东指出，调查就像"十月怀胎"，解决问题就像"一朝分娩"，没有调查就没有发言权。调查的过程实质就是对调查对象各种情况解剖的过程。如果忙于决策，忽略了调查与解剖过程本身，这种决策要么来自决策者主观臆想，要么来自解剖者的某种先入为主的先在性结论，实质上都是违反了这门"解剖学"的伪辩证思维，也必然无法把握事物发展的本质。1927 年，毛泽东对湖南农民运动的考察报告就是成功运用解剖麻雀法的光辉典范之作。通过对湘潭、湘乡、衡山、醴陵、长沙等地农民运动的考察，毛泽东突破了人们对湖南农民运动认识原有的旧框框和错误观念，实事求是地对其做出了新的科学结论，指出了湖南农民运动在当时中国农民运动形势下的革命性质和意义以及存在的某些不足，批判了保守者和反动者把农民运动污蔑为“痞子运动”“糟得很”“太过分”的反动言论，为农民运动的发展指明了方向。2013 年 7 月 23 日，习近平在湖北省武汉市部分省市负责人座谈会上指出，调查研究是谋事之基、成事之道。没有调查就没有发言权，更没有决策权。习近平的这一讲话丰富和发展了毛泽东关于调查研究的思想，是领导者正确把握辩证思维的科学遵循。

3. 牵牛鼻子的思维方法

在日常生活中，人们有这样一个经验，只要抓住了一头牛的鼻子，这头牛就会变得驯服。牵牛鼻子的思维方法就是运用这个经验，是在复杂的矛盾体系中抓住主要矛盾来解决问题的思维方法。从牵牛鼻子、抓主要矛盾的目标层次而言，牵住牛鼻子、抓住主要矛盾的目的并不仅仅在于解决这个矛盾本身，而在于促进整个矛盾体系之面的化解与转化。如果说弹钢琴的思维方法告诉我们应掌握好全面性原则，不能因点而杀面，那么牵牛鼻子的思维方法则要求我们把握好重点性原则，避免因面而失点，从这个意义上来说，牵牛鼻子的思维方法亦是辩证思维方法的一种具体展开和运用。

有这样一个寓言。

有一天，动物园管理员们发现袋鼠从笼子里跑出来了，于是开会讨论，一致认为是笼子的高度过低。所以他们决定将笼子的高度由原来的十米加到二十米。

第二天他们发现袋鼠还是跑到外面来，所以他们又决定再将高度加到三十米。

没想到第三天居然又看到袋鼠全跑到外面，于是管理员们大为紧张，决定一不做，二不休，将笼子的高度加到一百米。

一天长颈鹿和几只袋鼠在闲聊。“你们看，这些人会不会再继续加高你们的笼子？”长颈鹿问。“很难说。”袋鼠说，“如果他们再继续忘记关门的话！”

其实很多人都是这样，只知道有问题，却不能抓住问题的核心和要害，不能紧紧牵住牛鼻子，结果徒劳无功。

其实，世界上的任何事物在其发展过程中都不是均衡地发展的，我们必须反对平衡论或者均衡论。如果有多数矛盾存在，其中必定有一种是主要的，起着领导的、决定性的作用，其他则处于次要的和服从的地位，在这样的情况下，我们首要的任务就是要用全力找出它的主要矛盾。为什么首要任务是牵住牛鼻子、是抓主要矛盾呢？因为这种主要矛盾之点在矛盾体系中主导了整个矛盾体系之面的发展方向和基本性质，对其他矛盾的消长更替有决定作用，它的解决为整体矛盾体系之面中其他矛盾的解决创造了有利条件。

能否牵住牛鼻子，能不能抓住主要矛盾，是一个关系大局的问题。在20世纪60年代中期到70年代末的十多年间，我国无论在政治、经济、文化还是综合国力等各个方面均处于缓慢发展甚至是停滞状态，其幕后的真正原因在哪里？

改革开放的总设计师邓小平同志一针见血地指出，在过去的很长一段时间中我们坚持以阶级斗争为纲，把主要矛盾定义在阶级斗争上，几经波折，始终没有把我们工作的重点转到社会主义建设这方面来，所以，社会主义优越性发挥得太少，社会生产力的发展不快、不稳、不协调，人民的生活没有得到多大的改善。

常言说：“良好的开始是成功的一半。”对领导者来说，这句话其实有一个前提，那就是，找到关键问题所在才是良好的开始，否则离成功太远。

当前，虽然我国的生产力发展水平得到了很大提高，成为世界第二大经济体，但是，我们的发展还不能满足人民和国家的需要，这仍是我们目前时期的主要矛盾，解决这个主要矛盾就是我们的中心任务。因此，我们必须始终扭住发展社会生产力，聚精会神搞建设，一心一意谋发展，通过扭住经济建设这个关键点，为我国政治、文化和社会等各个方面的快速发展奠定更加坚实的物质基础，为实现“两个百年”的伟大目标创造极其有利的经济条件。牵不住这个“牛鼻子”，离开了这个中心，社会主义现代化就无从谈起，实现中华民族伟大复兴中国梦也只能是一句空话。

4. 一般号召与个别指导相结合的思维方法

领导者在领导活动中担任双重角色，既是运动员，又是教练员；既是设计师，又是教师。领导者在领导工作中也担负着双重的责任。领导者既是某一决策的制定者，需要号召广大的人民群众为实现这一决策而努力奋斗，同时也是这一决策的实施者和执行者，应该亲力亲为地参与该决策的具体实施过程，抛弃高高在上的官僚作风。毛泽东在《关于领导方法的若干问题》一文中指出，任何工作任务，如果没有一般的普遍的号召，就不能动员广大群众行动起来。但如果只限于一般号召，而领导人员没有具体地直接地从若干组织将所号召的工作深入实施，突破一点，取得经验，然后利用这种经验去指导其他单位，就无法检验自己提出的一般号召是否正确，也无法充实一般号召的内容，就有使一般号召归于落空的危险。相对于一般号召而言，领导者在某个部门、某个单位深入实践，进行个别的指导，突破一点，取得经验是个别指导工作，而相对于个别指导而言，领导者以发布政策、制定措施，召开动员会、宣传会等方式号召干部和群众执行实施领导决策则是一般的工作，不管哪个层级的领导者，只有在工作中把这二者紧密结合起来，使自己的工作有一般也有个别，才能有所作为，领导决策才不致归于落空。

实现一般号召与个别指导相结合，不仅是贯穿于领导决策实施过程中的一个基本方法，同样也是领导决策形成过程中所必须坚持的一个基本方法。毛泽东说，无产阶级要取得胜利完全靠他的党的斗争策略的正确性和坚决性，但“共产党的正确而不动摇的斗争策略，绝不是少数人坐在房子里就能够产生的，它是要在群众的斗争过程中才能产生的，这就是说要在实际经验中才能产生”。领导者的正确决策不能凭空产生，也不能是主观主义幻想式的结果，凡属正确的决策，必然是从许多个别的意见中形成、上升为一般意见，然后又把这种一般的意见置于许多个别单位中去考验和检验，再在这些检验中集中新的经验，化为新的政策去普遍地指导群众。这个过程是一个从群众中来到群众中去的过程，是通过具体实践之点形成并检验和完善理论之面、科学理论之面指导具体实践之点的动态交替过程。在领导工作中运用一般号召和个别指导相结合的思维方法，重点在于领导者要俯下身子甘当学生，坚持和发扬求真务实的精神，通过自身具体的实践来检验决策的科学性与正确性，在实践中不断提升自身的决策能力，加强决策的群众基础，深刻把握领导者决策的内在规律。

领导者要综合运用上述辩证思维方法。领导工作要做好“减法”与“加法”。领导工作千头万绪，若不分主次，眉毛胡子一把抓，就很难取得良好绩效。因此，要善用“减法”，有所为有所不为。“减法”要做好，“加法”也要运用得恰当。要善于统筹协调各个方面、各个环节、各个领域的工作。不能只忙指挥不抓信息，而要与时消息、耳聪目明；不能光踩油门不给加油，而要以人为本、科学激励；不能只忙“务实”不忙“务虚”，而要虚功实做、鼓舞士气；不能只忙照明不忙充电，而要学习提高、增长才干；不能只忙内向不忙外向，而要海纳百川、博采众长。

三、培矛盾分析之土，育辩证思维之苗

培育辩证思维，就要抢占思维能力培育的制高点，为修炼成有哲学智慧的领导者培土育苗。

（一）在学习马克思主义哲学中掌握辩证思维

辩证思维是唯物辩证法的具体体现，唯物辩证法则是马克思主义哲学的重要内容。马克思主义哲学是科学的世界观和方法论，是我们认识世界、改造世界最有力的思想武器。

马克思主义辩证法是我们打开辩证思维之门的金钥匙，它要求我们综合地、整体地、系统地、全面地打开复杂形势之锁。形势是由条件决定的，形势是各方面条件的综合反映。所谓各方面的条件，主要是政治、经济和人民生活三个方面。领导干部判断形势好与不好，主要应当看这三个方面的情况如何。一个国家或一个地区，社会稳定，经济发展，人民群众生活改善，形势就好；反之，社会动荡，经济萧条，人民群众生活贫困，形势就不好。当前，学习贯彻党的十八大和十八届三中、四中、五中、六中全会精神，落实“四个全面”的战略布局，落实全面从严治党，也必须学会用辩证的观点看待中国问题。具体要做到：既要看到问题，也要看到成就；既要看到困难，也要增强自信；既要发展速度，也要发展质量；既要物的发展，也要人的提升；既要立足当下，也要放眼未来；既要强盛国家，也要提高人民生活水平；既要继承优秀传统，也要勇于开拓创新；既要强力反腐，也要制度反腐；既要独立自主，也要合作共赢。

从辩证思维角度来看，领导者必须学会从对立统一中把握事物及其发展的规律。列宁曾指出，把辩证法简要地确定为关于对立面的统一的学说，就会抓住辩证法的核心。他还说过，要真正地认识事物，就必须抓住、研究清楚它的一切方面、一切联系和“中介”。我们要努力做到这一点，但是，全面性这一要求可以帮助我们防止犯错误和防止僵化。辩证法提醒领导者，无论任何时候，研究任何问题，都要从对立统一中把握事物及其发展的过程，坚持辩证法的全面性，避免形而上学的片面性。历史告诉人们，片面性、极端化、绝对化必将导致革命和建设蒙受巨大的损失。今天，领导者要紧紧扭住经济建设这个中心不放松，但精神文明建设和思想政治工作也不能有一刻放松；要防止“左”倾思潮错误，也不能忽略思想战线上敌对势力意识形态渗透。必须改变“一手硬，一手软”的局面，两手都要抓，两手都要硬，这就要求领导者坚持辩证思维。

“人间四月芳菲尽，山寺桃花始盛开。”辩证思维要求领导者必须学会具体问题具体分析。马克思主义最本质的东西，马克思主义活的灵魂，就是具体问题具体分析。马克思主义的基本原理同中国革命的具体实践相结合，产生了毛泽东思想。什么叫具体呢？列宁曾经这样描述过：“具体之所以具体，表现为过程，表现为综合，表现为多样性。”如果用具体事例来说明就容易理解多了。比如，一瓶矿泉水是什么？回答就是一瓶矿泉水也没错。但它还是什么？这就要看具体情况如何了。拿它来饮用就是解渴的饮料，拿它来灭火就是灭火剂，拿它来销售就是商品，拿它来往现场舞台上扔就是武器甚至是凶器，拿到法庭上就是证据……矿泉水还是那瓶矿泉水，却表现为质的多样性和使用价值的不同。又如，现实生活中有各种各样的问题，有些发生在宗教徒身上，有些有宗教徒参与，我们不能因此就笼统地把很多问题都简单地定性为宗教引起的。如果这样简单地归纳，就会自觉不自觉地把宗教问题扩大化，人为地激化宗教矛盾，所以必须具体问题具体分析。领导干部处理宗教问题必须始终高举两面旗帜，一是维护人民利益，二是维护法律尊严。不管什么教，违法就不行。不管什么人，在法律面前都得人人平等。这样，就能站住理，就能赢得群众，就能使问题得到解决。世界上信教的人有四十多亿人信教，不能简单笼统地都归结为敌对势力的渗透和插手，一定要具体问题具体分析，这就是辩证思维的基本要求。

辩证思维要求，领导者必须善于抓主要矛盾和矛盾的主要方面。抓住重点带动一般，这是领导干部最基本的思想和工作方法。所谓抓住重点，就是要善于抓住主要矛盾和矛盾的主要方面，以此去带动全面工作。在这方面，毛泽东《论十大关系》一文是成功运用辩证思维的典范，字里行间都体现着辩证思维的精神。其中的“重工业和轻工业、农业关系”“沿海工业和内地工业的关系”“中央和地方的关系”的分析至今仍有直接指导意义。

唯物辩证法认为，世界是普遍联系和永恒发展的，事物发展的根本动力是内在的矛盾运动，只有坚持用全面、联系和发展的眼光看问题才能认识世界和把握世界。在信息化、全球化的今天，世界已经成为地球村，国内外各种矛盾相互交织，新问题层出不穷，领导者如果仍然孤立、静止、片面地看待和处理问题，就会比以往陷入更加被动的局面，给领导工作带来失误和损失。

（二）在学习中华优秀传统文化中滋养辩证思维

中国优秀文化是中华文明的制高点，其中蕴含着丰富的辩证思维，值得我们去挖掘学习。

例如，老子的“乐极生悲，否极泰来”告诉我们，事物发展到一定程度后转向它的对立面，这是极富智慧的思想，也是被无数次证明了的真理。

《周易》曰：“盖天下之道非两不能立。是以立天之道曰阴与阳，立地之道曰柔与刚，立人之道曰仁与义。”也就是说，世界上万事万物都是合二为一的，任何事情都是由两个不同方面构成的，天由阴和阳构成，地由柔和刚构成，而人由仁和义构成。这其中包含着朴素的辩证思维。

“横看成岭侧成峰，远近高低各不同。”北宋诗人苏轼的《题西林壁》体现着辩证思维，提醒人们要注重全面、联系和发展地看问题。

“挽弓当挽强，用箭当用长。射人先射马，擒贼先擒王。”唐代大诗人杜甫在其《前出塞九首》的第六首中就提出处理和解决问题抓住关键、击中要害。这就是一种辩证思维，注重矛盾分析、抓住矛盾尤其是主要矛盾的诗化体现。

“蝉噪林逾静，鸟鸣山更幽。”南朝诗人王籍的《入若耶溪》强调了矛盾对立面双方的相互依赖、相互作用，提醒我们在注重矛盾双方对立的时候不忽视二者的统一，在注重矛盾双方统一的时候不忽视二者的对立。

“泾溪有险人兢慎，终岁不闻倾覆人。却是平流无石处，时时闻说有沉沦。”什么是“险”与“不险”，确有客观上的差别，但是，危险与不危险是相对的。如果你谨慎过险之地，则不倾覆；如果不谨慎地涉不险之地，则可能沉沦。

这首诗是辩证思维极为精辟的体现，领导者必须注重矛盾双方依据一定条件各向自己相反的方向转化。就像突发事件的“突”从“犬”从“穴”，事发的突如其来、出乎意料、出其不意，令人惊慌失措、措手不及、猝不及防，露出你的破绽。然而，如果你事先做足准备，加强演练，就会习以为常，见怪不怪了，危机转变成为机遇，成为展现你临危不乱素养的机会。

（三）向习近平学辩证思维

辩证思维是习近平最注重运用的一种哲学思维方式。习近平运用辩证思维，来分析解决实现中国梦问题中的一些重大关系。我们领导干部应当向习近平学辩证思维。

习近平治国理政的目标是实现中华民族伟大复兴“中国梦”。他主张从人的主观能动性与历史发展客观规律的辩证统一、价值合理性和历史必然性的辩证统一来认识“中国梦”。“中国梦”的提出是辩证思维的结果。实现“中国梦”，历史地看，它是中华民族近代以来最伟大的梦想，凝聚了几代中国人的夙愿；现实地看，我们比历史上任何时期都更接近中华民族伟大复兴的目标；从未来来看，这个目标离我们越来越近了。因而，实现“中国梦”既具有历史必然性，也具有价值合理性。此外，“中国梦”也具有辩证的内涵。从宏观层面来看，“中国梦”是和平发展之梦、合作共赢之梦；从中观层面来看，“中国梦”就是国家富强、民族振兴、人民幸福，“中国梦”归根结底是人民的梦；从微观层面来看，中国梦是每个中国人的梦，就是让每个人都有人生出彩、梦想成真的机会。

习近平运用辩证思维，提出了对治国理政总体方略的顶层设计，构成了治国理政的总遵循，也是当前和今后一个时期党和国家各项工作的主要工作内容、重点推进领域，充满了辩证思维的意蕴。

从整体的高度来看，“四个全面”是当前党领导全国人民推进发展中要解决好的主要矛盾。我们既要注重总体谋划，又要注重牵住“牛鼻子”。在领导工作中，我们既要讲两点论，又要讲重点论，分清主次，掌握节奏，做好每一步工作。

从关系的角度来讲，全面建成小康社会是“奋斗目标”，全面深化改革和全面依法治国是顺利实现奋斗目标的两条“根本路径”，而全面从严治党则是全面深化改革和全面依法治国并顺利实现奋斗目标的“根本保证”。

从具体内容来说，“四个全面”也体现着辩证思维。全面建成小康社会，要处理好经济、政治、文化、社会、生态和党的建设之间的辩证统一关系。全面深化改革需坚持辩证思维，当前的改革涉及面非常广泛，既要考虑全面，更要抓住重点，明确主攻方向；当前的改革是30多年改革基础上的深度改革，是要向既得利益动刀，必须辩证处理好改革与发展稳定的关系，处理好解放思想与实事求是的关系，处理好顶层设计与摸着石头过河的辩证关系。全面依法治国，就要积极吸收西方法治精神中的合理内容，也要根据我国国情来全面推进，特别是要处理好党的领导和全面依法治国的辩证关系，处理好全面依法治国与以德治国的辩证关系。全面从严治党，要处理好思想建党和制度治党的辩证关系、反腐风暴与制度反腐的辩证关系。

当今时代，在如何看待中国与西方关系问题上，在如何看待意识形态问题上，存在诸多误解。这些误解在我国意识形态领域，主要集中在中西之争、“左”右之争上。而产生这些误解的一个原因，是缺乏辩证思维。由于一些人往往在经验层面、感觉层面和情绪层面看问题，缺乏辩证思维，所以在看待问题时，要么只看到矛盾双方的对立而忽视二者之间的统一，要么只看到矛盾双方的统一而忽视二者之间的对立，结果陷入片面性，甚至走向极端。

习近平善于运用马克思主义哲学特别是辩证思维来正本清源、澄清认识。辩证思维强调全面、联系、发展，它能有效地避免认识的片面性和极端性。在纵横交错的意识形态领域运用辩证思维，提高辩证思维能力，可以消除各种认识迷误，击浊扬清。辩证思维内在地要求问题导向、反对剑走偏锋，辩证思维内在地要求全面视野、反对片面简单，辩证思维内在地要求从现实出发、反对本本主义，辩证思维内在地要求历史眼光、反对鼠目寸光，辩证思维内在地要求冷静分析、反对非理性爆发。习近平用辩证思维分析了意识形态建设与经济建设的关系，分析了在意识形态工作中一元与多样、主流与非主流的关系。

“众里寻他千百度，蓦然回首，那人却在灯火阑珊处。”习近平的辩证思维，与他30多年投身于具体的社会主义伟大实践关系密切。正是怀有为民服务而“衣带渐宽终不悔，为伊消得人憔悴”的执着，拥有“望尽天涯路”那样志存高远的追求，才能耐得住“昨夜西风凋碧树”的清冷和“独上高楼”的寂寞，在坚持自觉思考、学习和实践中“众里寻他千百度”，最终“蓦然回首”，领悟辩证思维的真谛，将辩证思维运用得得心应手。

实践是认识的来源、目的、认识发展的动力，是检验认识正确与否的唯一标准。实践与认识的关系是：实践—认识—实践。实践的主体是人，社会主义实践的主体是人民群众，人民群众是历史的创造者。习近平十分重视人民群众的主体地位，坚持从群众中来到群众中去，和群众一起参与生产、实践，关心百姓疾苦。在正定县工作期间，当时正定这个全国闻名的高产县竟有不少农民连温饱都难以保证。于是，习近平同相关负责同志深入调查，反映高征购这种政策与具体实践不相符的问题，最终，解决了困扰百姓的难题。同时，实践探索为理论形成和升华奠定了基础。在正定县期间，习近平鼓励群众搞公社大包干试点，取得了很大成功，在当时的河北省开创了先河，使正定县的农业步入全面发展轨道。这些“摸着石头过河”的具体实践，是他在正定运用辩证思维的具体体现，也为他后来得心应手地把辩证思维运用于治国理政积累了基层经验。

联系具有普遍性，由于地理位置的优越性，习近平在福建工作期间非常注重闽台合作，加强与台之间的交流，在对台经贸合作方面，提出大力支持与合作，实现共赢。在此期间，为了与经济快速发展相适应，不失时机地出台了适应外向型经济发展的政策。在宏观调控方面，提高市场在资源配置中的基础性作用，政府多以引导为主。习近平还要求要建设有限政府、提供高效服务，有所为有所不为，做不错位、不越位、不空位的事情。在主政浙江期间，习近平不断加强“顶层设计”的谋划，同时更加注重发展实践的实效性，强调抓落实、抓实际。与浙江的具体情况和实践经验相结合提出了一系列促进浙江发展的战略规划，如“青山绿水就是金山银山”，得到了广泛支持，今天，已经成为人们耳熟能详的生态文明建设的指导思想。在 2016 年两会期间，在与黑龙江代表团讨论中，习近平还提出了“冰天雪地也是金山银山”的思想，对于北部地区、高寒山区如何保护好生态、发展好冰雪旅游产业，具有极大的启发意义。

习近平对马克思经典理论的学习，在某种程度上来讲就是循着马克思的研究方法去学习辩证思维。在后来的工作中，他也同样注重乃至推崇对马克思经典理论的学习。他在中央党校春季学期第二批入学学员开学典礼上，强调认真学习马克思主义经典著作。习近平指出，马克思主义哲学是马克思主义理论的基础，领导干部要想“全面看待前进道路上的主流和支流、出现的矛盾和问题，都离不开马克思主义哲学的指导，离不开辩证唯物主义和历史唯物主义的思想方法”。在习近平看来，学习马克思经典理论是形成辩证思维的重要途径。这种学习方法不仅使其个人受益，也希望领导干部通过学习马克思经典理论中的辩证法来指导工作。习近平辩证思维的形成与其对马克思经典理论知识的学习是分不开的。马克思关于辩证法的直接理论、马克思辩证的研究方法都为其辩证思想的形成提供了直接的知识积淀。

学习习近平辩证思维发展历程，不难看到，辩证思维的提升既源自于领导干部的现实实践，也源自领导干部的理论学习，既体现领导干部的理论水平，也彰显领导干部的人格魅力。因此，提高辩证思维能力，也要在这四个方面下功夫。王昌荣提出，提高领导干部辩证思维能力应正确处理好四个关系，这一分析很有启发性[①]。

一是敢担当与会担当的关系。领导是位权责统一的实践决定，责任担当是领导干部必备的基本素养。这就要求领导干部要处理好胆与识的辩证关系，既要不畏困难，不惧风险，又要善于发现问题，分析矛盾，化解问题。只有把敢于担当与善于担当结合起来，做到既坚持原则、较真碰硬，又能克

① 王昌荣：《提高领导干部辩证思维能力的对策建议》，《学习时报》，2014 年 6 月 16 日。

难攻坚、善作善成，才能胜任领导岗位。

二是高调做事与低调做人的关系。高调做事，要求坚决破除“无过即为功”“一团和气”的习气，雷厉风行，敢作善为。低调做人，就是踏踏实实、埋头苦干，摒弃个人主义、享乐主义。对领导干部来说，低调做人与高调做事二者缺一不可。如果不知道怎么做人，就算再有才华，也可能迷失方向、走错道路。如果不知道如何做事，那就是在其位不谋其政，再会做人也是老好人，无法推进事业的进步。

三是政令畅通与联系实际的关系。没有规矩，不成方圆。确保政令畅通是巩固党执政地位的关键问题，领导干部要严格执行党的纪律和规定，坚决同以习近平同志为核心的党中央保持高度一致，确保中央政令畅通。同时，要能因地制宜，求真务实，不唯书不唯上，只唯实，既要保证上级党委和政府政令畅通，又要立足实际情况创造性地开展工作。

四是实绩与潜绩的关系。显绩与潜绩都是政绩，两者是对立统一、相辅相成的。“潜”是“显”的基础，“显”是“潜”的结果。但在实际工作中，一方面，重视做抓基础利长远的事，应有功成不必在我的定力；另一方面，应有钉钉子的精神，善作善成，干一件，成一件，积小胜为大胜，不断创造出新的业绩取信于民服务于民。

中国共产党 95 年的风雨历程，中华人民共和国 67 年的艰苦奋斗，改革开放 38 年的飞跃发展，证明了辩证思维的历史功力。“磨刀不误砍柴工”，改革任务越是繁重，就越需要我们用好辩证思维这个利器。

四、历览古今多少事，辩证思维在其中

[案例 1] 荆人渡澭

春秋时，荆国人欲偷袭宋国，便派人先去测量水，准备夜间按所测的路线过河。到了夜间澭水暴涨，荆人不知道，仍按事先测量好的路线渡河，结果溺死者达千余人。荆人大惊，阵脚大乱，落荒而逃。荆人事先测量的路线

是可以渡河的。现在水位已发生变化，暴涨了，还沿着事先测量的路线渡河，这是他们所以溃败的原因。

兵法有云：“兵无常势，水无常形。”一切事物都处于永不停息的运动、变化、发展过程中，绝对不运动、一点不变化的事物是没有的。荆人无视事物的运动变化，用静止的观点看待事物，以白天获得的对水的认识指导夜间实践，犯下形而上学的错误，这是荆人遭受失败的根本原因。

《周易》讲：与时消息、与时偕行、与时俱进。作为领导者，要不断研究新情况，发现新问题，总结新经验，提出新方法，才能使主观适应不断变化的客观实际，把工作做好。

[案例 2] 西邻五子食不愁

《泾野子内篇》有一则“西邻五子食不愁”的故事，讲的是西邻有五子，但五子“各有千秋”：长子质朴，次子聪慧，三子目盲，四子背驼，五子脚跛。按照常理看，这家的当家人日子很难过。可是西邻治家有方，日子过得不仅不差，反而很是不错。他对自己的儿子各有安排：老大质朴，正好让他务农；老二聪慧，正好让他经商；老三目盲，正好让他按摩；老四背驼，正好让他搓绳；老五脚跛，正好让他纺线。“你看，这一家子人，各展其长，各得其所，不患于食焉。”

在常人眼中，短就是短，而在具有辩证思维的领导者看来，短也是“长”。即所谓“尺有所短，寸有所长”。聪明的领导者就如同这位西邻，善于根据人的特点来用人。比如老实不太爱说话、性格内向的人做具体行政性的事，爱说、性格活泼、屁股坐不到凳子上的人做业务搞外交，不善言谈、肯思考的人负责策划谋划，等等，让他们把劲用到地方上。变短为长，为组织做出业绩。

[案例 3] 大师的鞋带

有一位表演大师上场前，新收的弟子提醒他鞋带松了。大师点头致谢，蹲下来仔细系好。等到弟子转身后，大师又蹲下来将鞋带解松。

有个旁观者看到了这一切，在表演之后找大师来问："大师，您为什么后来又要将鞋带解松呢？"

大师回答道："因为我饰演的是一位劳累的长途旅行者，长久的跋涉使他的鞋带松开，我要通过这个细节来表现旅行者的劳累憔悴。"

"那您为什么不直接告诉您的那个弟子呢？"

"他能细心地发现我的鞋带松了，并且热心地告诉我，我一定要保护他这种热情的积极性，及时地给他点鼓励，至于我，当时的主要任务是为表演做足准备。至于为什么又将鞋带解开，将来会有更多的机会教弟子表演，也可以让他自己去体会啊。"

这个例子启发我们两点思考：要抓住主要矛盾，一是人在一个时间主要做一件事，才能将其做好；二是领导的真谛在于言传身教，特别是身教。领导在某种意义上也是一种角色表演，领导者不仅要做演员，也要做设计师；大师级的领导者不仅要做设计师，还要做教师，要学会理解、鼓励，还要讲究领导方法和艺术，那些既懂得顶层设计又懂得领导之道的人才是真正卓越的领导者。

[案例 4] 国共合作中的辩证思维

毛泽东一生就是运用辩证思维领导中国革命从胜利走向胜利。北伐时期，军阀势力强大，国共两党虽主义不同，但需要携手合作，才能打垮军阀，这时依赖面大，于是有了第一次国共合作。

然而，北伐硝烟刚刚消散，蒋介石就企图统治中国，造成国共两党势同水火，毛主席精辟地分析斗争形势，科学地批判了陈独秀的右倾机会主义，使全党看清国共两党的尖锐对立和蒋介石要将共产党赶尽杀绝的野心，使大家丢掉对蒋介石的幻想，握紧枪杆子，打出自己的革命政权。

“九·一八”，日本鬼子打响了侵略中国的枪声，民族危亡之际，张学良将军毅然发动西安事变，国共两党的对立面又处于次要地位。毛主席英明决策，力主放走屡次屠杀共产党的罪魁蒋介石，逼蒋抗日，从而建立了第二次国共合作。

1945 年，日本投降，就在人民大众翘首以盼和平之时，蒋介石撕毁“双十协定”，再次悍然发动了内战，企图在中国建立蒋家王朝，因此以毛主席为首的党中央制定了针锋相对的对策，号召人民起来打败蒋介石集团，夺取新民主主义革命的胜利，全面展开解放战争，最终赢利了胜利，从此，中国人民站起来了。

毛泽东灵活运用辩证思维科学处理了国共两党合作、分手、再合作、再分手的问题，辩证思维的运用正是毛泽东将唯物辩证法科学运用于现实生活成功例子的光辉典范。

辩证思维是一种科学思维。离开辩证思维，静止、孤立、片面地看问题，都是一种不成熟的体现，必将导致失败，只有用联系和发展的观点看问题，解决我们当前面临的现实难题，我们的事业才能走向新的胜利。因此，辩证思维是领导者必须掌握的科学方法。

[案例 5] 可怕的“虚假安全”

第二次世界大战结束后，英国皇家空军统计了在战争中失事的战斗机和牺牲的飞行员以及飞机失事的原因和地点。其结果令人震惊——夺走飞行员生命最多的不是敌人猛烈的炮火，也不是大自然的狂风暴雨，而是飞行员的操作失误。更令人费解的是，事故发生最频繁的时段，不是在激烈的交火中，也不是在紧急撤退时，而是在完成任务归来着陆前的几分钟。为什么会这样呢?

原来，这是典型的心理现象。人在高度紧张过后，一旦外界刺激消失，人类心理会产生“几乎不可抑制的放松倾向”。在返航途中，飞行员精神越来越放松，当他终于看到熟悉的基地，自己的飞机离跑道越来越近时，他顿时有了安全感。然而，恰恰是这一瞬间的放松，酿成大祸。这种状态在心理学上叫“虚假安全”。产生这种“虚假安全”的原因在于人们忘记了安全与危险矛盾对立面在一定条件下相互转化的规律。

在人生的路上，也有很多“虚假安全”。当领导者通过重重困难，成功近在咫尺的时候，千万不能因为放松警惕而放慢前进的步伐。一旦精神松懈了，危险也就接踵而至，甚至会导致彻底的失败。今天，我们在改革发展上取得了很大成绩，这个时候，既得利益集团对改革的阻力将更大，反华势力和敌对势力对改革的干扰和破坏会更强，切不可麻痹大意，需时时防范“虚假安全”。

防范“虚假安全”，要坚持和强化辩证思维，非常必要的是，还要把整个“飞行起落”放到一个大的系统中来认识和思考，领导者还需要树立系统思维。系统思维作为方法论意义的科学思维，体现辩证法，又不等同于辩证思维。比如“结构决定功能”对于领导活动至关重要的原理性认识，既不是联系和发展的直接体现，也不是对立统一的理论逻辑。在这个意义上，领导者还必须树立系统思维。

C H A P T E R 0 3

第三章

系统思维

整体不是其部分的总和。

——［古希腊］亚里士多德

格物、致知、诚意、正心、修身、齐家、治国、平天下。

——《礼记·大学》

先来看一个故事。

天津曾经有过三大怪：开车没有走得快，自来水就像腌过菜，钢渣如山成公害。李瑞环同志到天津市担任市长后决心把这三大怪给消除掉。

然而，征地、奠基、路材和投工费用上需要大笔投资。当时天津财政紧张，根本拿不出那么多钱来解决其中的一项问题，何况三个问题一起解决呢？所以一些专家学者觉得，一举解决“三大怪”的想法很有气魄，但是却很难实现，“不过是个美丽的幻想罢了”。

李瑞环同志不怕困难，迎难而上，结果“三大怪”硬是让他一举解决了。

那么李瑞环是如何破解难题的呢？

系统思维以人类系统思想尤其是现代系统科学理论为深层依据，通战略之法、谋战略之道，促领导者修身、修行、修心之心学，成运筹帷幄，推动组织把握万物变化之规则、客观规律之机理外王王之道，历练大智慧、大战略，敏锐把握大机遇，迎接大挑战，系统运思，决胜天下。

一、循系统出发之迹，引系统思维之路

面对日益复杂的社会系统，系统思维告别过去的简单性原则和线性思维习惯，始终从事物整体出发，把握好整体与部分、部分与部分、整体与环境的相互联系和相互作用，通过对事物的整体分析、层次分析、要素分析，完整准确地考察对象，以达到整体、优化地处理问题的科学思维。运用系统方法决策的最大好处是可以以最少的耗费，取得最大的收益。

（一）系统思维的内涵

系统思维从事物内部的各种因素及其关系、从一事物与他事物的相互关系中认识事物的能力。它着眼于事物的全局，从根本上、总体上把握事物的发展。更直观的理解是，系统思维就像是一个自动的大图书馆，馆内各种书刊影像门类齐全、内容极其复杂，它们就是图书馆这个系统的要素。图书馆内各类书刊条分本晰、方便查阅，能够发挥整体效能，这就是系统思维。

可见，系统思维能力具体表现为：

1. 从宏观上把握事物的整体表现为对事物元素及事物整体的区分，能直觉地把握事物的整体是什么，不被事物的枝节所束缚。

2. 从整体上把握事物的性质和运动规律。事物的性质往往表现得十分复杂，有时会表现出某些枝节，表现出与整体性质相反的性质来。事物的发展，有时表现为局部的或暂时的倒退。这就要求人们从根本上把握事物的性质，从宏观上把握事物的发展趋势。不把非本质的东西当作本质，不把支流当作主流。

3. 从事物的整体效应中分析事物。在对某一事物进行分析的时候，具有较强的整体意识，认识到组成事物的元素是整体中的元素，某一元素的变化会引起整体的变化。要善于研究元素之间的相互关系的整体效应。

领导活动如同世界上其他事物一样，也是一个按照一定的结构组成的具有特定功能的系统。它既是由领导者、追随者和领导环境等要素构成的空间系统，又是由制定决策、实施决策和检查总结等一系列领导环节所构成的动态行为系统。系统思维是领导方法史上的一次革命，它在传统系统思想基础上，结合现代系统科学理论所创立的现代领导方法，为领导者有效解决这些问题提供了可靠的路径。

（二）系统思维的特征

系统思维的特征来源于系统的根本属性，系统所具有鲜明的整体性、结构性、层次性、开放性和反馈性特征使系统思维也具有这些这特征。

1. 整体性

“花在树则生，离枝则死。鸟在林则乐，离群则悲。”事物的部分离不开整体。我国古代就有许多寓言讲整体性，比如，一根筷子一折就断，十根筷子捆在一起，就无法折断了。又如，“三个和尚没水吃”的故事，三个和尚为什么没水吃呢？究其原因：一是不团结，二是没分工，导致整体性的特征和功能等于零。

整体性是系统科学的核心特征，古希腊哲学家亚里士多德“整体不等于部分之和”较早表达了整体性思想：系统理论则在现代科学的水平上重新发掘和发展了整体性思想，并使其在科学技术、经济管理和社会组织的实践与创新中发挥着重要的作用。系统的整体性可以表现为三个不同的方面：第一，多个要素的搭配组合可以创新出新的整体系统。第二，相同要素的不同联系组合可以创新出多种整体系统。第三，系统的结构转变可能引起奇迹性的系统行为。

有这样一个故事。

一个盲人到亲戚家做客，天黑后，他的亲戚好心为他点了个灯笼，说：“天晚了，路黑，你打个灯笼回家吧！”

盲人火冒三丈地说：“你明明知道我是瞎子，还给我打个灯笼照路，不是嘲笑我吗？”

他的亲戚说：“你顾此失彼了。你在路上走，许多人也在路上走，你打着灯笼，别人可以看到你，就不会把你撞到了。”

盲人一想，对呀！就接受了亲戚的建议。

这个故事告诫我们，要有整体观，要把自身放在整个环境中去考虑。运用系统思维，你就会发现，你的行为会对别人产生互动，从而改善自己的处境。

系统思维立足整体思考领导目标。由于系统的性质和功能只有从整体上才能表现出来，而不是单个要素所具有的，这就决定了整体成为系统思维研究的对象和基本出发点。因此，在提出目标时必须立足于整体，从整体与部分的相互依赖、相互结合、相互制约的关系中把握系统的特征和运动规律，努力追求“整体大于部分之和”的整体功能。具体地说，要做好两点：一要把要研究、处理的问题视为一个系统，即看作是一个有机整体，所要提出并确立的目标应是这个系统整体功能优化的目标；二要论证这个整体目标是否整体优化，是否有实现的可能性。

有这样一个寓言。

在一大片沙漠中间，两个饥饿的人祈祷到了上帝的恩赐：一篓鲜活的鱼和一根渔竿让他们俩人选择，结果，一个人选择了那篓鱼，另一个则选择了那根渔竿。得到鱼的人自己跑开，用干草点火煮了鱼，狼吞虎咽，还没等品出鲜鱼的肉香，就连鱼带汤吃光了，不久，他没走出沙漠便饿死在空空的鱼篓旁。另一个人则提着渔竿继续忍饥挨饿，一步步艰难地向前走去，可当他已经看到不远处有片蔚蓝色的湖泊时，他浑身的最后一点力气也用完了，他也只能眼巴巴地带着无尽的遗憾离开人世。

不久，又有两个饥饿的人，他们同样得到了上帝恩赐的一根渔竿和一篓鱼。只是他们并没有各奔东西，而是商定，结伴去找寻湖泊，他俩每次只煮一条鱼，他们经过艰苦的跋涉，终于来到了湖边，从此，两人开始了捕鱼为生的日子，几年后，他们盖起了房子，有了各自的家庭、子女，有了自己建造的渔船，在沙漠中培植出绿洲，给过路的人提供了极大的方便。

这个寓言说明一个道理：

1 如果不加 1，结果可能为 0。

1 加上 1，结果可能不仅等于 2，而且可能大于 2。

这就是系统思维的整体性。

这个寓言还告诉我们，“头痛医头、脚痛医脚”或者“一叶障目、不见泰山”——割裂了部分与整体之间的关系而孤立地看问题，一定不会走得很远。

“一着不慎，满盘皆输。”关键部分对事物的整体起决定作用。系统整体依赖于要素，事物的要素是构成系统的基础。要素的种类、数量、基质不同，决定了系统的性质和功能的不同。由此，我国著名科学家钱学森指出：“不讲整体不行，只讲整体也不行。”

如果上帝的恩赐不是一根渔竿和一篓鲜活硕大的鱼，而是两根渔竿或者两篓鱼，结构不合理，不讲系统思维，那么，结果还将是悲剧。

因此，必须要从系统整体出发，科学地确定构成系统的要素，并考察各要素本身固有的属性，依据系统的整体目标，不断提高系统要素的特质，为强化系统的整体功能打下坚实基础。

首先，系统思维的整体，体现在系统的各要素要关联起来，把握系统的主导因素。系统中各要素不是“各自为政”、单摆浮搁的，它们始终处于相互依赖、相互作用之中，处于一种普遍联系的状态。

其次，系统思维的整体性体现在主要素与细节的关联中。各要素之间的联系不是均衡的联系，而是有主次之分的。有的要素起主导作用，甚至决定事物的性质，有的要素则是控制对象，只起辅助作用。因此，运用系统思维一定要着力把握系统中的关键环节，抓住重点和要害。这是运用系统思维必须加以注意的问题。因为在具有严密结构的系统中，关键性的要素出了问题，就会直接影响整个系统的功能。由此，我们可以这样说：没有重点，就没有全局。同时，系统论认为，庞大的系统是由无数有机联系、彼此制约的细节构成的统一整体，忽视细节，同样会使系统整体出现严重的不良后果。因此，运用系统思维解决具体问题的时候，必须是大处着眼，小处着手，从目标任务的最低层次、最细部分开始。中国古代思想家老子所说："天下难事，必做于易；天下大事，必做于细。"如果把整个目标任务比作一棵树，那么具体实践要从树梢开始，充分发挥构成系统要素的应有作用。同时，还要注意通过控制、调节、反馈等办法，把分系统的目标纳入系统的整体目标，力求使构成整体的各个部分协调一致、相互配合。否则，将会出现低效或无效运行的状况，致使系统整体效能下降。

最后，相互关联的本质是相互作用。恩格斯曾经指出："相互作用是我们从现今自然科学的观点出发在整体上考察运动着的物质时首先遇到的东西，我们看到一系列的运动形式，都是相互转化、互相制约的，在这里是原因，在那里就是结果……因此，自然科学证实了黑格尔曾经说过的话：相互作用是事物真正终极的原因。我们不能追溯到比对这个相互作用的认识更远的地方。"这里讲的普遍存在的和作为终极原因的"相互作用"，正是辩证法所讲的矛盾。而通过相互作用来看矛盾，则充满了和谐性、创新性和发展性。从这个意义上来说，旧的计划经济模式是简单化的，是机械论在经济系统中的反映。而自改革开放以来，我国的社会主义经济才开始走上了运用相互作用机制的辩证法的发展道路。

总之，系统的整体性表现为内在要素有机组合的相关性，系统与各要素之间的相关性，系统与环境的相关性，系统功能的非加和性等。系统整体与部分在功能上的这种非加和性，化为思维方法和领导方法，就要求领导主体在领导活动中必须具有全局观念和全局思维，在空间上正确处理全局与局部的关系领导者要维护原有的全局系统，并使它的目标价值合理，就特别要注意全局和局部利益的关系，要说服下属有全局观念，自己更要有全局的战略意识。同时，全局目标的合理性在实践中又不是永恒不变的，领导者要善于总结和提升局部的合理性为全局的合理性，以求系统永葆生命力。

2. 结构性

先讲一个现象。

在亚热带的印度、缅甸等国，冬日里的捕蛇者常常看到一个有趣的场面：在同一洞穴中发现蛇、青蛙、蜈蚣这三个冤家对头相安无事地同居一室，和平相处地生活。它们不仅有捕食弱者的本能，也有利用自己克星的天敌保护自己的本能。

为什么呢？

因为如果蛇吃了青蛙，自己就会被蜈蚣所杀；而蜈蚣若是杀了毒蛇，自己会成为青蛙的口中食，而青蛙如果贪吃了蜈蚣，毒蛇便会毫无顾忌地把青蛙吃掉。

事实上，蛇、青蛙、蜈蚣三者构成了一个具有稳定结构的系统，青蛙不吃蜈蚣，以便让蜈蚣帮助自己抵御毒蛇；毒蛇不吃青娃，以便让青蛙为自己抵御蜈蚣；而蜈蚣也不杀毒蛇，以便毒蛇帮助自己抵御青蛙。

强者不去吃掉弱者，而帮助弱者生存下去，反而对自己更有利；弱者可以通过与强者的敌人交好而得到安全，这种现象在国与国之间，组织与组织之间，还少见吗？在某种意义上，这也一种共赢系统，也是一种生命共同体！

“阡陌交通，鸡犬相闻。”子系统与子系统之间交错相通，要素与要素之间相互联系，就构成了一个系统结构。

如同蛇、青蛙、蜈蚣的共处成就了共存，系统的功能取决于系统的特定结构。结构是系统内要素联系的内部形式。只有系统的结构趋于合理，系统的功能才能得到优化。而系统的结构趋于合理的表现就是构成系统的各要素之间能够协调一致、相互配合。比如，一个合理的领导班子的系统结构，应该是由不同的工作经历、学识、修养和性格的人所构成，彼此之间能够取长补短，优势互补，从而成为一个坚强有力的领导集体。

一个心理学教授到精神病院考察，了解精神病人的生活状态。一天下来，觉得这些人疯疯癫癫，行事出人意料，可算大开眼界。想不到准备返回时，发现自己的一个车胎被人卸下拿走了。“一定是哪个精神病人干的！”教授这样愤愤地想道，动手拿备胎准备装上。可是，忽然发现事情严重了。卸车胎的人居然将那个车胎的螺丝也都卸下来拿走了。没有螺丝有备胎也上不去啊！

教授一筹莫展。在他焦急万分的时候，一个精神病人蹦蹦跳跳地过来了，嘴里唱着不知名的欢乐歌曲。他发现了困境中的教授，停下来问发生了什么事。教授懒得理他，但出于礼貌还是告诉了他。

他哈哈大笑说：“我有办法！”他从每个轮胎上面卸下了一个螺丝，这样就拿到三个螺丝将备胎装了上去。

教授惊奇感激之余，大为好奇：“请问你是怎么想到这个办法的？”疯子嘻嘻哈哈地笑道：“我是疯子，可我不是呆子啊！”

这个故事讲的是系统尽管有要素的损失，但通过合理的结构调整，也可以发挥整体功能，面对信息不对称情形，领导者在应急情况下，通过合理的结构调整，可以维持系统新的平衡。

3. 层次性

系统的层次性在事物中体现为纵向的上下关系，如同一个集团军下面下设军、师、旅（有的设）、团、营、连、排、班，形成梯次，以避免顾此失彼，全面崩溃。

完整的系统方法必须研究等级秩序。等级秩序的一般理论是一般系统论的主要支柱。等级系统原则是指把系统划分为不同的层次性。在等级系统的链条中，每一个系统既是要素又是系统。相对更高一级的系统，它是要素，而相对于比它低的系统，它是系统。系统与要素的不断转化、生成，构成了世界无限发展的图景。系统发育原则进一步说明了系统等级的形成。该原则认为，开放系统在与环境交流中，会产生从无序到有序、从低级系统到高级系统的演进。层次性在政治上体现为级别，在管理体现为科层。系统思维的层次性主要体现在分清主次，明确程序。比如生物的层次性，从生物个体到种群，从种群到群落，从群落到生态系统，这就是四个层次。

讲求层次性非常重要。领导上没有层次性，必然会打乱仗；领导上层次分明，工作中才能有条不紊，游刃有余，举重若轻，事半功倍。

有的干部堪称好干部：事必躬亲，冲锋在前，享受在后，“五加二”“白加黑”“晴天一身汗，雨天一身泥”。可还是按下葫芦浮起瓢，或是丢了西瓜捡芝麻，事情没做好，挨了一身骂，还苦不堪言。这其中，很重要的原因是没有树立系统思维，没有处理好领导的层次性问题。

从领导决策来看，领导者对自己主管的工作，首先要通观全局，能够对大大小小的事情了然于胸、心中有数、如数家珍、信手拈来；更重要的是要理出其中的头绪来，从中抓住主要的工作，把握住事情之间的联系。作为领导者就必须懂得层次关系，分清轻重缓急，做好人员分工，并且安排好各种工作之间、各个人员之间的先后次序和相互衔接，而后在过程中去监控、调整。

从领导用人来看，同样要讲究层次性。在工作上不分主次、不分轻重缓急，在用人上也必定表现为没有层次感。在用人上一味追求平衡，没有层次，没有重点，片面强调一视同仁，“撒胡椒面”。优秀者不敢重赏，不敢重用；庸劣者不敢重罚，不敢重处。结果是鞭打快牛，滋养懒人，以表面上的平等造成了事实上更大的不平等，牺牲优良、牺牲效率。

4. 开放性

系统理论，特别是耗散结构理论强调开放性，并相应地把系统分为孤立系统、封闭系统和开放系统三种类型。开放系统是指同环境进行物质、能量和信息交换的系统。现实的系统都有不同程度的开放性。系统的开放性为系统进化提供了可能。任何一个现实的系统，都有其外部环境，脱离外部环境的系统是不能产生的，也是不可能存在和发展的。领导者要运用系统思维，就要分析自己系统所处的环境状况，深入调研环境可能发生的变化及其对系统的影响。外部环境及其变化，可能对系统现今的存在和发展是危机，也可能是机遇，还可能危机与机遇并存。领导者须清醒认识这类态势，避害趋利，有所调整，主动抓住机遇，迎接挑战。

“熵增原理”表明，孤立系统由于内部的熵增，必然导致系统组织程度越来越低，直至崩溃。系统要想生存和发展，一方面要将熵增物输出到环境之中，另一方面又需要将信息、能量等输入到系统中来，以达到系统的平衡与发展。由此可以看出开放性是领导思维的重要特征，只有开放，领导的外向、亲民、回应、互动、分享、包容、交往、接纳、融合等的基本价值追求才能得到表述、表达和表征。领导的开放性主要体现在公开分享信息、公开回应公民诉求、进一步吸纳公众参与合作治理等方面。开放性是现代领导系统思维的精神追求。

一应进一步推进信息公开。信息公开是领导开放性的首要表现和底线标准，没有信息公开、透明与分享，就谈不上什么现代系统思维。各地区各部门应集中全面公开与群众相关的法律法规、政策文件、通知公告、办事指南、审查细则、常见问题、监督举报方式，以及行政审批涉及的诸多事项进行公示。同时也需要明确指出提交的材料的名称、格式等相关信息。

二应进一步推进对公众诉求的及时准确的回应。开放不仅是领导分享信息与去神秘化的过程，而且是领导直面环境变化，与环境形成信息、能量交换和互动的过程。及时准确地回应社会关切的问题与诉求，是解决社会问题、担当公共责任的直接体现。一个开放的领导系统，从原则上来说，不仅要去掉信息的高墙、打开服务大门，而且要邀请公众表达诉求，通过“面对面”“手拉手”相谈，扩大表达诉求被倾听和应答的空间。

三应进一步提高推进公众的决策参与广度和深度。决策过程是多元利益主体复杂的互动博弈过程，领导者不能也不可能独占政策信息、话语的制高点并且垄断资源。通过调适利益关系，促成协商对话，共建公共理性。同时公众的参与体现在强化考核监督上，要畅通群众投诉举报渠道，及时反馈处理结果。同时采取一定措施的正向激励行为，对于发现问题、提出建设性意见的群众，予以一定程度的奖励，实现正强化效果。

5. 反馈性

在没有特定外部作用参与的情况下，系统能够自己获得和改变它的结构，叫作自组织。依靠特定外部作用参与才能获得和改变其结构的系统，叫作他组织。

领导思维无疑是自组织思维。自组织是系统科学对自然发展的一种新的理念。自组织理论认为，系统通过一定相互作用的机制，可以形成种种具有内在和谐、自动调节、自我发展和能动创新性质的自组织系统。自组织有许多重要的机制，系统的最基本机制就是“正反馈”与“负反馈”。它们是由正相关关系和负相关关系的不同耦合形成相互作用循环。由这两种基本的因果关系形成的互动的循环就是自组织的正反馈和负反馈。而这两种不同的机制有着不同的行为。正反馈机制能够自主地推动系统加速度地离开原初状态，自动地走向新的状态，其速度是出人意料的。设计和运用正反馈推动经济系统的发展。例如，多劳多得。负反馈机制能够抗拒干扰，减弱偏差，使系统自动恢复原初状态，表现出有目的的行为。市场机制作为现代社会经济的自调节机制，不仅能动地调节着市场的价格与生产，而且影响着劳动与分配、社会财富流向、不同知识与人才的增长速度，教育与科研的方向，乃至贫富的差异逐步减小，社会的道德文明水平逐步发展。

系统在获得信息和能量后，会发生反馈，这种反馈既有“正反馈”也有“负反馈”。“正反馈”是一种自推动性的循环，它能够能动地推动系统离开原有状态，自动地、加速度地走向新的状态。比如毛泽东同志在革命战争中，根据中国自身社会分析而得出的“土地与政权”之间的相互依存，相互和谐的基本动力机制，推动着中国革命事业从小到大，革命战争中我军以少胜多、以弱胜强的奇迹，都是这种正反馈能动机制所推动的。又如社会主义经济系统“多劳多得”原则，土地承包制和目标管理制等种种机制。由于社会生产力是多种要素构成的系统，除了体力的简单劳动外，还有智力的复杂劳动力，还有非劳动的生产资本、生产资源和生产资料种种要素。而要使这种种生产力要素的活力奇迹般地迸发出来，推动社会生产力的科学发展，合理的正反馈机制，如效能与收益的原则，是其中重要的科学方法之一。

“负反馈”是一种自稳定性的循环，它能够在一定程度上抗拒和消除干扰，使系统自动恢复原初状态。利用负反馈机制，在技术上可以设计制造出无人控制的自动机、自调节的机电装置，全自动生产线，以及智能机器人等。在社会系统控制与管理中，我们可以通过合理的制度、法规来建构和谐的社会自组织机制，使社会系统自动地消除偏差、保持稳定、接近和实现目标，实现无人控制的、“无为而治”的管理。

在市场经济中，生产与价格之间自然建构起一种负反馈的自调节机制：价格上生产上，生产上价格下，价格下生产下，生产下价格上，如此循环。这个动态机制会使得市场经济系统的生产能动地与需求相平衡，价格向着生产者最大盈利与消费者最小支出相平衡的方向不断调整与发展，早期经济学家称为“看不见的手”。社会经济的发展需要生产与价格在不断适应需求水平和购买能力条件下的动态平衡，而负反馈是实现这种动态平衡的自动机制。这种机制虽然局部状态和时期上会出现一定的偏差，但在长期发展中却有着不可替代的作用。市场作为现代社会经济的自组织机制，能动地调节着供需平衡，而且还能动地调节着社会的财富流向、劳动与分配的平衡，并进一步推动着知识、人才、教育、科技的发展，在长期的发展中还调节着贫富的差异逐步减缓，影响着社会道德的进步与发展，等等。

可以看出，党的十一届三中全会以来，我们进行了大规模的社会战略性改革，而改革的总体方向是从单向作用的“组织化”社会系统走向相互作用的“自组织化”社会系统，这是现代社会管理的科学化发展，是经济、社会管理从机械论到辩证法和系统论的发展，是人类思维的进步。自组织管理是一种系统思维方法。所以，每当我们坚持系统思维，推动管理的自组织化，社会生产力就能动地大踏步地前进和发展。

实践证明，现代领导者的思维正在从“组织模式”向“自组织模式”转变。所谓“组织模式”是指一方主动发出指令，其余各方皆属被动接受指令。在这种单向度的“指令—服从”模式中，被动的各要素没有自主的选择；没有表达自己选择意愿的渠道和机制。而主动的这一要素，在这种无积极反馈的单向度控制机制中，也受到极大的局限，导致指令信息的贫乏和无效。所谓“自组织模式”，是指系统各要素之间都有各自的主动性选择，双向之间都有互动的信息交流。它内部存在着各种特定的“指令—服从”系统，但这不同于“组织模式”之处在于：其指令的产生，有着要素间预先互动式交流的程序，其服从的效应，有着理性和积极反馈的内容。同时，这些互动交流又是趋向实现系统的目标和功能。

比较“组织模式”和“自组织模式”，我们就会发现：在抵抗外界干扰能力方面，前者弱而后者强；在趋向有序的活力程度上，前者低而后者高；在适应变化环境的素质上，前者劣而后者优。反映在领导者的战略思维和方法论上，我们要从“组织模式”转向“自组织模式”，要从“把事情做对”转向“做对事情”。在现代的战略思维中，必须是主动选择的思维，不仅是自己主动，也要让对方主动，如此才能形成生动活泼、趋向有序的战略局面。

随着世界范围的科技革命的迅猛发展以及经济全球化浪潮的风起云涌，现代社会的发展速度越来越快，复杂程度越来越高，变化的内涵和表现也日趋丰富。这促使人的思维方式从静态性向动态性转变，在对事物做横内性、同时性比较时，又要善于对事物做纵向性、历时性的综合分析。

现代系统科学把时间维度引入原本无时间概念的传统研究领域，发现不可逆是客观存在的事实，可逆过程才是一种科学的抽象和假设。不可逆过程在不同的运动现象中起着基本的作用，这对领导者面对变化，审视传统、展望未来的战略思维会有重大的方法论启迪。

重视预测，面向未来的思维：传统的农业社会，占主流的是面向过去的思维。它主要是以老祖宗订立的规矩作为现实实践合理性的准绳，以祖宗先人的是非标准为今天的是非标准，不能越先祖训言格语雷池半步。这种面向过去的思维伴随着牛耕马道悠长而缓慢地行走着。初始的作坊式工业社会，占主流的是面向现今的思维。它是以实惠的得失为现实实践是非的衡量标尺，到手的利益才是实际的，投资于未来是虚空的。“今朝有酒今朝醉”是其思维的信条。时代列车已驶入信息社会，它信奉的是面向未来的思维。科学技术，尤其是信息科技的飞速发展和广泛渗透，使社会变化的频率加快，复杂程度提高，这促使群体在设计目标时，必须重视其未来的存在合理性。在趋向目标的实践过程中，必须重视变化多端的因素的影响，适时调整决策方案。“预则立，不预则废”已成为现今信息社会实践的原则之一。我们是从历史走过来的，又生活在现实中，促我们必须更重视未来，因为我们还要向未来走去，要为未来筹划。

二、开结构优化之锁，启功能升级之门

任何系统都是结构和功能的动态统一体。一方面，结构决定功能，调整结构能够影响功能；另一方面，系统与环境的相互作用处于不断变化的状态之中，这些变化由外向内作用于系统，往往使系统内在结构也发生相应变化。系统结构与功能的这种辩证关系，为领导者的系统思维提供了重要的方法论原则。

中国古代在以结构优化提升功能上有深刻的见解，集中体现在“内圣外王”上。古人在内圣上强调“修身”“立命”“涵养”“浩然正气”和大丈夫人格；在外王上倡导实行王道政治的理想。“内圣”就是“格物致知诚意正心修身”，即孟子所倡导的富贵不能淫，贫贱不能移，威武不能屈的大丈夫品格；“外王”就是“齐家治国平天下”，即张载提出的“为天地立心，为生民立命，为往圣继绝学，为万世开太平”的宏伟气魄和积极入仕的人生态度，完善和提升自己的人格是圣贤之道。西方文化则有不重视内心的承

受、容忍、修为的不足，强调向体能的极限挑战，以改造外界环境为满足，以征服者的态度对待自然，对待社会。中华民族精神重内心涵养结构，以“内圣”至“外王”的思想，很好地体现出结构决策功能的系统特征，具有极大的启发意义。

运用系统的方法，就要善于分析各个要素之间的相互关系，以及各要素与系统整体的关系，构建合理的系统结构，进而达到优化系统整体功能的目的。如同一个乐队，要通过明确乐队的层次结构，演奏“协奏曲”。

曾经有七个人住在一起，每天喝一大桶粥。

然而，粥每天都是不够分，大家很不满意。一开始，他们抓阄决定由谁来分粥，每天轮一个。于是乎每周下来，他们只有一天是饱的，就是自己分粥的那一天。

后来，他们开始推选出一个道德高尚的人出来分粥。结果，强权就会产生腐败，大家开始想法设法去讨好他，贿赂他，搞得整个团体生态恶化。

然后，大家开始组成三人的分粥委员会及四人的评选委员会，互相攻击扯皮下来，粥吃到嘴里全是凉的。

最后想出来一个方法：轮流分粥，但分粥的人要等其他人都挑完后拿剩下的最后一碗。

为了不让自己吃到最少的，每人都尽量分得平均，就算不平均，也只能认了。

从此，这七个人快快乐乐，和和气气，日子越过越好。人同样是这七个人，不同的分配结构和顺序，就会有不同的功能。

所以一个组织如果有不好的工作习气，一定是系统的时序和机制问题，一定是没有完全公平公正公开，没有严格的奖勤罚懒。如何制定这样一个制度，是每个领导需要考虑的问题。

领导者要培育系统思维，首先要视本组织为一个系统，万事要做统筹考虑。其次要思考本组织系统与所处环境的关系，这就是本组织系统的功能定位问题。最后，在功能定位确定后，就要按照系统的“结构—功能”原则，审查本组织系统的内在结构是否与其功能相协调和相配合，在动态中实现最大限度的相互协调。

组织结构是内部内部影响组织效率的最重要因素。一个组织的结构表明这个组织的权力配置，同时决定着这个组织的决策方式，而权力配置与决策方式是影响组织效率最关键的要素。组织结构还影响组织沟通的效能，一般来说，组织的层级越多，沟通所经过的路径就越长，组织沟通的效能也就会相应越低。在这个意义上，扁平化已经成为组织结构优化的必然趋势之一。

扁平化组织架构的最大优点在于从一个组织的决策层到基层员工的层级数量大幅减少，使信息在最高层到最底层之间的传递速度大大加快，有利于企业组织更快速地响应市场变化并传递市场压力。而相应地，扁平化的缺点也在于管理跨度的大幅增加后，组织的管理人员的沟通需求呈几何级数增加，组织内部的沟通问题成为一大瓶颈。因此，如何降低管理跨度增大所带来的负面影响和管理失控也是摆在管理者面前的问题。扁平化的另一个缺点是组织边界的模糊化。这也对每个下属的业务能力和沟通协作能力提出了更高要求。

三、植统筹兼顾之树，结系统思维之果

与以往把问题切割成一些部分就各个问题进行分析的方式不同，系统的观点是把事物看成由许多的元素构成，每个元素都有它自身的特性，这些元素之间彼此相连。在现代社会中，任何领导活动几乎都处于系统之中，各要素、要素与系统之间关系复杂，有时一损俱损，一荣俱荣；有时一个对局部有利的事，可能是损害全局的；有时一个对局部有害的事，却有利于全局，比如阻击战，就是以牺牲局部利益换取更大的利益，因此，领导者能否统筹兼顾，体现了领导者的系统思维水平，决定领导活动的成败。

英国皇家海军有一次招考雇员，有一道很有意思的面试题。

在一个风雪交加的夜晚，你开着一辆双门双座跑车，经过一个车站，那里，有三个人正在等车。一位是快病死的老太太，一位是救过你命的医生，一位是你梦寐以求的情人。你会怎么办？请说明你的理由。

载老太太，因为救人第一？

载医生，因为知恩图报？

载情人，因为可能一辈子再也碰不到？

二百多位应征者，录取的那位没有申论说明，只有答案："把车钥匙给医生，让医生载老太太去医院，我留下来陪梦寐以求的情人等车。"

这是一个几乎每个人都认为最好的答案，但是很少有人能回答出来。为什么？因为我们日常大都是简单的线性思维，"单打一"，很难统筹兼顾，缺乏系统思维能力，而要提升系统思维能力，就要强化统筹意识。

第一，要强化统筹局部效能与全局效能的意识。在领导决策中，既要考虑本地区、本部门、本单位的利益，也要考虑全社会和国家全局甚至全球人类共同的利益，有时为了保证全局利益，局部要做出牺牲。因而领导者在决策时不仅必须将全体与局部二者结合起来考虑，而且应把重视整体效能的最满意化放在首位。

第二，要强化统筹眼前利益与长远利益的意识。领导者在决策时，不能只以眼前利益出发而应考量长远的利益。当眼前利益与长远利益不一致时，有的方案对眼前有利而对长远不利，也有的对眼前不利而对长远有利，领导者的正确思想方法就是要把二者兼顾起来考量，而且要更多地注意长远的利益。在此，领导者要特别注意短期决策与长期决策的统一，除要做好组织运营中短期的决策外，更应把决策的着眼点始终放在有关组织发展方向的长期决策上。

第三，要强化统筹定性研究与定量分析的意识。领导者在决策时应注重性质和方向，但也应当重视定量分析，用数据说话，使决策更加精准。在今天复杂的决策情境下，要做到心中有数，除了依靠以往经验，更要依靠现代数量管理工具，特别是大数据分析来辅助决策。

做到系统的思考问题，需要有良好知识储备。我们分析事情，思考发展，必须要有丰富的知识储备，完善的知识体系，思考问题才不会顾此失彼，想得更远，思得更深，意见才更加成熟。领导干部要适应现代化政府的执政要求，也必须具备良好的知识储备，不断学习，要在学习中培养系统思维，系统地思考、辩证地看待事物。

系统思维运用启示我们，要提高系统思维能力，需要综合培养以下能力：

一是分析和综合能力。二是比较和分类能力。在前一步基础上，把不同的对象或对象的个别部分、特性区分出来，确定它们的异同和关系并进行比较，从而使知识系统化。三是抽象和概括能力。运用抽象能力可以把事物的本质属性同非本质属性区分开来，而概括能力则可以将抽象出来的各种对象或观念之间的共同属性结合起来。四是判断和推理能力。通过运用以上四种能力，人们就可以把对象加以系统化地分类，形成概念。并在基础上进行判断和进一步的推理，使我们能够更加正确和深入地认识世界，找出客观事物的本质和规律。

四、提系统科学之笔，生系统意识之花

系统科学是研究一切系统的模式、原理和规律的科学。通过学习和掌握系统科学，领导者能增强系统意识，自觉地掌握和运用系统思维。

（一）学习“老三论”增强系统思维

什么是“老三论”？20世纪40年代先后创立并获得迅猛发展的系统论、控制论和信息论，这三门系统理论的分支学科。虽然它们仅有半个多世纪，但在系统科学领域中已是资深望重的元老，合称“老三论”。人们摘取了这三论的英文名字的第一个字母，把它们称为SCI论。

系统论的创始人是美籍奥地利生物学家贝塔朗菲。系统论要求把事物当作一个整体或系统来研究，并用数学模型去描述和确定系统的结构和行为。

所谓系统，即由相互作用和相互依赖的若干组成部分结合成的、具有特定功能的有机整体；而系统本身又是它所从属的一个更大系统的组成部分。贝塔朗菲旗帜鲜明地提出了系统观点、动态观点和等级观点，指出复杂事物功能远大于某组成因果链中各环节的简单总和，认为一切生命都处于积极运动状态，有机体作为一个系统能够保持动态稳定是系统向环境充分开放，获得物质、信息、能量交换的结果。系统论强调整体与局部、局部与局部、系统本身与外部环境之间互为依存、相互影响和制约的关系，具有目的性、动态性、有序性三大基本特征。

控制论是著名美国数学家维纳同他的合作者自觉地适应近代科学技术中不同门类相互渗透与相互融合的发展趋势而创始的。它摆脱了牛顿经典力学和拉普拉斯机械决定论的束缚，使用新的统计理论研究系统运动状态、行为方式和变化趋势的各种可能性。控制论是研究系统的状态、功能、行为方式及变动趋势，控制系统的稳定，揭示不同系统的共同的控制规律，使系统按预定目标运行的技术科学。

信息论是由美国数学家香农创立的，它是用概率论和数理统计方法，从量的方面来研究系统的信息如何获取、加工、处理、传输和控制的一门科学。信息就是指消息中所包含的新内容与新知识，是用来减少和消除人们对于事物认识的不确定性。信息是一切系统保持一定结构、实现其功能的基础。狭义信息论是研究在通信系统中普遍存在着的信息传递的共同规律，以及如何提高各信息传输系统的有效性和可靠性的一门通信理论。广义信息论被理解为运用狭义信息论的观点来研究一切问题的理论。信息论认为，系统正是通过获取、传递、加工与处理信息而实现其有目的的运动的。信息论能够揭示人类认识活动产生飞跃的实质，有助于探索与研究人们的思维规律和推动与进化人们的思维活动。

（二）学习“新三论”增强系统思维

什么是“新三论”？就是 20 世纪 70 年代以来陆续确立并获得极快进展

的耗散结构论、协同论、突变论，这也是三门系统理论的分支学科。它们虽然时间不长，却已是系统科学领域中年少有为的成员，故合称“新三论”，人们也摘取了这三论的英文名字的第一个字母，把它们称为 DSC 论。

耗散结构理论是比利时物理学家普利高津于 1969 年创造的。一般来说，开放系统有三种可能的存在方式：一是热力学平衡态，二是近平衡，三是远离平衡态。耗散结构理论认为，系统只有在远离平衡的条件下，才有可能向着有秩序、有组织、多功能的方向进化，这就是普利高津所谓“非平衡是有序之源”的著名论断的意思。在长期的研究工作中，普利高津发现，当一个远离平衡态的开放系统，因为许多复杂因素的影响会出现非对称的涨落现象，当达到非线性区时，在不断与外界进行物质和能量交换的条件下，系统将可能发生突变，由原来的无序混沌状态自发地转变成一种在时空或功能上的有序结构。他就把事物的这种在非平衡状态下新的稳定有序结构称为耗散结构。耗散结构论于是成为探索耗散结构微观机制的理论。系统论所要寻求的也就是这种具有有序性的稳定结构，从这个意义上来说，耗散结构论与系统论有异曲同工之妙，领导工作更多的时候都要依托和平稳定的局面和氛围，因此耗散结构对于领导系统具有重要意义。

协同论是联邦德国著名理论物理学家赫尔曼·哈肯在 1973 年提出的。他认为，自然界是由许多系统组织起来的统一体，许多系统是小系统，这个统一体就是大系统。在大系统中的许多小系统既相互作用，又相互制约，它们的平衡结构，而且由旧的结构转变为新的结构，有一定的规律，研究这个规律的科学就是协同论。协同学理论是处理复杂系统的一种策略。研究协同学理论的目的是建立一种用统一的观点去处理复杂系统的概念和方法。协同论的重要贡献在于，通过大量的类比和严谨的分析，论证各种自然系统和社会系统从无序到有序的演化，都是组成系统的各元素之间相互影响又协调一致的结果。协同论既为一个学科的成果推广到另一个学科提供了理论依据，也为人们从已知领域进入未知领域提供了有效手段，还为不同领域的领导者合作共建提供了理论基础。

突变理论是比利时科学家托姆在 1972 年提出的。其研究重点是在稳定性数学、奇点理论和拓扑学理论基础之上，通过描述系统在临界点的状态，来研究自然的多种形态和社会经济活动的非连续性变化现象，并通过耗散结构论、协同论与系统论联系起来。突变理论通过探讨客观世界中不同层次上各类系统普遍存在着的突变式质变过程，揭示了系统突变的一般方式和机制。突变理论突破了牛顿单一质点的简单性思维，揭示出物质世界客观的复杂性。突变理论中所蕴含着的科学哲学思想，主要包含以下几个方面的内容：内部因素与外部相关因素的辩证统一，渐变与突变的辩证关系，确定性与随机性的内在联系，质量互变规律的深化发展。

系统科学与系统思维彼此相互作用、共同推进人类向前发展。系统思维是人类运用系统的思想和方法进行思维活动的综合表现形式，它是人类进行思维的具体形式。这种思维具有很强的时代性。人类的思维方式总是受一定时代的人们的实践方式和生活方式所影响的，并且随着科学、科学方法的形成而不断发展。系统科学是反映系统规律的知识体系，是有史以来人们运用系统思维在 20 世纪取得的正确认识。系统科学作为人类长期进行系统思维实践的结晶，反过来增强了人们的系统意识、强化人们的系统观点、丰富并规范人们的系统研究方法。因此，领导者要提高系统思维能力，学习和掌握系统科学理论是一条不可或缺的途径。领导者也有责任有义务在运用系统思维过程中推动系统科学理论的发展，从而形成人类系统思维的良性循环。

五、得系统思维之法，破错综复杂之题

处理复杂问题，必须要注意从整体上加以把握，统筹考虑各方面因素，注重全面协调可持续发展，依靠系统思维铸就系统工程。

[案例 1] 都江堰工程

2268 年前，李冰父子率众修建了都江堰，使成都平原告别水旱灾害，成

为“天府之国”。李冰父子等人运用系统思维进行的山水兼治、“宽域”综治的方法，到今天仍备受推崇，并被誉为“人类系统工程之惠泽千秋的古典范例”，我们可以从中汲取诸多营养和教益。

实事求是。都江堰的建造是在明确考证了诸多客观因素、经过分析判断后加以实施的。为了“辟沫水之害”，李冰从客观环境出发，“因高卑之宜，驱自行之势”，“因地制宜”“乘势利导”的指导思想和工程实施原则让他合理地利用自然倾斜的地形，不打坝，只修堰，既消除岷江的水害，同时工程还具备航运与灌溉之利。如果没有李冰多方面的设计、分析、方案综合等符合逻辑科学的思维与手法，就没有后来的都江堰。

整体思维。都江堰水利工程由百丈堤、鱼嘴、飞沙堰、宝瓶口、人字堤等组成。这些工程的位置、结构、尺寸、高低、方向、角度等的布置，与岷江河势、两岸的山势，以及不同季节上游河道的来水来沙条件相互结合，共同组成一个有机完善的整体，达到巧妙引水、分水、泄洪、排沙等目的。这些构成整体系统的关键相互补益、依存，缺一不可。可以这样说，没有鱼嘴就不可能把岷江水按内外江合理分配，并把大量泥沙排入外江；没有宝瓶口的束水和离堆的顶托壅水作用，洪水就越不过飞沙堰；没有飞沙堰，宝瓶口就会被泥沙淤积，岷江水就不可能流入成都平原。可见，整体大于各孤立部分之和，只有认识总体的重要性，才能将各自的特性、要素抱成一团，从而得到最佳的效果。

注重层次。都江堰工程的渠首形成一个分级控制系统，而渠网内的各级渠首、水库也是分级控制的。在第一级控制中，起自然控制作用的是百丈堤和鱼嘴分水堤；第二级控制是顺水埂和飞沙堰；第三级控制是宝瓶口及辅助工程。鱼嘴分水堤利用弯道环流的水力作用使内江多分水少进沙；飞沙堰利用坝前的螺旋流配合离堆壅水顶托泄洪排沙；宝瓶口利用瓶颈式的形状控制洪水。这三级控制可纳入自然控制的范围。

因势利导。都江堰工程是充分利用地形特点，实现人地协同。在长期的治水实践中，“道法自然”“人水和谐”的治水理念被具体化为“乘势利导，因时制宜”的治水原则;“三字经”“六字诀”“八字格言”等丰富的治水经验被物化为杩槎、竹笼、羊圈、干砌卵石等传统工程技术。这些理念、经验和技术充分显示了人地协同的智慧。

作为当今世界唯一仅存、年代久远且至今仍发挥作用的无坝引水工程,都江堰水利工程巧妙利用山形水势,以科学的方式解决了防洪、灌溉、排沙、分流等水利学上的诸多难题,其工程在科学性、艺术性及实现人与自然和谐相处上可谓耀古烁今。

在全世界大部分城市都面临水危机和人类可持续发展问题的今天,作为系统工程伟大典范的都江堰,仍持续不断为今天人类社会的发展带来诸多启示。

习近平反复强调改革开放是复杂的系统工程,各级领导干部要有系统思维。他指出“全面深化改革是一项复杂的系统工程,需要加强顶层设计和整体谋划,加强各项改革关联性、系统性、可行性研究”。系统思维能力能使人准确地认识事物,驾驭事物的运动,防止只见树木,不见森林或只见个别,忘记一般的情况发生;使人超越表象和假象,推动事物朝着正确的轨道发展,及时校正前进过程中的偏差。同时,它也有助于正确地评价事物。

[案例 2] 田忌赛马

齐国的大将田忌,很喜欢赛马,有一回,他和齐威王约定,要进行比赛。他们商量好,把各自的马分成上、中、下三等。比赛的时候,上马对上马,中马对中马,下马对下马。由于齐威王每个等级的马都比田忌的马强一些,所以比赛了几次,田忌都输了。

田忌输了后垂头丧气地离开赛马场,这时,抬头看到自己的好朋友孙膑。孙膑招呼田忌过来,拍着他的肩膀说:“我刚才看了赛马,威王的马比你的马快不了多少哇。”孙膑还没有说完,田忌瞪了他一眼:“想不到你也来挖苦我！”孙膑说：“我不是挖苦你，我是说你再同他赛一次，我有办法准能让你赢了他。”田忌疑惑地看着孙膑：“你是说另换一匹马来？”孙膑摇摇头说：“连一匹马也不需要更换。”田忌毫无信心地说：“那还不是照样得输！”孙膑胸有成竹地说：“你就按照我的安排办事吧。”

齐威王屡战屡胜，正在得意扬扬地夸耀自己马匹的时候，看见田忌陪着孙膑迎面走来，便站起来讥讽地说：“怎么，莫非你还不服气？”田忌说：“当然不服气，咱们再赛一次！”说着，“哗啦”一声，把一大堆银钱倒在桌子上，作为他下的赌钱。齐威王一看，心里暗暗好笑，于是吩咐手下，把前几次赢得的银钱全部抬来，另外又加了一千两黄金，也放在桌子上。齐威王轻蔑地说：“那就开始吧！”一声锣响，比赛开始了。孙膑先以下等马对齐威王的上等马，第一局田忌输了。齐威王站起来说：“想不到赫赫有名的孙膑先生，竟然想出这样拙劣的对策。”孙膑不去理他。接着进行第二场比赛。孙膑拿上等马对齐威王的中等马，获胜了一局。齐威王有点慌乱了。第三局比赛，孙膑拿中等马对齐威王的下等马，又战胜了一局。这下，齐威王目瞪口呆了。比赛的结果是三局两胜，田忌赢了齐威王。还是同样的马匹，由于调换一下比赛的出场顺序，就得到转败为胜的结果。

田忌赛马的故事给我们一个启示，那就是构成事物的成分在结构和排列次序上发生变化，也能够引起质变，当事物的部分以有序的方式结合时，整体功能大于各部分功能之和。

[案例 3] 丁谓建皇宫

宋真宗年间，皇宫失火，一夜之间，大片宫室楼台、殿阁亭榭变成了废墟。宋真宗挑选了大臣丁谓负责修复宫殿。

当时，要在短期内完成这项重大而复杂的工程，需要解决一系列相关难题：一是皇宫离郊区远，取土困难；二是运输建筑材料的工具不好解决；三是竣工后大片废墟垃圾的处理问题。

丁谓运筹规划，制订了高明的施工方案。第一步，下令“凿通衢取土”，从施工现场向外挖了若干条大深沟，挖出的土作为施工用土。这样一来，取土问题就舍远求近地就地解决了。第二步，再把宫外的汴水引入新挖的大沟中，“诸道竹木筏排及船运杂材，尽自堑中入至宫门”。这样，又解决了大批木材、石料的运输问题。待建筑材料运输任务完成之后，再排除堑水，把工地所有垃圾倒入沟内，重新填为平地。这一施工方案，收到了“一举而三役济，计省费以亿万计”的最佳效果。

在这个工程中，丁谓一举解决 3 个问题：1. 挖沟取土；2. 垃圾外运；3. 材料运输。他在此过程中综合考虑 3 个问题，而不是分头解决，所以，他运用的是系统分析的方法。

[案例 4] 推进供给侧结构性改革

中国供需关系正面临着不可忽视的结构性失衡。“供需错位”已成为阻挡中国经济持续增长的最大路障：一方面，过剩产能已成为制约中国经济转型的一大包袱。另一方面，中国的供给体系，总体上是中低端产品过剩，高端产品供给不足。因此，强调供给侧改革，就是要从生产、供给端入手，调整供给结构，为真正启动内需，打造经济发展新动力寻求路径。

供给侧结构性改革的根本目的是提高社会生产力水平，落实好以人民为中心的发展思想。要在适度扩大总需求的同时，去产能、去库存、去杠杆、降成本、补短板，从生产领域加强优质供给，减少无效供给，扩大有效供给，提高供给结构适应性和灵活性，提高全要素生产率，使供给体系更好地适应需求结构变化。

供给侧结构性改革，就是从提高供给质量出发，用改革的办法推进结构调整，矫正要素配置扭曲，扩大有效供给，提高供给结构对需求变化的适应性和灵活性，提高全要素生产率，更好地满足广大人民群众的需要，促进经济社会持续健康发展。

[案例 5] 李瑞环建造天津外环线

在天津，曾经有过三大怪：开车没有走得快，自来水就像腌过菜，钢渣如山成公害。李瑞环同志到天津市担任市长后，把这三大怪给消除了。

李瑞环在建造天津外环线的工程时，遇到了难题。这一工程在征地、奠基、路材和投工费用上需要大笔投资。如果单向考虑，只能采用传统筹款、集资的方法，困难非常大。天津的外环线建设，连一些专家学者都觉得那是一个有气魄但很难实现的“美丽幻想”，结果李瑞环硬是用综合的办法把它给做成了。那么他是如何破解难题的呢？

李瑞环把外环线建设同调整天津郊区的农业结构，改变天津城市的生态环境结合起来。天津周围大都是盐碱地，不适宜种粮食，他让农民改种水果，既美化了公路周围的环境，又调整了农业结沟，还增加了农民收入。

同时，李瑞环让农民在路边按一定距离挖塘养鱼，这样可用起出的土垫路基，市民吃鱼难的问题也得到了缓解。

天津钢厂炼下来的钢渣堆积如山，没有出路，成为一大公害，他就创造性地动员钢厂把钢渣碾碎送到外环线做路面材料，既清除了污害，又大量节约了投资费用，人们都说，“钢渣铺路，史上奇观”。这真是化腐朽为神奇。

李瑞环靠什么思维消除了“三大怪”，还成功地建设天津外环呢？运用了系统思维，将思维的广度伸向四面八方，就像一把张开的伞，多渠道地考虑和处理问题，实现了一举多得。

系统分析法是从系统的观点出发，从整体与部分相互联系、相互制约的关系中综合地考察对象以达到最优化处理问题的一种辩证思维方法。因为世界上各种对象、事件、过程都不是杂乱无章的偶然堆积，而是一个合乎规律的由各个要素结合而成的系统，大系统中又有小系统，各个相互独立的系统之间纵横交错、相互渗透、相互联结，形成一个庞大的系统网络。因此，用系统分析法解决问题时，不是仅仅以某一部分、某一指标进行孤立的、单向的思考，而是从整体的角度通盘考虑。

那么，为什么是李瑞环，而不是别人运用系统思维解决了天津“三大怪”呢？这是因为他有极强的问题导向和务实亲民的作风。

1986 年 3 月 17 日他归纳了《办实事必须把握的几条原则》：

一是办多数人受益的事。

二是办群众最急需的事。

三是办长远起作用的事。

四是办促进精神文明建设的事。

五是办力所能及的事。

也许这五条的其中任意一条，我们的各级领导们都不陌生，但是能够将这五条作为一个整体来把握，那就是系统思维了。

李瑞环的务实做法就是“综合抓，抓综合”。抓，是毛泽东发明的中国管理语言，形象生动，比如毛泽东讲过“抓革命，促生产”，简洁明了。

1987 年 3 月李瑞环在《深化认识，提高自觉》一文里专门谈了他的“综合抓，抓综合”的方法，“即从综合的目标出发，采取综合的方法，进行综合的工作，达到综合的效果”。这是李瑞环带领天津人民“办成许多大事、难事的要招”。

李瑞环的方法就是系统思维，而不是像有些地方官员那样，孤立、片面地看待政绩工程，往往欲速则不达，事与愿违。

李瑞环的《学哲学　用哲学》，记录了他主政天津时的一些做法，许多案例是运用系统思维的典范，我们今天向李瑞环同志学习，不仅要学习他的系统思维，而且要学习他坚持系统思维的深层动因——勤政为民。

李瑞环的系统思维给我们的最大方法论启示就是，人们面对复杂世界和复合问题，既要注重逻辑的、理性的方法去思考问题，又要注重非线性的、直觉的、灵感的、发散的思维方式去探索新规律，找寻新办法，从而创造出“史上奇观”。而这种系统思维本身就具有领导者必备的另一种思维——创新思维。

C H A P T E R 0 4

第四章

创新思维

周虽旧邦，其命维新。

——《诗经·大雅·文王》

问渠那得清如许？为有源头活水来。

——［南宋］朱熹《观书有感》

我们看一个小故事。

1976年，美国历经百年的自由女神铜像翻新后，现场有200吨的废料，难以处理，公开招标却数月无人应标。这时，一个名叫斯塔克的人自告奋勇，从法国飞往纽约，实地察看堆积如山的铜块、螺丝、木料等废弃物后，当即签了清理合同。当时许多运输公司对他指指点点，要看他的笑话。

然而，通过他的处理，本来无人问津的一堆垃圾，居然化腐朽为神奇，身价翻了上万倍。

斯塔克是如何化腐朽为神奇的呢？

为什么是斯塔克而不是别人在这一问题上实现了化腐朽为神奇呢？

恩格斯说，人类思维是“地球上最美丽的花朵”，而创新思维是其中最璀璨的一枝。创新思维是人类一切创新活动的精神之根、思想之源。领导实践是永无止境的，思想观念的更新也是永无止境的。没有创新思维就没有创新发展，就只会步他人之后尘。领导者要坚持创新思维，调中求进、改中激活、转中促好、变中取胜。

一、谱创新思维之曲　奏发展进步之声

创新是人类自我确证的工具，是一个民族进步的灵魂，是一个国家兴旺发达的不竭动力。因此，以创新为追求的思维非常重要，自古就受到人们的极大关注。

早在3000多年前，中国的《诗经·大雅·文王》就记载着“周虽旧邦，其命维新”，从此，维新成为激励中华民族不断创新、不断前进的思想源泉。据儒家经典《大学》记载，在商汤时期的“盘铭”上就刻着“苟日新，日日新，又日新”的字句，“长江后流推前浪，世上新人赶旧人”。《尚书·康诰》提出人们都要进行创新思维，来“作新民”，1898年，以康有为、梁启超为主要领导人物的资产阶级改良变法，也被人们称为“维新变法”。从古到今，从国家到个人，中国都注重创新，创新思维成为中华民族最深沉的思想禀赋。

在西方，著名的英国哲学家弗兰西斯·培根在400多年前就以近乎耸人听闻的方式提醒世人：“凡不应用新良方者，必将遇到新的邪恶。”后来的资本主义经济危机的爆发在某种意义上证实了培根的理论。“自由资本主义”无度膨胀，导致商品相对过剩，一方面，小麦和玉米代替煤炭做燃料，把牛奶倒入密西西比河，使这条河变成“银河”，把棉花、布匹烧掉；另一方面，日益增多的失业工人家庭正在为得不到必要的食物营养而犯愁。如何消除资本主义经济危机？美国经济学家约瑟夫·熊彼特从经济科学的角度把创新作为解决问题的方案。熊彼特于在他1912年出版的《经济发展理论》一书中提出，所谓创新就是要“建立一种新的生产函数”，即“生产要素的重新组合”，就是要把一种从来没有的关于生产要素和生产条件的“新组合”引进生产体系中去，以实现对生产要素或生产条件的“新组合”的过程。按照这

一理论，传统的资本主义经济危机问题得到缓解，新的资本主义金融危机又爆发出来，如何破解？恐怕还要运用创新思维，创新国际金融体制机制，在建立国际金融新秩序上找办法。

综合中西方对于创新的经典阐述不难看出，创新既包括从无到有的创制过程，也包括通过调整系统的结构、优化要素的组合来提升组织效能的过程。创新的这一本质决定了它与创造和改革内涵同义，也决定了创新思维的原创性和变革性。

商务图书馆2005年出版的《现代汉语词典》一书对创新的解释是：创新是指“抛开旧的，创造新的”。创新的与创造和改革同义，是一切发展和财富积聚的源泉。在激烈的国际竞争中，唯创新者进，唯创新者强，唯创新者胜。因此，党的十八大向全党提出要建设“创新型政党”，十八届五中全会上又提出创新、协调、绿色、开放、共享“五大发展理念”，把创新提到首要位置。习近平在十八届五中全会上提出要“把创新摆在国家发展全局的核心位置”“把创新作为引领发展的第一动力”。

创新最直接地体现为一种成果、成绩、成就，成果、成绩、成就又是由一种创新行为、一种创新行动产生，那么创新行为行动从何而来？人的行为受思维驱动，所以任何创新成果获得创新过程的发生都离不开创新思维。在创新成为现代经济和社会发展的主旋律的时代背景下，创新思维成为国家和社会发展进步的灵魂和动力，创新思维能力已经成为时代强者的核心素质。

奏发展进步之声，谱创新思维之曲，享誉世界何所来，勇于创新独自秀。

创新思维是在一般思维基础上发展出来的思维精华，是以各种智力因素与非智力因素相结合，在各项活动中所表现出来的具有独创的，产生新事物、新方法、新结果的高级复杂的思维活动，创新思维是最能体现人的自我超越性的思维能力，是体现人之为人的重要表征。

（一）创新思维内涵

我们通过一个小测试来感受一下。

现在假如我们是一个蛋糕店的老板，今天来了一位刁钻的顾客，只要我们能让他满意，就可以得到一笔大的订单。这个顾客提出了什么要求呢？他说，我要买8个蛋糕装进3个盒子里，并且每个盒子至少要有3个蛋糕。怎么办呢？

很多人的思维是这样的：3乘以3等于9，大于8，缺了1个蛋糕，怎么办呢？如果您是这种思维，那只能很遗憾地说，您的思维暂时还停顿在一般性思维方式。如果您能够不断加深思考，变换角度，即使暂时还没有找到方法，那么也要恭喜你，最起码你是有创新思维导向的人。如果你想到用大盒装小盒，那么恭喜你会用创新思维了。

可见，创新思维既是指建立新的理论、创造新的成果或者具有新的发现的认识活动，也指对原有事物的调整调动而形成新效能的思维方式。前者强调的是思维过程的独创性、是前所未有的思维，后者强调突破常规和传统以新颖独特方式解决新问题的想法和思路。对人们来说，无拘无束、天马行空，让头脑刮起风暴，任思维自由驰骋，进行从无到有的创造，当然是人之为人的思维解放和艺术般极端体验。

然而，领导者面对的是领导工作中的现实问题，因此，领导者当然要与普通人一样解放思想，视接千载，神游万里，但不能也不应把自己等同于一般人，领导者还必须实事求是，脚踏实地，寻求的是对问题的实际解决。可见，领导者创新思维有其独特的规定性。

（二）领导创新思维特征

领导者创新思维就是指领导者在工作中用超出常人想象的方法和手段破解常人或前人所解决不了的难题，创造性地实现领导目标的思维。那些具有较强的创造思维的领导者，主要表现为以下特征：

1. 能够敏锐地、独到地发现问题，并且能够准确地抓住关系全局发展的重大问题。

2. 解决问题具有独创性。在面对各种具体问题时，能打破常规，绝不照抄照搬，而且风格新颖，构思奇特，使问题得到最佳解决。

3. 处理问题灵活、多变。面对复杂多变的客观事物，创新型领导者不是从僵死不变的模式出发，而是从实际出发，灵活多变以达到出奇制胜的效果。对待上级的指示，能够做到老一代革命家陈云所说的“不唯书，不唯上，只唯实”，能善于从本地区、本单位实际情况出发，主动灵活，富有创造性地加以贯彻和执行。

4. 善于对丰富的实践经验进行综合概括，提出对领导实践具有普遍意义的理论创见。这是领导者创造力的最高层次。

可见，创新思维不一定要想出对于这个世界来说是新的东西，它更多的是开发出对于我们自身来说是新的东西。当我们改变我们自身时，世界就以两种方式随着我们改变：一是以我们的行为影响世界的方式，二是我们经历世界的一个变化了的方式。

接下来我们再看一个例子，一起来感受一下创新思维的重要性。我们看这样一个数学式，200=90+100+10，单纯就这个数式本身而言，使用发散思维我们就可以赋予它无数的意义。但是这里的 200 是在美国一双耐克鞋的售价，后面的一串数字就是这 200 美元的分配。说起这个耐克鞋，我们中国人还是很自豪的，为什么呢？因为有七成的耐克鞋都是在中国制造的，用的是中国的原材料和中国的劳动力。从这种情况来看，我们会分到这 200 美元中的多少呢？是 90 吗？不是，这 90 美元是分给耐克专利的拥有者的。那一定是 100 了，最大的一块蛋糕？也不是，这 100 美元是分给耐克公司的。中国得到的是这一部分——10 美元，可怜的 5%。为什么我们付出了大量的人力和物力，但是所得却少得可怜呢？因为我们做的是中国制造而不是中国创造，是贴牌生产，体现我们确实在这个方面缺乏创新思维。

有人将中外合资形象地比喻为“猪和鸡的合作”。鸡说：“我出几个蛋。”猪说：“那好，我出一块肉，咱们合作。”那么，第二年呢？鸡再出几个蛋，猪再割一块肉。第三年，鸡再给几个鸡蛋，猪再割一块肉……但是，鸡的蛋可以不断地生，它的发明创新可以不断地进行，技术也不断改造、更新换代。那么猪呢？肉一块一块被割掉了，割到最后，那不就剩下排骨了吗？到了那时，中国既没有了物美价廉的成本的优势，也没有了令人心动的资源优势。那么鸡又到哪里去了呢？鸡又飞到更能赚钱的其他国家去了！从这个例子可以很直观地感受到现实问题的残酷性与艰巨性以及创新思维的重要性。

当前，我们已经进入全面深化改革的新时期，各级领导者都肩负着领导人民群众开创改革新局面的历史重任，都迫切需要培养创新思维能力，所以，加强创新思维的培养和训练，是每一个党员干部必须面对的任务和课题。

既然创新思维对领导者如此重要、如此紧迫，那我们领导者在创新思维能力上有什么问题或者说阻碍呢？

二、抚革故鼎新之琴　弹创新思维之音

创新思维要求破除常规，下面我们看一看，是什么阻碍了领导者的创新思维？思的因素最主要的就是思维定式。

什么是思维定式呢？思维定式是指由实践目的、价值模式和知识储备等因素构成的特定认识框架，是人们所熟悉的思维方向、思维路径、思维方式和思维方法，它是人们头脑所习惯使用的一系列程序和工具的总和。下面我们一项一项地看一看，思维定式的巨大制约力。

（一）破除经验思维定式

经验定式是指过分依赖以往的经验，习惯以经验为标准来衡量是非。关于经验，有两个自相矛盾的说法，一说是：经验是知识之父，经验是才智之父，经验是科学之父；另一说是：经验是最糟糕的老师，一旦您完全迷信它，我们就会画地为牢，作茧自缚。

经验具有时空有限性。任何经验总是在一定的时空范围中产生的，也都往往只适应于一定时空，受限于一定时空；一旦超出这个范围，这一经验就

可能无效。

经验具有主体有限性。每一个思维主体无论经验多么丰富，他的经历总是有限的，他没有经历过的事情总是无穷多的。因此，当遇到复杂的新问题或新事物时，单凭过去的经验推断就会犯错误。

经验从内容上看也常常是抓住了日常的东西，而忽略了罕见、偶然的东西。但是在每一个具体的现实环境中，总会有罕见、偶然性的东西出现，如果我们还是用以往的经验来处理，那就必然出现认识偏差。

比如，有个农场以水田为主，搞循环种植养殖经济，养稻田鸭，因为前期工作做得好，稻子和鸭子的销售利润都很可观，取得了预期的效益。这时候其他两个农场听说了这个稻田鸭好，也在自己的农场养了起来，养得不成规模，因为他们的农场以旱田为主，养完后鸭子没有销路，不仅没有得到预期的效益还赔了。所以我们在考虑地方经济发展的时候，一定要因地制宜、因势制宜、因时制宜，不能盲目地照搬经验。

（二）破除权威思维定式

权威定式是指在思维过程中盲目迷信权威，以权威的是非为是非，缺乏独立思考的能力。在我们时下的官场，权威思维定式非常严重。

我们从小到大，最常听到的一种美德和赞誉是“听话”，一个好孩子是在家听父母的话，一个好学生是在学校听老师的话，一个好员工是在组织听领导的话。听话对不对呢？虚心听意见，认真听建议是对的，但是，不加分辨，盲听盲从就是错误的，比如有人提出，领导者说的都是绝对真理，领导者要求的都是金科玉律，领导者所做的全是我们要学习的。这就是泛化权威，陷入思维定式。

然而，在创新发展的时代里，我们要提倡一种科学的对待权威的态度：尊重权威，但是不迷信权威。碰到权威的时候要三思而后行。第一，这个权威是不是跨地域的权威。比如一个在上海、北京推行得很好的权威经验，由于它是跨地域的，拿到我们当地到底适不适用？第二，这个权威是不是跨领域的权威。中国有句俗话，叫作“骏马行千里，耕田不如牛”。当我们遇到权威的时候，还要想想这个权威是不是我们这个领域的权威，就算是，我们也有提出质疑的权利。

当年钱学森在发展研制导弹、火箭的过程中，初期研制的短程导弹长时间达不到预定目标。钱学森和他周边的一些资深的科学家，研究来、研究去，这些科学家、火箭专家不约而同地想到既然这短程导弹达不到500公里的预定目标，就需要增加导弹火箭的燃料。就在这些议论的过程中，一个24岁还在实习期的年轻技术员王永志壮着胆子讲了一句：“是不是应该减少燃料。”钱学森敏锐地捕捉到王永志这句话，指着王永志讲：“小王，你好好研究一下需要减少多少燃料。”三天之后，王永志经过计算，要减少600公斤燃料，重新设计后的短程导弹，1960年10月13日准确地击中的预定了目标，圆满地达到了实验效果，标志着中国短程导弹的研制成功。王永志迄今在中国的航天事业中仍然是领头人之一。

王永志这个年轻后生，一个实习期的技术员为什么能做到？就在于敢于破除权威思维定式，“吾爱吾师，更爱真理”。敢于破除权威思维定式使他能在那些科学家面前，在他们的常规思维面前，大胆地提出减少燃料的方案，这就是一次创新思维的成功案例。

（三）破除从众思维定式

“从众”就是服从众人，顺从大伙儿，随大溜。从众定式是别人怎样想，我也怎样想；别人怎样说，我也怎样说；别人怎样做，我也怎样做；没有或不敢坚持自己的主见，时刻以众人的是非为是非，时刻与群体保持一致。

人是一种群居动物，为了维持群体的稳定性，就必然与群体内的其他个体保持某种程度的一致性。无论生活在哪种社会、哪个时代，最早提出新观念、发现新事物的，总是极少数人，而对于这极少数人的新观念和新发现，当时的绝大多数人都是不赞同甚至激烈反对的。因为每个社会中的大多数人都生活在相对固定化的模式里，他们很难摆脱早已习惯了的思维框架，对于新事物新观念总有一种天生的抗拒心理。

换句话说，具有从众思维定式的人不仅是自己难以创新思维，而且对于具有创新思维的少数人也是排斥和抗拒的，正是“从众思维定式”不讲立场，随波逐流，同流合污，所以孔子称其为“乡愿”，并说：“乡愿，德之贼也。”

不走寻常路，开创新思维。日本一位纺织公司董事长的父亲就曾对他说：一项新的事业，十个人中有一两个人赞成就可以开始了；有五个人赞成的时候，就已经迟了一步；要有七八个人赞成，那就太晚了。海尔的首席执行官张瑞敏也曾表示，对一件事情，有 20% 把握时多数人都不会去干，这时你介入，就可以牟取 200% 的暴利，但当大家都看见了利润纷纷上马的时候，你千万别去干，一上马准赔。黑龙江省是种植业养殖业大省，当人们发现种什么挣钱、养什么值钱的时候，大家就都去种都去养，结果导致第二年产出的结果都是赔钱的。我们在工作中要听取别人的意见和建议，但不可盲目从众。作为领导者要有敏锐的眼光，科学的规划，前瞻的创新思路。

除了上述基于理性认识的思维定式，还有基于感性的思维定式。就是在感情、欲望、冲动、本能以及说不清的有关因素的支配下，丧失理性的判断，固执己见，拒绝创新。现实生活中，阻碍创新的非理性定式主要表现为自我满足，轻视创新；消极畏难，回避创新；盲目蛮干，歪曲创新。

（四）破除自我满足的小农思维

中国农耕文化历史悠久并居于主导地位。小富即安，小进即止，甚至不富也安，甘愿平庸，满足于步子不大年年走，成绩虽小年年有。在公务员队伍中也有这样的心态，“我们又没有饿着，所以就愿意坐着”；“虽然我们很穷，但我们闲着哪”。像这种安于现状、知足傻乐的心态，与改革创新所要求的是格格不入的，与发达地区一触即跳、一路狂奔、一路高歌、一往无前，在市场竞争中永不满足的闯荡心态，更是大相径庭。

（五）破除消极畏难的保守思维

面对创新发展的机遇与挑战、困难和希望，我们有些同志往往只看到不利的客观形势和因素，看不到有利的客观形势和因素，满眼都是困难，视域都是荆棘，不能辩证地看待自己的优势和劣势。

创新是一项长期艰苦的事业，固然要受各方面条件的制约，但如果过分强调客观条件而放弃主观努力，不去创造条件实现有利与不利的转换，就会陷入“唯条件论”的泥坑，丧失创新的机遇和主动权。

（六）破除盲目蛮干的伪创新思维

创新是一种探求新事物、新规律的活动，而对规律的发现首先来自对规律的尊重。然而，有的领导却头脑发热、急功近利，把幻想狂热当作创新精神，把盲目蛮干当作创新行为，使创新误入歧途或走了弯路。有人说，这不是非常规，不按规律办！的确如此，但是如果从权力任性传统来看，盲目蛮干也是领导者的常规思维，动辄“万亩××”工程、“万户××”工程，贪大求洋，不顾事物发展的自然历史过程，违背事物发展的规律，给地方发展遗害无穷。

创新从形式上来看，表现为标新立异，但其实质却是崇尚理性、求真务实的。但是任何创新活动都不可能一帆风顺，也很难毕其功于一役。只有在尊重规律的基础上，脚踏实地、认真探索，求真理、讲科学，才能扎扎实实推进创新事业的发展。以功利的态度对待创新，以浮躁的心情从事创新，只会毁掉创新事业。

破除常规思维特别是僵化思维既要解决不善于从科学方法入手的问题，

更要解决实践不足的问题。

人的创新思维是从哪里来的？是从天上掉下来的吗？不是。是自己头脑里固有的吗？不是。毛泽东在他的《人的正确思想是从哪里来的？》一文中明确指出，人的正确思想，只能从社会实践中来。一个正确的认识，往往需要经过由物质到精神，由精神到物质，即由实践到认识，由认识到实践这样多次的反复，才能够完成。这就是马克思主义的认识论，就是辩证唯物论的认识论。领导者的创新思维也一样，是要经过实践，并在实践检验中得来，只有历经实践，领导干部才能知晓现实矛盾和问题何在；只有历经实践，领导干部才能够对造成问题的原因洞若观火，才能明确创新思维的方向和道路，才能为创新思维打好前提和坚实的基础。反过来，如果离开活生生的领导实践，或者实践不足，那么领导干部很难形成真正的创新思维，即使有所谓的创新也是空中楼阁、海市蜃楼。

习近平指出："生活从不眷顾因循守旧、满足现状者，从不等待不思进取、坐享其成者，而是将更多的机遇留给善于和勇于创新的人们。"下面我们就来看一下通过哪些方面的培养能提高我们创新思维的能力。

三、握立足实践之笔　书创新思维之章

实践是思维的源泉，是检验真理的唯一标准。

（一）回归实践本源

只有深入实践才能发现问题，只有深入实践才能找到症结，并且探索出路。一句话，要在创新实践中增强创新思维。

"纸上得来终觉浅，绝知此事要躬行。"松下幸之助曾说过一句名言："非经自己努力所得的创新，就不是真正的创新。"本章开头所讲故事中的斯塔克何以化腐朽为神奇呢？因为斯塔克经过自己长期的努力，总结自身经验，不断提高实践起点。

第二次世界大战后期，当年有幸凭借智慧逃出奥斯维辛法西斯集中营的犹太人父子俩，漂泊到美国休斯敦，做铜加工生意。老子对儿子讲："我们现在唯一的财富就是智慧了，别人说一加一等于二时，你应该想大于二。"

一天，老子问儿子："一磅铜的价格多少？"儿子答："35 美分。""对。"老子说，"全得克萨斯州都知道每磅铜价是 35 美分，但我们应该说 3.5 美元。你试着把一磅铜做成门把手，看看是不是价格该成 3.5 美元。"

父亲死后，儿子独自经营铜器店。他用铜做铜鼓、做奥运会奖牌，他能把一磅铜加工升值卖到 3500 美元。他成了麦考尔公司董事长，这个人就是斯塔克。

因此，当 1974 年美国政府将翻新"自由女神"像的废料公开招标时，斯塔克信心十足地签了清理合同。

斯塔克让那些准备看他笑话的运输公司大跌眼镜。创新思维能力的提升离不开实践，有些东西你做过和没做过真的不同。

（二）学会删繁就简

"删繁就简三秋树，领异标新二月花。"实践中包含丰富的创新的原料，并不等于创新本身。毛泽东曾说："我们是靠总结经验吃饭的，不是靠本本，不是靠教条。"只有总结自身的经验，才能不断地提高实践创新的起点。

换句话说，不是谁实践越多，谁的能力就越强，实践的机会和次数与能力的提升并不完全成正比。做了不一定就提高，虽然做了十几年，但却是做了十几个第一年。没有随着时间的推移去总结，去提高，这正像一位英国文学家阿尔多斯·赫胥黎所讲的，"经验不是发生在你身上的事情，而是你对发生在你身上的事情做了什么"。经验不是说你做了就自然而然会有的，经验是需要你有意识地去提炼去总结去挖掘才会有的，所以有些时候经历它不完全等同于经验。而有些人在实践中就非常重视去实践去总结去提高，再实践再总结再提高，不断地提高下一次自己再实践的起点，那当然他能力水平的提升就大不一样。而且领导者的创新思维还必须是化繁为简的思维，只有简约思维，才能精辟、简明，组织好宣传，下属好理解、好操作。

爱迪生说过："天才是百分之一的灵感加上百分之九十九的汗水，当然，没有那百分之一的灵感，世界上所有的汗水加在一起也只不过是汗水而已！"也就是说，善于从繁复中提炼、善于在实践中升华至关重要，它是思维实现质变、升级创新的关键。

美国的诺埃尔·蒂奇艾利·柯恩在其《领导力引擎》中提出："对于我们的经历，我们大多数人的做法是将其搁在一边，就好像是塞进裤子的后兜里，等将来用到时再拿出来看看。但真正的领导者会不断地将它们翻出来，对它们进行检查，看看能从中得到什么经验或教训，并考虑怎样有效地将它们表述出来。"也就是说要去挖掘，去进行思考，去提炼出某些点，最好能把它上升到某些理论高度，这样的提高才是有效的。

借鉴他人经验，探求实践智慧亮点。我们知道，尤其像我们国家改革开放以来，后来好多上升为国家政策全国推广的东西实际上都是从基层开始做起来的，凡是那些成功的政策、能够成为经验的东西，往往都是从基层做起来的，来提炼总结升华，而好多失败了的都是一些高层领导拍脑袋，想出来的东西，往往都不能成功，所以领导者提高创新思维能力，在这一方面是要必须注重的。

有一个我们都熟悉的领导干部借鉴群众经验的故事。

焦裕禄到了兰考后，为治理风沙着急，一天早上，他在村口看见一个农民拿黏土封坟，他问这位农民为何这样做。农民说，这是我母亲的坟，一刮风，坟头就没了，甚至棺材都会露出来，如果拿黏土封上坟，种上草，再大的风也刮不动。当时焦裕禄就想，有了这个办法和精神，兰考 36 万人还愁封不上那些沙丘吗？他立即召开会议，提出"贴上膏药、扎上针"的治理思路。贴上膏药就是拿黏土把沙丘封上，扎针就是种上树，时间长了再大的风也刮不动沙丘了。很快，他们就用这个群众创造的最简单、最实用的办法解决了治沙难题。

清朝石成金在他的《传家宝》所说："大智兴邦，不过集众思"。也就是说，高超的领导者，不一定要求他本身有多高多深的智慧，但他一定能够集中大家的智慧，集众人之智慧来领导国家；而反过来，大愚误国，不过好自用，就是听不进人民的声音，导致大愚误国。有些时候，对领导干部来讲，有时最智慧的东西，不是高智商，而是低姿态，比如大海，滴到极处，便是浩瀚、博大与力量。有时候，不是你个人有多高的智商，而是你身处一定的高位时，能不能、肯不肯把自己的身段放低一些，去听不同的声音，去向别人学习。所以，这里用大海比喻，如果大海高高在上，它就成不了大海，它就不会是浩瀚、博大和有力量的。

四、引理论指引之线　织创新思维之锦

马克思说"理论一经掌握群众，就会变成物质的力量"，"理论只要能说服人，就能掌握群众；而理论只要彻底，就能说服人。所谓彻底，就是抓住事物的本质"。真理总会散发出智慧的光芒，通过对规律的把握让人走在正确的道路上，让人满怀信心和希望。创新思维需要理论之光指引方向。毛泽东学识渊博，一生非常注重加强自身的学习提高，他熟读各种书籍，通晓文学、历史、哲学、军事等多门理论知识。正是由于他博览群书，有着丰富的知识底蕴，头脑中储存了大量信息，才使他能够写出气势磅礴的诗文和料敌如神富有哲理的革命文章。在战场上指挥若定，一次次出奇制胜。"四渡赤水出骑兵、北上长征、麻雀战、运动战、三大战役"，都是毛泽东创新战法的经典战例。所以，广博的知识是创新的基础。厚积才能薄发。在进行任何一项创新思维之前，人的头脑中总要有一些预备性的知识，头脑把这些知识当作铺垫或者跳板，然后构想出解决问题的新方法。

（一）学习和掌握马克思主义立场观点方法

从领导目的上来看，领导活动过程本身就是使人的自身价值得以实现的过程。领导者运用创新思维的本质和宗旨就是使人的自身价值得以实现的过程。任何实践活动都是由人来完成的，人是领导活动中最能动、最活跃的因素。任何决策、制度、机制都有赖于人的能动性的发挥，都有实际效用。正如毛泽东指出："使这一切主意见之实行，必须团结干部，推动他们去做"[①]。因此，领导者仅注重组织或群体方向的选择目标、战略的确定是不够的，还需要通过发挥人的作用，为领导目标或战略的实现提供人才支持和保障。

1. 学习和掌握马克思主义立场观点

真正的以人为本是什么样的立场观点方法？告别奴役和破碎，摆脱异化和片面，实现人自由而全面的发展，这正是马克思主义的立场观点。

首先，最为重要的是，马克思主义为创新思维提供理想信念的精神之钙，为领导者创新提供源动力，破解不敢创新、不愿创新的问题。

其次，马克思主义具有与时俱进的理论品质，不但要解释世界更要改造世界，它反对把一切事物看作凝固不变的形而上学的观点，解决了不会创新的问题。马克思主义关于"发展是新事物的产生和旧事物的灭亡"的思想也就是讲创新思维。在对待马克思主义自身发展问题上，马克思主义同样坚持科学的世界观和方法论，依据时代与实践发展不断修正、丰富和发展自己，从而在根本上破除了因循守旧、思想僵化，要求人们转变思维惯性、打破思维封闭，在遵循事物发展规律的基础上实现变革创新，引导领导者只有认真学习和掌握马克思主义立场观点和方法，真学真懂真信真用，才能自觉地做到解放思想、知难而进、开拓创新，不断提升创新思维能力。

党的十八大对我们党员领导干部提出要牢固树立创新意识，并把它与牢固树立忧患意识、宗旨意识和使命意识联系起来，提出建设一个创新型政党，并将其与建设一个学习型的政党、建设一个服务型政党关联起来。"三严三

---

① 《毛泽东选集》第二卷，人民出版社 1991 年版，第 527 页。

实”专题教育中要求领导干部要具备“五项工作能力”：胜任本职工作能力、统筹谋划能力、创新思维能力、战略思维能力和辩证思维能力。

2.学习唯物辩证法，就是注重矛盾分析，从而抓住主要矛盾或矛盾的主要方面；注重全面、联系和发展地看问题；注重透过表象揭示事物的本质和发展规律。

有一个寓言讲的就是这个道理。

古代有一个老国王，通过比赛来选拔出他认为称职的继承人，老国王给两个王子出了一道题：给他们每人一匹马，白马给老大，黄马给老二，让他们骑马到城外的一个泉边去饮马，谁的马走得慢，谁就是赢家。

老大本想用“拖”的办法取胜，可是，老二迅速抢过老大的白马，打马如飞，疾驰而去。结果，弟弟胜了，由于他骑的是老大的马，自己的马自然就落到了后面。

二王子的“骑马思维”，说穿了就是“创新思维”。其特点是：跳出平庸、出奇制胜！

老大失利了之后，心中非常不服，就向国王申诉说，老二取巧就算了，还使用蛮力，属于犯规。国王回答说，我并没有设立什么规矩啊。

老大还是不服，申请再来比一次，这次不准用抢的方法，老二如果还能赢，老大就甘愿服输。

国王看了看老二，老二表示可以再比一次。

于是哥哥和弟弟又准备开始比赛了，这回还是比赛马，还是谁的走得慢谁赢。这次让这哥俩到马棚里自己挑马。结果哥哥率先跑进马棚，挑了一匹最差病歪歪的瘸腿马，弟弟却不紧不慢随便找了一匹马。

这回哥哥心里暗暗冷笑，小样儿，看你这回怎么赢我。

比赛开始了，一声号令，只见一匹马好似离弦之箭，瞬间到达河边，大伙定睛观瞧，先到河边的是老大骑着的这匹蹩脚马，而老二仍在后面晃晃悠悠。

为什么会这样呢？原来号令一响，老二在老大的马屁股上刺了一剑。

结果还是弟弟赢。

这个故事折射出什么道理呢？唯物辩证法对于创新的巨大功效。第一次老二赢，因为老二骑的是老大的马，变你的马为我的马，这就打通了矛盾对立面之间的界限，实现了对立统一。第二次还是老二赢，通过强烈刺激这一外因，激活病马瘸马，让你的病马瘸马变成快马飞马。这生动地体现了事物间的联系和变化。正是对于辩证法的理解和运用，使老二连连赢得比赛，也赢得了国王的认可。

在同样的难题面前，善于辩证思维者总会找到智慧的方法，创造出奇迹。

前面提到的定式之所以产生并左右人们思想的原因，是由于人们缺乏马克思主义认识论方法论引领。马克思主义认识论方法论是科学的世界观方法论，它反对孤立、片面、静止地看问题。经验思维定式、权威思维定式和从众思维定式，问题都在于孤立、片面、静止地看问题，在思维上直接体现缺乏辩证思维。由于一些人往往在经验层面、感觉层面和情绪层面看问题，思维停留在经验层面，就会陷入经验思维定式，经验主义、思维停留在感觉层面就会陷入权威思维定式和从众思维定式，思维停留在情绪层面，就会胡来。

（二）学习和掌握具体创新思维方法

纵观人类历史，凡是那些能够睁开眼睛看世界、作出创新的伟人和名家，绝大多数都是博览群书、学富五车、博古通今、学贯中西的人。美国前总统尼克松，在其所写的《领袖们》一书中，考察分析了包括毛泽东、周恩来在内的诸多杰出政治家之所以具有极强创新能力的条件后提出，最重要的原因在于领袖们酷爱学习。

“渊智洞达，累学之功也。”人之所以聪慧练达，知识渊博，是通过不懈地学习获得的。如同一棵数百年的参天大树巍然屹立，是因为根系发达，埋藏极深；也像大海的波涛汹涌，是许多河流汇集而成。当今世界，科技进步日新月异，知识创新与日俱增，信息扩散波涛汹涌。现在全世界每天发行的各类书籍、刊物和信息，凭一个人的阅读能力，看一遍就要五百年。因此有人说：将来的文盲，不是不识字的人，而是不掌握学习方法的人。

那么，学习怎么学呢？弗朗西斯·培根认为学习有三种状态：

蚂蚁：只会获取现存的东西。

蜘蛛：只满足于自己肚子里已有的东西，并把自己织在自己知识的网里。

蜜蜂：采百家花，酿自己蜜。

领导者要学习蜜蜂的学习状态，博采众长，兼收并蓄，去伪存真，独具一格。而要向蜜蜂学习，就要掌握创新的方法。

1. 发散思维

发散思维就是从一个信息源中分解出多种不同结果的思维方法。例如，在考虑“玻璃”的用处时，发散性思维的思维过程是：顺着“可以做透明器皿”这一方向迅速发散出去，“玻璃”可以做杯子、饭碗、餐盘，还可以做水瓶，还可以放在汽车、轮船、飞机内部等，表现为一个极其丰富的量的扩张过程。在这里，可以想到“玻璃”在日常生活中的用途，但仍然是同一方向上的量的扩张，因而归根结底是单一方向的，这属于发散性思维的初级层次。进一步说，我们还可以思考“玻璃”的其他用途，如作为窗户、墙面材料、包装盒具、眼镜、瞄准镜等武器配件，等等，这时对“玻璃”用处的思考就发生了质的飞跃，体现了更立体的用途。

发散思维力求从尽可能多的方面来考虑问题，即发挥思维的活力和创造性，使思维不要局限于一种模式、一个方面。爱迪生选择灯丝的过程，就是采用了发散思维的方法。如果说爱迪生的发散思维是平面发散，那么下面的例子则把发散思维引入深层。

把 6 根火柴放在桌面上，要求组成 4 个等边三角形。许多人从常识思维出发，在二维空间即平面的范围内找答案，结果他们都失败了。但只要我们把思维的触角伸向另一个方面，即我们从三维空间即立体角度去考察，把6根火柴搭成一个正四面体，每一个面都是一个等边三角形，问题的答案就跃然纸上了。人类的思维不仅要在平面展开，也要建构立体思维。

如果说，6根火柴的故事提醒我们发散思维要立体，那么，哥伦布的发散思维故事则在于敢于打破原有结构实现创新思维。

哥伦布发现美洲后，许多人认为哥伦布只不过是“瞎猫碰到死耗子”，其他任何人一旦有他的运气，也都能做到。于是，在一个盛大的宴会上，一位贵族向他发难道：“哥伦布先生，我们谁都知道，美洲就在那儿，你不过是凑巧先上去了罢了！如果是我们去，也会发现的。”面对责难，哥伦布不慌不忙，他灵机一动，拿起了桌上一个鸡蛋，对大家说：“诸位先生女士们，你们谁能够把鸡蛋立在桌子上？请问你们谁能做到呢？”大家跃跃欲试，却一个个败下阵来。哥伦布微微一笑，拿起鸡蛋，在桌上轻轻一磕，就把鸡蛋立在那儿。哥伦布随后说：“是的，就这么简单。发现美洲确实不难，就像立起这个鸡蛋一样容易。但是，诸位，在我没有立起它之前，你们谁又做到了呢？”

哥伦布在桌子上立起这个鸡蛋启示人们，创新从本质上是一种对新思想、新角度、新变化采取的欢迎态度，它要求人们打开思维的空间，将思维发散开来，不要总是局限于原有的框架，很多时候，人们会说，这也算是创新吗？原来我也知道啊！创新太简单了！这么说也有道理，从后往前看，创新思维并不复杂难懂，只需要变革你头脑中某些僵化了的思维模式，从新的角度去思维。然而，这个变通却不是简单的机灵和小聪明，它要求你有博大的格局，宽阔的胸怀。因此，有包容之心，容人之量，看人之长，是领导者发散思维法的前提。

“业精于勤，荒于嬉；行成于思，毁于随。”我们应时常使思维处于多向、发散、开放状态，去发现问题。而每一个新的方面的发现，都会使思维上升到一个新的领域。

2016年11月23日，86岁的著名经济学家厉以宁在题为“怎样持续推进结构性改革”的演讲中讲了关于一个创新的故事[①]：

一个生产木头梳子的工厂找了4个推销员，让他们去和尚庙里推销梳子。第一个推销员一把没卖掉；第二个推销员销了好几十把，用什么方法呢？他对和尚说，梳头是木头梳子的第一功能，但梳子有第二个功能，经常用木头梳子刮刮头皮，可以止痒、活血、明目、清脑、美容、养颜，这样靠第二功能销售了好几十把梳子；第三个推销员销了好几百把，还有好多订单，他是因为仔细观察，发现庙里的香火挺兴旺，庙里的香客很虔诚，磕头后头发就乱了，于是他找到方丈跟方丈说，每天在佛堂前面放几把木头梳子，香客磕头起来以后头发乱了，可以用梳子梳一下，方丈觉得有道理，就订购了几百把梳子；第四个推销员销售了好几千把，还有好多订单，怎么做到？他对方丈说，庙里经常有人捐钱，那你得有礼品回馈给人家，木头梳子是最好的纪念品，方丈就订购了好几千把梳子。

这4个推销员中的后3个之所以销售成功，原因就在于他们都运用了发散思维：第二个推销员对梳子梳头的功能纵向发散，突出了梳子的保健功能，实现了阶段质变，但毕竟和尚有限，所以销售了好几十把梳子；第三个推销员对梳头的主体做了发散，将用户拓展到香客，实现了局部质变，但功能还限定在梳理头发上，所以销售了几百把梳子；第四个推销员，在主体和功能上做了更大的发散，相对于第一个推销员实现了主体和功能上的双重质变，所以销售了好几千把梳子。第一个推销员由于不具备发散思维能力，因此无法创新，无功而返。从某种意义上来说，经济学家厉以宁讲的这个故事对发散思维之于创新思维的关系是一个很好的诠释。

---

① 86岁经济学家厉以宁手写万字演讲稿　称政府应知进知退，新浪财经，2016年11月23日，http://finance.sina.com.cn/china/gncj/2016-11-23/doc-ifxxwrwk1733242.shtml。

对于领导者来说，不仅要让自己的思维发散，而且还要运用外脑来发散思维，头脑风暴法即以专家的创新思维认识事物的定性思维方法，就是克服心理障碍，思维自由奔放，打破常规，激发创造性的思维活动，获得新观念，并创造性地解决问题。它最大的特点是参加头脑风暴的每个人都尽可能穷尽所有的方案，而且不对别人的思维进行评价以免限制别人的思考。它分为两大类，一类为个人分析法，即专家个人以创新思维来认识、分析事物；另一类为专家会议法，即专家集体以创新思维认识、分析事物。个人分析法能最大限度地发挥个人的智力、逻辑思维能力，不受外界影响，但由于个人的能力毕竟有限，如占有资料不全、知识面宽度不够等，难免有片面性，专家会议法正好弥补了个人分析法的不足，可以进行“思维互补”，做出更全面、深刻的认识结论。但运用“专家会议法”时，切不可把权威的意见当作结论。

而且，对于领导来说，有发散必须还得有收敛，要收敛到领导目标或任务上，实现发与收的统一，实现散与敛的统一。否则单纯的发散思维不会形成创新成果。

如果一个思维过程只视发散性思维，而无视收敛性思维的存在及作用，尽管可以爆发出许多思维创造的闪光，智慧的火花，但由于无收敛性思维，不能将闪光和火花集中起来，形成集中的思维力量，思维过程就会失去控制，而陷入无序状态，变成混乱性思维。所以，发敏性思维如果没有收敛性思维作补充，就容易发散无边，变成幻想、空想、乱想。

2. 逆向思维

逆向思维也就是我们常常说的“反弹琵琶”，就是有意识地从常规思维的反方向去分析问题的方法。也就是通常我们所说的，突破思维定式，从人们淡忘甚至遗忘的角度切入，或从常规的反面入手去想一想，往往会别有洞天。有人说，逆向思维可以使人年轻，想想是有些道理的：每个人都要走向明年，明年会比今年大一岁，所以今年比明年年轻一岁。对于老年人，这样的逆向思维，可以让人越活越年轻；对于年轻人，则可以珍惜时间，更加努力。

中国古代有这样一个故事。

一位母亲有两个儿子，大儿子开染布作坊，小儿子做雨伞生意。每天，这位老母亲都愁眉苦脸，天下雨了怕大儿子染的布没法晒干；天晴了又怕小儿子做的伞没有人买。一位邻居开导她，叫她反过来想：雨天，小儿子的伞生意做得红火；晴天，大儿子染的布很快就能晒干。逆向思维使这位老母亲眉开眼笑，活力再现。

在创造性思维上，更需要逆向思维，逆向思维可以创造出许多意想不到的人间奇迹。

司马光七岁的时候就很有强的创新思维，有一次，他跟小伙伴们在后院里玩耍。院子里有一口大水缸，有个小孩儿爬到缸沿上玩，一不小心，掉到缸里。缸大水深，眼看那孩子快要没顶了。别的孩子一见出了事，吓得边哭边喊，跑到外面向大人求救。司马光既没哭喊也没有向外跑，而是从地上搬起一块大石头，使劲向水缸砸去，“砰！”水缸破了，缸里的水流了出来，被淹在水里的小孩儿也得救了。

少年司马光能够在关键时刻急中生智，原因在于他发挥了主观能动性，运用了逆向思维，一般人想的是怎么让落水小孩儿离开缸，他想的却是如何让水离开小孩儿。我们知道，砸缸救人对他们这样的小孩儿来说，的确是最可行的最直接最简单的方法。

传统的破冰船，都是依靠自身的重量来压碎冰块的，因此它的头部都采用高硬度材料制成，而且设计得十分笨重，转向非常不便，所以这种破冰船非常害怕侧向漂来的流水。苏联的科学家运用逆向思维，变向下压冰为向上推冰，即让破冰船潜入水下，依靠浮力从冰下向上破冰。新的破冰船设计得非常灵巧，不仅节约了许多原材料，而且不需要很大的动力，自身的安全性也大为提高。遇到较坚厚的冰层，破冰船就像海豚那样上下起伏前进，破冰效果非常好。这种破冰船被誉为“本世纪最有前途的破冰船”。由中国发明家苏卫星发明的“两向旋转发电机”诞生于1994年，同年8月获中国高新科技杯金奖，并受到联合国TIPS组织的关注。1996年，丹麦某大公司曾想以300万元人民币买断其专利，可见其发明价值之巨大。这项创造发明也应归功于逆向思维。

销售培训上经常讲这么一个故事。

说太平洋的一个岛屿，这天来了两个分别属于英国和美国的皮鞋厂的推销员，他们在岛上分头跑了一圈，发现岛上竟无人穿鞋。于是第二天分别给工厂发了电报，英国推销员的电文说：“此岛无人穿鞋，我于明天飞返。”而美国推销员的电文却是：“此岛无人穿鞋，皮鞋销售前景极佳，我拟驻留此地。”第二天，英国推销员飞离此岛，美国推销员则留下来张贴“广告”。他的广告没有文字说明，只是画着一个当地人模样的壮汉，脚穿皮鞋，肩扛虎、豹、狼、鹿等猎物，威武雄壮，煞是好看。当地的土著看了这张广告，纷纷打听在哪儿能弄到那广告画面上的壮汉脚上穿的东西，于是美国推销员所推销的皮鞋逐渐打开了销路。

在领导实践工作中，如果组织成员真正持完全一致的意见，未必是最佳结果。因为既然这个决策大家都认为重要并同意，说明它已经不那么前沿和创新了。但凡具有创新性的领导决策，一定有尚未理解或者顾及风险的人，他们必须要提出异议。如果领导者陶醉于一致通过，那么，可能这个决策本身已经丧失先机。另外，对一个问题存在异议是很正常的，在统一中寻找分歧，恰恰是领导活动的题中应有之义。因此，一个国际惯例是，在论证一个重大国际项目时，除了要有《可行性报告》，还要有《不可行性报告》同时形成。

3. 侧向思维

侧向思维就是领导者把注意力导向焦点旁边的其他领域或事物，寻找突破，“曲线救国”，从而找到超出限定条件的解决问题的新方法。

我们先来看一个小故事。

一个星期日的早晨，一个老师正在准备第二天的讲课内容。太太出去加班了，这位老师的儿子哭着嚷着要去儿童乐园。为了转移儿子的注意力，这位老师将一幅色彩缤纷的中国地图，撕成许多小碎片，然后对儿子说：“宝贝，你如果能把这张中国地图拼起来，我就带你去儿童乐园。”

老师以为这个“大活儿”会让使儿子花费一个上午时间，但是，不到十分钟，儿子就拼好了。每一片碎纸片都整整齐齐地排列在一起，整张中国地图又恢复了原状。

老师很吃惊，问道：“宝贝，你怎么拼得这么快？”

儿子回答道：“太简单了呀！地图的另一面是“光头强”的照片，我先把“光头强”的照片拼到一块，然后把它翻过来。我想，如果这个人拼对了，那么，这张中国地图就应该是对的。”老师禁不住笑出声来，决定马上带儿子去儿童乐园。

故事讲完了，那么这位老师的儿子是如何实现创新思维的呢？“它翻过来”，来看一看另一侧。这是运用侧向思维实现创新的成功范例。

“横看成岭侧成峰。”当我们转换视角，来看一看事物的另一方面时，“山重水复疑无路”就完全可能马上呈现出“柳暗花明又一村”。

1988年，中日两国在甘肃合拍了电影《敦煌》。电影拍完后，日本人要将由其投资2700万元人民币修筑的“敦煌城”烧掉，一开始，中方的官员表示不同意，并承诺可以给予日方一定的补偿，但日方负责人置之不理，坚持要烧掉。

后来，中方改变了谈判的思维，对日方负责人讲，这座影视城确实是贵国出资建设的，因此，贵方有权选择任何一种办法来处理，包括烧掉。然而，影视城建在中国的领土上，所以，烧完后的垃圾请贵方务必想办法带走。还有，因为燃烧必然引起环境污染，贵方也应该做出相应的经济赔偿。日方负责人听了这段话后，随即向中方道歉，影视城就这样完整地保留下来。

中方谈判的成功，应该归功于创新思维。按照日常线性思维，中方只能恳求日方不要烧掉影视城，但是阻力很大。但是，当中方打破思维定式，从假定允许日本火烧影视城，那么在此过程中，我们又能迎来哪些机遇呢？将眼光放长，将视野放宽，事件的多重侧面就呈现出来。从这个新的角度来跟日方谈判，变被动为主动，化风险为机遇，最终赢得了谈判的胜利。侧向思维带来了思维的创新。

4. 类比思维

类比思维法就是建立在类比基础上的思维方法。类比是在创新活动中把陌生的东西和已知的东西放到一起进行比较，由此及彼、由表及里，可以提供一些思路，提供一些设想，最后起到举一反三、触类旁通的作用。比如飞机就是当时受到鸟飞翔形态的启发而发明的。

说起小米手机，大家都很熟悉。小米手机没有实体店，一律网上销售，一时间，要买到小米的新“出栏”手机必须“抢购”“闪购”，一直被外界认为是“饥饿营销”，这也是一直以来贴在小米身上的最重要的标签之一，其实，这与我们身边极受欢迎的小餐馆的经验何其相似？越是排着长队等待，越是觉得那一碗面、那几个小菜特别好吃，越是上瘾。假如哪一天老板把餐馆搬进宽敞明亮的厅堂，饭菜立等可取，很快就会鲜有人来，门可罗雀。这已经是实践所证明了的。

“保持清醒，控制欲望，控制节奏。”谁说小米不是受了小餐馆经营的启发，运用类比思维进行联想创新呢？

5. 灵感思维

灵感思维法也叫领悟思维法，就是突然显现的对解决某一问题的创造性的设想，是突发的、突然而来的。一些文学家、艺术家在创作的时候常常会有灵感出现。爱因斯坦也说过，我相信自觉和灵感。爱迪生曾说，天才就是百分之一的灵感，加上百分之九十九的汗水。这些都说明了灵感的存在。

因此，当遇到难题的时候，从事使用右脑的工作，或者与搞艺术的人在一起聊一聊，可能会有所帮助，体会“文章本天成，妙手偶得之”的顿悟。

五、泼激活潜能之墨　绘创新思维之景

创新思维培育需要激发潜能。每个人的思维都天然具有创新思维潜能，利用这种优势，人人都可以创新。有研究表明，人们平时经常用到的大脑细胞仅仅是其总量的 10%，而剩下的 90% 还处于空闲的状态之中。如果我们能通过科学开发，激活这些空闲细胞的潜能，使更多的细胞发挥积极作用，我们的创新能力就可以得到很大的提高。

激发潜能首先需要激活自我，需要出色的意识品质、创新的激情和热情。

（一）激活潜能，摒弃思想惰性

不要做思想上的懒汉。刻意创新，克服从众心理，这就要打破一个“老我”，造就一个“新我”。勤于训练，养成提问的习惯，问题意识是创新的根本要素。学贵有疑，创新思维需要强烈的问题意识来驱动。质疑是刺激大脑积极思考的诱因，是创新思维的起点。所以陶行知先生讲：“发明千千万，起点一个问，禽兽不如人，过在不会问，智者问得巧，愚者问得笨，人力胜天工，只在每事问。”有一个小故事反映了中国人的问题意识，各国孩子一起夏令营，讨论一个主题：世界粮食饥荒问题。美国、非洲、欧洲、中国的学生分别提问：什么是世界？什么是粮食？什么是饥荒？什么是问题？也就是说中国人的问题意识要差一些。而有些好的新观点，恰恰就在提问的过程中就产生了，或者说是一个良好的开端。就像我们前面举的焦裕禄治沙的这个例子，如果他没有对这个农民做法的好奇心和问题意识，可能他就错过了这样好的一个方法。

爱因斯坦说："提出一个问题往往比解决一个问题更重要，因为解决一个问题也许只是一个教学上或实验上的技能问题。而提出新的问题、新的可能，从新的角度来看旧问题，却需要创造性的想象力，而且标志着科学的真正进步。"所以，强烈的问题意识能够促使人们发现问题，解决问题，直至作出创新。

勤于训练还要带着本质意识度过每一天。韩国的金正勋在其《不谄媚的人生》提出一个有趣的问题：你能将整本书的内容整理到一张 A4 纸上吗？尽量用简短的语言，将这本书的本质抽取出来。从书本中提炼精华，读出最本质的东西，再运用到新情况、新实践，这是创新思维最坚实的基础。所以脑海中要随时保持"什么最重要"的本质认识，才能努力去接近事物本质。带着本质意识度过每一天，长此以往，必然会大大提高发现事物本质的准确度。抓住事物的本质，才能更好地根据具体实际情况来创新。

刻意创新，克服从众心理。这里我们再来回顾一下"曹冲称象"这个典故，一提到这里，有些人就会觉得曹冲这个孩子真能干，真聪明，小小年纪就能想到这么一个好办法来解决这个问题，或许人们更应该想一想，他这个办法足够聪明吗？在当时可能有更好的、更容易的办法，他的办法我们都知道：装石头，挑上挑下。有人讲其实没有必要搞得那么麻烦，你找一些人走上去再走下来，那就肯定比这个办法简便多了，但是也有人说没有那么精确，但是也是有办法去弥补的。也就是说我们在工作中，遇到一些问题，怎么解决，我们大家都有经历都有办法，但有些时候，我们不能满足于已经有办法了，有了办法还要去想有没有更好的办法，更易于解决问题的办法。

1. 磨炼意志品质

意志是创新思维的一个重要激发因素，它表现为为达到目的自觉运用自己的智力和体力进行活动、同困难做斗争，以及自觉地节制自己的行为的心理素质。任何人在进行活动时，都会遇到困难和阻力以及受到行为目标的强烈刺激，尤其是在创新思维活动中，目的和方向性表现得异常强烈、鲜明，存在着巨大的障碍和风险需要去克服，人的精神处于高度紧张状态，没有坚强的意志力不可能产生创新思维。在创新思维活动中，意志之所以是一个重要的激发因素，同它所具有的内在特征是分不开的。

一是提高自觉性。自觉性是指人对自己的行动目标具有明确认识和自觉态度，只有自觉，才能自愿，才能把创新思维作为一件乐事趣事，才能把创新思维作为一件实现自我价值的事情来做，而不被物质利益和政治风险及其他外在的东西所左右。

二是增进顽强性。“不碰南墙不回头，碰了南墙也不回头。”“日新月异”需要“坚定不移”来推动，只要想进行开创性的事业，做出有独特意义的成就，总会碰到许多阻碍和难关，这些阻碍和难关有些是人为的，有些是客观存在的。尽管经过极大的努力和诸多拼搏，也无法确保思维成果一定是独创性的，也有错误的可能。而且，就算是成功创新，也必定会遭遇既得利益的阻挠，如果没有坚韧的毅力，顽强的意志，是不可能成功的。

“寒江雪柳日新晴，玉树琼花满目春。历尽天华成此景，人间万事出艰辛。”创新不易，需要“且创且珍惜”，创新过程往往是前进性与曲折性的统一。

三是训练果断性。果断性表现在善于明辨是非、能够毅然决然进行抉择。领导干部运用创新思维时，机会稍纵即逝，时不我待，必须当机立断。邓小平同志曾经说过，决策要及时，机遇要抓住。训练果断性就是领导者要尽量缩短选择的时间。而缩短选择时间就要进行价值排序，而要进行价值排序就必须明确标准。所以要训练果断性，最终要求领导者必须心中有底、心中有数、心中有谋、心中有勇。

西方有个寓言故事叫“布里丹的驴子”很有启发性。

14 世纪法国哲学家布里丹曾经提出一个悖论：一头完全理性的驴子肚子饿得咕咕叫，就到野外去找草吃。忽然，它发现左边和右边 100 米多处各有一堆草，左边那堆草是干草，右边那堆草是鲜草。驴子停下脚步犹豫不决，到底吃哪边的草呢？驴子向左边跑去，可它停在那里并没有吃，因为它觉得如果现在吃了干的，那么等过会儿饿了再吃时那堆鲜草肯定会在烈日的暴晒下干掉了。于是，它又向右边跑去，可它停在那里也没有吃，因为它觉得如果它吃了这会鲜草那么回头就吃不下干草了。于是它又跑到左边。就这样一会儿左边，一会右边，左右两边来回折腾，不久便死在途中。那么，布里丹的驴子是怎么死的呢？有人说是饿死的，有人说是晒死的，有人说是累死的，也有人说是笨死的，还有人说是纠结死的。总之，让人贻笑大方。

笑过之后，故事令人深思。表面上来看，布里丹的驴子思维的空间很大，但致命的缺点是缺乏果断性。而果断性恰恰应该是我们领导干部的基本功。究竟哪一个最重要呢？是草的颜色最重要，还是草的味道最重要？由于布里丹的驴子没有排序，所以最后落得个死的下场。比如，改革发展稳定，“十五”计划就提出发展是主体，这就是排序。但这个排序不是一成不变的，如果出现不稳定因素时，稳定就是压倒一切的，这时稳定就排到了首位。

2. 培育激情热情

创新思维是人类的天性，但也是由问题倒逼产生的，特别是领导者的创新思维是以问题为导向的，创新思维也将在不断解决问题中而深化。我们强调，创新只有进行时，没有完成时。中国已经进入改革的深水区，需要解决的都是难啃的硬骨头，这个时候需要“明知山有虎，偏向虎山行”的激情、热情和勇气，不断把创新思维推向深入。

激情是一种强烈的、暴风骤雨般的、短促的情绪状态，比如狂欢、暴怒等。积极而健康的激情能够激发人的身心两方面的巨大潜力，调动体力和脑力，使人产生出创造性的冲动，并成为进行创新思维和其他活动的强大动力，例如，在领导活动中，领导者必须具有激情，要激情昂然，这不仅可以刺激自己的体力和脑力，而且本身又是一种号召力，激发起广大人民的创造性冲动，没有激情的领导是平庸的领导。

热情则是强而有力、稳定而深刻的情感。同心境相比，它不够广泛，但比心境更加强烈而深刻；同激情相比，它不够强烈，但比激情更加稳定而持久。热情表现在工作中，就是对事业的热爱。所以，一个有事业心人，一个想做出一番成绩的领导，首先要热爱自己的工作，热爱一切同自己工作有联系的其他对自己的工作有帮助的人。“三百六十行，行行出状元”，其原因就在于他们对工作的热爱。对工作、部下没有热情，就不可能对工作有兴趣，也就不可能有创造性的活动。

（二）开放心胸，克服思维偏差

有些思维上不好的习惯在制约着我们，包括一味依赖上级，向上面等靠要，包括惯于从书本或条条中寻找依据，包括总是从惯例与经验中获取答案。这些思维习惯制约着我们创新思维，给我们筑下了一座座思想的牢笼。

美国的科学家吉米·哈利说过，这是一个禁忌相继崩溃的时代。没人拦着你，只有你自己拦着自己。你的禁忌越多，你的成就越少。人只应有一种禁忌——法律，除此之外，越肆无忌惮越好。这句话要用在我们国家也许还不完全合适，有些东西你还得多少有点顾忌，比如说一些地方风俗习惯，一些民族礼仪。但是如果我们不是去抠那些字眼的话，我们应该承认他的话是有道理的，他就是强调考虑问题不要有太多思想上的条条框框，有的时候真的是我们给自己套上了思想上的绳索。一旦这样就很难飞得高，好多事情实际上是我们在自己限制自己。

爱因斯坦曾经说过，想象力比知识更重要，因为知识是有限的，而想象力概括着世界的一切，推动着进步，并且是知识进化的源泉。严格地说，想象力是科学研究的实在因素。

（三）审视自我，涵养反思良习

一个人创新难，难在对自我的认知和否定以及发现自己的不足。人天生都有自娱性、自悦性、自美性、自满性，从心理学上来讲，这些都是人之天性，要突破这种思维很难。我们这个时代实在有太多的人动不动就归因于外，从小到大，小时候我们动不动就怪父母，动不动就怪老师，在工作上动不动就怪领导，怪体制怪条件，我们遇到问题总是动不动就怪这怪那，而不是从自身去找原因，去进行深度的挖掘。俄国教育家乌申斯基说过这样一句话："良好的习惯乃是人在其神经系统中存放的资本。这个资本不断增值，而人在其整个一生中享受着它的利息。"

我们应该养成的一个良好的习惯就是多多进行自我反思，这对我们培养创新思维是有好处的。正如张晓山《特殊视角——管理者札记》所讲：如果你想不断取得新的进步，请始终注意别人提出的新想法、新做法和观察问题的新的角度，认真反省自己为什么没有想到它们，时时、事事进行这方面的总结，你便会不断进步。

（四）先我后他，优化组织创新氛围

在创新思维的培育上，领导者不是也不应该把它变成"一个人的战斗"，应当紧紧依靠群众创新，带领群众创新、引导群众创新。这是领导的题中应有之义。

另外，创新思维到底是从哪里来的呢？不是从天上掉下来的，也不是人头脑里固有的，而是实践中来的。那么，从谁的实践中来？从根本上来说，是从人民群众创造性实践中来的。所以要向群众学习，紧紧依靠群众创新。

第一，充分发扬民主，焕发生机活力。美国的罗伯特·沃尔森在其《异想天开——创新思维的艺术》中提出，独创性的思想一旦问世，它的典型的遭遇是，第一个人把它打翻在地，第二个人再踏上一只脚，第三个人向它吐上几口唾沫。如果它还不死心，拍拍灰，揩揩脸，摇摇晃晃地颤抖着、挣扎着站起来，就有好事者再度将它打翻，说这个话的人是一个美国的科学家。但是我们联系我们国家的实际想想，这方面的问题会更加严重，更加突出，所以这是一个需要去认真面对的问题。

从大的方面来说，一个国家一个民族，从小的方面来说，一个组织一个

班子，如果真真正正有民主的风气，那他一定就充满生机和活力，大家愿意去思考，也敢于去探讨，想到了什么，他就能说出来，即使说错了也没有关系。如果没有这种氛围，那好多东西好多思想就表达不出来。《杂文周刊》曾刊出这样一幅漫画，一只老虎拍着桌子对一群羊吼叫："有意见你们就提嘛，我也不知道你们怕什么。"我想这幅漫画就表达了这个问题——到底怕个啥？你是老虎人家是羊，你说人家怕个啥？这实际上就反映了有些单位有些部门存在的问题。

如果能够通过各种方式，真真正正发扬民主，那么我们的创新就有了好的氛围。通过我们制度的建设，通过各种教育，真真正正促动领导干部心灵的教育，让他真的觉得当领导必须要发扬民主，而且应该要发扬民主，创新就有了更好的环境。

美国领导学的顶尖高手，詹姆斯·库泽斯等人讲过一番话："我们应该感激那些我们不能控制的力量以及那些我们不能统一的声音，为了维护我们的自由，我们需要悲观者、质疑者，还有那些不同的声音。"所以我们有些时候不要过分狭义地去看待，你怎么爱这个国家，爱我们组织，有些时候也许谈些不同的意见，提出某些批评，可能是更好地热爱方式，而不是一味地歌功颂德。所以，批评的声音往往不动听，真正的智者常常主动听；对待外界批评的态度，折射内在修养的高度。

第二，秉持开放态度，开发前沿领域。创新者的一个基本素质就是开放态度，创新在任何领域存在，开放才有机遇，美国的乔治·曼宁肯特·柯蒂斯在其《领导艺术》中提出："创新者的一个基本素质便是对于新事物的开放态度……在任何领域都存在着无限的机会。存在着开放头脑的地方，总会有前沿领域。"而美国的约翰·科特在其《新领导——迅速提高领导力的方法》中则讲：这个世界从来都是先知先觉的人领导后知后觉的人，再开发不知不觉的人。并不是每个人都能走到先知先觉的金字塔尖，但开放的态度却能让人走得更向上一点。

第三，包容探索差错，激励创新思想。我们创新不仅仅是你个人在那儿做创新的个体，而是要成立团队，利用团队的力量集体工作。沃伦·本尼斯在其《领导的轨迹》中指出，真正的领导者不仅自己是创新者，而且还要尽一切努力找出并任用组织中其他的创新者。他会营造一个良好的环境，在这个环境中，传统的智慧可以受到挑战，错误是受欢迎的而不是尽量避免的。但这里说的错误不是那种有意而为的故意的错误，而是在工作探索中出现的错误，所以组织要有为担当者创新者犯错误提供一个保护机制，创造一个良好的创新环境。

鼓励创新，需允许失败，但不能忘记总结失败的教训。“吃一堑，长一智。”一个人一旦开始允许自己犯错误，给自己打开空间，就会感觉自己像是遨游在自由自在的天地中，视线豁然开朗。总不敢犯错误的人一定会缩手缩脚，就更谈不上在创新上有多大作为。

全面深化改革的任务不断向领导干部提出提高创新思维的能力的要求。因此，党员干部要不断摒弃不合时宜的旧观念，以思想认识的新飞跃打开工作的新局面。

六、讲创新思维之事　悟破旧立新之道

回顾人类历史，每一次大的转折都以解放思想勇于创新为开端，由盘旋曲折、山重水复、柳暗花明，最终豁然开朗。人类的实践证明，凡是改革的先行者，都抢占了创新思维的“高地”；凡是发展的落伍者，都陷入了落后观念的“泥淖”。

[案例1] 可怕的圆周运动

毛毛虫有一种天生的习性，就是第一只到什么地方去，其余的都会依次跟着走。它们整整齐齐排成一行，后边的一只跟着前面的一只，无论前一只怎样地打转或歪歪斜斜地走，后面的都会照它的样子做，无一例外。

有一位生物学家做了个有趣的实验。他把十几条毛毛虫放到花盆的边

上，花盆的四周布满了菜叶，花盆的中央是一株枝叶茂盛正在盛开的鲜花。毛毛虫队伍形成了一个封闭的圆环。它们自动地等距离分布，速度相同，步调一致，就像一支训练有素的士兵绕着花盆边沿做起了匀速圆周运动。八个小时过去了，它们可能是太劳累了，行进的速度有些放慢，队伍开始走走停停。晚上天气逐渐变凉，又饥又渴的毛毛虫们只好停下来蜷作一团昏昏欲睡。第二天气温逐渐变暖，它们慢慢地苏醒过来，又自动排好队伍开始在那里绕圈子。就这样它们日复一日地重复着如此简单的运动，竟没有一只发现这是一个严重的错误，没有一只能离开这个骗人的怪圈子而闯出一条新路。数天的奔波，它们不吃不喝，这些可怜的毛毛虫最后无一幸免地累死在花盆的边沿上。

为什么会这样？

因为第一只毛毛虫边走边吐一条细丝，第二只毛毛虫就踏着这条细丝前进，同样也会吐一条细丝加在上面，以此类推就成了一条毛毛虫大道。每一队毛毛虫不管队伍长短总有一只做首领。为什么能做首领这完全是偶然的，不是大家选举的，也不是由谁来指定的。今天可能是这只，明天可能是那只，没有一定的规则。

毛毛虫的下场是可悲的，因为它们是智商太低的毛毛虫。但作为万物之灵的人类也会上演如此循规蹈矩、盲目从众的闹剧，那就耐人寻味了。领导者作为创新发展的带头人、组织者和参与者，是下属和社会创新的表率，如果不打破路径依赖和思维定式，就无法带头走出新路。

[案例 2] 愚公移山与愚公移人

《愚公移山》是《列子·汤问》记载的一则寓言。讲的是有一个叫愚公的人，家门前有两大座山挡着路，他决心把山平掉，另一个老人智叟笑他太傻，认为不可能。愚公说，我死了有儿子，儿子死了还有孙子，子子孙孙是没有穷尽的，两座山终究会凿平。最后，感动上天，把山挪走了。愚公移山说明了锲而不舍的精神能感动上天的信念。

毛泽东在中共七大上做了题目为“愚公移山”的闭幕词，创新性地改造了古代寓言故事《愚公移山》，使其具有科学性。新《愚公移山》既具有形而上的普遍必然性，又具有形而下的现实必然性。就形而上而言，毛泽东的这篇文章适用于所有时代、所有民族、所有地区的所有人，是人就一定这样；形而下就是具有现实的必然性。什么叫现实必然性？就是一切存在于时间和空间之中又必定这样，也就是说是可感知、可复制、可实践、可操作、可检验的东西。毛泽东在文中说道：“现在也有两座压在中国人民头上的大山，一座叫作帝国主义，一座叫作封建主义。中国共产党早就下了决心，要挖掉这两座山。我们一定要坚持下去，一定要不断地工作，我们也会感动上帝的。这个上帝不是别人，就是全中国的人民大众。”毛泽东在这里不仅指出了成功的必然性，甚至为成功给出了一个程序：“下定决心，不怕牺牲，排除万难，去争取胜利。”任何成功都离不开这四个步骤，或者说，领导者实施成功领导也必须遵照这四个步骤。

大家知道，世上本无移山之术，唯一能移的办法就是：山不过来，我就过去。在改革开放中，人民不断创新思维，再一次以实践改造创新了愚公移山的故事。大家知道，浙江、福建的大山也很多，可是当地领导者和群众并没有移山，而是移“人”。改革开放头十年，就有上百万的温州人在全国各地工作，就是因为温州人多地少。他们要致富，知道移山不行，所以移“人”，把人移到有市场的地方去，结果温州人成功了。

如今，“移山”技术高超，高速高铁穿山而过；“移人”大行其道，“农民进城”“生态移民”科学运用。“移山”和“移人”，一个说的是顽强精神，一个讲的是科学思维。二者并不矛盾，转换视角，本身就是创新。可以说，在中国特色社会主义旗帜下的中国，始终如一的愚公移山精神在天天弘扬，千千万万个愚公移人的创新在发生，人才的创新性已经开始充分涌流，人们的创造潜能也得到很大程度的发挥，改革开放的巨大成就，无不凝结和体现着愚公移山精神和愚公移人的智慧。

[案例3]“走出去”激活创新思维

多年来，黑龙江省海林市一直是全省发展较快的县市。即使在最低谷的时候，也在全省66个县（市）当中排在第十三位。良好的基础让海林的干部群众有种“天然”的优越感，抑或说是自满情绪。

在发展“最辉煌”的时候，一次省外某县派人到海林来学习考察，海林一位干部在和对方交流时，无意中说出这样一句话：“你们来海林，两地之间交流交流挺好，经验嘛你们学不了！”海林人当时的牛气傲气可见一斑。刚刚重返“十强县”，一些部门和干部自满情绪不禁又滋长起来，满足于“成绩不大年年有，步子不大年年走”，全然不去看外面的精彩世界[①]。

“落后不可怕，可怕的是没有意识到落后。”

面对干部群众较为普遍的自满情绪，海林市委决定解放思想从“破”开始。

“政府花钱，大家都走出去洗洗脑。”

大家认为，“洗脑”自然要到最发达的地方去。第一次组团考察路线确定为长三角地区。

考察团用十天时间，一口气参观学习了上海、南京、苏州、昆山、南浔、海宁、桐乡、嘉善等地，考察了江宁开发区、苏州高新区、苏州工业园区、昆山开发区、海宁中国经编针织工业园、嘉善开发区、姚庄工业区7个开发区。

当地一日千里的发展态势、开发区城市建设的大手笔和干部群众活跃的

① 李军：《走进林海雪原》，黑龙江人民出版社2011年版，第15页。

思想、先进的理念，给一行人很大的触动和启发。

但一些干部在不经意的只言片语中却透出了“弦外之音”：

“这样的速度，我们啥时能撵上呢？”

“这南方真不错，气候好，位置也好。”

“他们起步太早了，那时机遇多，国家支持力度也大。”

这反映出他们的内心深处的认识：落后的原因是区位不好、客观条件不好。这种考察的结果一定是“看看很激动，想想很感动，做起来很被动”。

这显然没有找到问题的症结，显然不是市委组织学习考察的目的。

没触及心灵的考察算不上是一次成功的考察。

那就找个可学可比可追赶的目标。

远的不去，就到与海林山水相连、市情相近、人缘相熟的吉林转转！

敦化—延吉—珲春三地。

市委精心设计了第二次考察路线。

几个月后，换届后规模最大的一次考察活动开始了，四个班子成员、各乡镇和市直部门主要领导一行近50人全员出动。

这一看可不得了，海林干部被近邻的迅猛发展彻底地震动、震惊、震撼了！他们不敢相信的是，这样的榜样竟真真地发生在自己身边。

——延吉作为吉林省唯一进入全国百强的县市，固定资产投资连续三年保持在50%以上的增速。其主要发展指标已经达到或超过一些中等城市水平。令海林人警醒的是，“三地”主要发展指标的基数都比海林大，但目标和速度都远远高于海林。

——“三地”引进的项目，大都是战略投资者，大都是高科技、高附加值和名牌企业。

——给考察团留下印象最深的还有“三地”整洁有序的环境，高品位、大手笔的城市建设。敦化成功创建了全国卫生城、国家园林城、全国绿化模范县和中国优秀旅游城，在敦化到处是广场绿地，每一条街路都宽敞明亮、整洁有序、大方大气，称得上名副其实的生态城市、宜居城市。延吉城市特色鲜明。珲春五年间由一个落后边陲小镇发展成为具有现代化城市雏形的新兴边境城市。

这时大家才理解了海林市委确定这个考察线路的良苦用心。

“同为东北边陲，这些地方过去与海林发展相当，甚至在一些方面远不如我们，他们的变化太惊人了。”

辉煌已经属于过去，再不奋起直追只能越落越远。

“我们还有什么资格沾沾自喜，还有什么资本夜郎自大？”

海林人再也坐不住了！

吉林三地考察的收获，让海林市委更加清晰地认识到，学习先进典型，既要取法乎上，也要增强针对性、可比性、可学性。

“纸上得来终觉浅，绝知此事要躬行。”但是，仅仅“躬行”还不够，子曰：“学而不思则罔，思而不学则殆。”黑龙江省海林市决策层通过“走出去”启动思想引擎，通过总结经验教训创新“走出去”的思维的经历，告诉我们，只有不断打破过去和正在我们头脑中生成的条条框框的束缚，敢于实事求是，善于与时俱进才能推动思想的大解放，推动事业的大发展。

[案例 4] 林权改革第一桶金

被专家称为中国“第三次土改”的国有林权制度改革已经正式启动，黑龙江省伊春市成为最早的试点林区。伊春此次国有林权制度改革试点模式被确定为“国有林地承包经营”，但与简单的承包方式不同的是，这次改革把林地的经营权、林木的所有权和处置权都交给职工。

如何避免暴富与贫穷两极分化？

伊春运用创新思维，在试点第一年承包：承包主体全部为普通林业职工，拒绝社会资金，各级领导干部不参与、不私留山林。

如何保证职工“买得起林地”？提供企业内部无息贷款，即对试点场所贫困职工划分了两个档次——“贫困户”和“特困户”，由工会组织负责评定并向社会张榜公示。贫困户只要先交30%的承包款即可，特困户只要先交10%的承包款就行，其余欠款可以等到有收益时再补齐。

承包价格的确定要做到既参考市场价格又确保职工能够接受，并且通过采取拖欠工资抵顶、抵押贷款、分期付款、林业局借款、股份合作经营等多种形式，确保所有有意愿的职工都能买得起，让普通职工拿到“原始股”，让普通职工通过林权改革率先脱贫致富。

为了更好兼顾森林的生态效益和经济效益，解决职工短期内的生活，伊春市在林权制度改革试点中进行了一项创新性尝试，即建立活立木流转市场——通过把林木、林地资产变成资本，由资本进入市场的环节，实行活立木市场流转，使森林资源的依法有偿流转成为可能。

为什么把林权改革的“第一桶金”都交给职工？因为美国西部曾经进行过大规模的林地私有化，结果，当地的许多人没有钱购买自己的林子，最后不得不背井离乡。

前车之鉴，国有林区林权制度改革是一个非常复杂的系统工程，涉及多方面的利益调整，政策性很强。在推进试点过程当中，妥善处理好改革、发展和稳定的关系，成为这次林权制度改革试点成功的一个重要标志。

［案例5］交通拥堵综合治理

交通拥堵已经成为现代城市治理的重要问题，随着大量的汽车阻塞、交通事故频发、环境污染加剧，人们也在不断运用创新思维解决难题：

拓宽马路，增加运量。

增派警力，疏导交通。

潮汐管理，智能路灯。

增修高速，立体交通。

发展公交，绿色出行。

流量管理，摇号限行。

经历了一系列创新，交通拥堵的解决办法与时俱进。

其中有个小插曲。为了更好地治理交通拥堵，更好地确保行人和驾驶员的安全，公安部交管局在2013年元旦开始尝试实施新交规，其他的规定都得到公众的支持，唯独其中的“闯黄灯扣分”引发争议。

反对者的理由有二：一是黄灯是警示信号，而不是禁止信号，闯警示信号并不违反现在法律，所以“闯黄灯扣分”可能存在违法嫌疑；二是现有的信号设施不匹配，交警和司机很难操作。

在有些地方实践中，为了避免“闯黄灯扣分”，不适应新规的司机们纷纷在路口前减慢速度，甚至刹车观望，确实一时间增加了路口的拥堵，追尾事件在元旦那几天同比也有所上升。

对此，交管局又实事求是做出调整，宣布暂不对闯黄灯做出处罚。

这个小插曲虽然过去了，但却提出了一个改革创新的于法有据问题。

这就涉及创新思维与法治思维的关系问题。也就是说，要改革创新，领导者还需树立法治思维。

C H A P T E R 0 5

第五章

法治思维

奉法者强则国强，奉法者弱则国弱。

——韩非子《韩非子·有度》

法律的真理知识，来自于立法者的教养。

——［德］黑格尔《法哲学原理》

我们看一个小故事。

沈浩到“中国改革第一村”小岗村挂职一上任，就面临一个巨大的挑战，村集体的推土机被一户村民长期侵占，过去几届班子都要不回来。

怎么办?

沈浩和你想的一样——运用法治思维，依法起诉，收回被长期侵占的集体财产。法院的判决也支持沈浩。

然而，在执行上却遇到了难题。这户村民耍起无赖，为了阻挡将集体的车开出他家的院子，他竟然用砖头砌死了自己家的大门。

沈浩应当怎么办?

“能吏寻常见，公廉第一难。”元代诗人元好问的这句诗讲出了一个道理，自古以来，做能干的领导者易，但做公平公正廉洁、遵法守法用法的官员难。因此，建立和坚持法治思维是领导者必修课。

一、法治思维是领导创业的护身符

法治思维是以法治作为判断是非和处理事务标准的思维，它惩恶扬善、理性求证等特征决定，法治思维为领导保驾保航，是领导干事创业的护身符。

首先，法治思维为实现正确的领导目标保驾护航。法治思维是一种向善思维。法学家强森有一句话讲得好：“法律是人类为了共同利益，由人类智慧遵循人类经验所做出的最后成果。”法律为的是人类共同的利益，从终极意义上来说，领导要实现的也是人类的共同利益。法治思维维护良善的思维，确保领导者率领引导追随者追求社会公平正义，推动社会发展的宏伟目标。

其次，法治思维为实现领导活动的科学化民主伦法治化保驾护航。法治思维是一种理性思维。诺贝尔经济学奖得主米勒对中国发展开出的药方是：“中国不需要更多的经济学，而是更多的法律。”米勒的话可以从两个方面理解。其一，中国的市场化改革走到今天，遇到的瓶颈和主要挑战已经不是经济学能够解决的问题了；改革深水区、攻坚区，进入了关键时期，矛盾错综复杂，牵一发而动全身，允许试错的限度和空间已经越来越小，矛盾的解决也越来越难。如果改革总是体现为对法律规则的突破与再突破，恐怕就会导致某些严重的后果。譬如，朝令夕改的法律规则，会削弱社会公众对于法律规则的信心，不断出台的新规、新法，很可能仅仅在文本上空转，调整能力极其微弱。这种状况，认可的规则，维持秩序，调整利益关系，不仅是对法治的伤害，同时也是对改革本身的伤害。其二，市场经济本身就是法治经济，价格规律、自由竞争等经济学基本原理是中国经济改革取得成果的内在逻辑，若缺少法律的保障，这些经济学规律在市场上就可能被来自市场外的力量所扭曲，无法推动进一步发展。

法治思维帮助领导干部在领导活动中依法办事，在做事的时候不再主观臆断，而是循章办事，能更加科学、法治、有效地完成领导活动。

有一个地方，遇到了一个因为拆迁补偿而引发的突发事件，当事人是一个中年妇女，提出索要超过正常标准 5 倍的补偿，这肯定是违背法规的。这一天，在家人的策划下，她爬上了建筑塔吊威胁说，如果不能按照她提出的要求给足补偿，她就会跳下来，不活了。这时，现场处置者们面临着一个两难的选择：如果答应她，就会违背原则，开一个坏头，为以后工作带来不良影响。如果不答应她，她就可能因此丧失生命。这时候，一位学法律的现场指挥果断决策，请开发商暂时答应她的要求，并把房门钥匙交到她家人的手中，把这个人劝了下来。为什么这个学法律的现场指挥要答应她呢？事后，他给出了答案，按照民法通则规定，在胁迫的状态下所签订的合约是不受法律保护的。暂时的答应，避免了一场危机，随后依法做细致的工作，最终化解了这一危机再次发生的风险。

可见，法治并不仅仅约束领导干部的行为，在关键时刻，法治思维也能够保护领导干部、保护人民群众生命财产的安全。

最后，法治思维为领导者不碰法律底线保驾护航。牢固树立法治信仰，是领导干部拒腐防变的基本保证。好干部的五条标准，清正廉洁是底线。但是，不少领导干部纷纷落马。不少落马的领导干部，都悔恨自己当初不学法、不知法、不畏法，为所欲为，结果走上了不归路。法治素养是干部德才的重要内容。要把能不能遵守法律、依法办事作为考察干部的重要内容。

法治思维是一种底线思维。领导干部有了法治底线，在其可能或企图利用职权做不利于人民利益、有损社会稳定的事情的时候，就能够想到，自己的权力一旦触碰了法律的底线，就会遭受法律的制裁，这样就可防患于未然，减少徇私舞弊、贪污腐败等负面现象的发生。对于因此悬崖勒马的领导干部而言，法治思维让他们免受牢狱之苦，也是为他们的生命、自由和政治生命保驾护航。在这个意义上来说，法治思维是领导干部安身立命的基本智慧。

二、法治思维是违法乱纪的紧箍咒

法治是以法律作为对人们社会行为的基本规约来治理国家的基本方式，是制裁违法乱纪行为的“紧箍咒”。在我国，“法治”这一概念最早出现于先秦时期。《管子·明法》中有“依法治国，则举措而已”的记载。《商君书·任法》中说“任法治国”。这是中国早期的法治概念。虽然与如今的法治观念有较大的不同，但不失为我国先民在法治道路上的一个有效的探索。三国时期的曹操在《度关山》中写道：“天地间，人为贵。立君牧民，为之轨则。车辙马迹，经纬四极。黜陟幽明，黎庶繁息。”意思是说，天地之间，人最宝贵。治理百姓，必须制定出法律。君王出巡，走遍四方。依法罢免昏庸无能的官吏，提拔精明能干的人才，老百姓可以繁衍生息。这实际上就是主张以法治思维来治理国家。

现代意义的“法治”概念主要来源于西方，法治，在英语中称为“rule of law”，直译就是“法律的治理”，即按照事先约定处理所有事务，实现法律自治。霍姆斯说：“法律显示了国家几个世纪以来发展的故事，它不能被视为仅仅是数学课本中的定律及推算方式。”近代西方在封建专制危机和资本主义革命时期，英、法、美相继涌现出一批启蒙思想家，他们反对封建专制统治，提出民主对当前社会的重要性。他们在古罗马、古希腊的法治思想基础上，使这种思想转化为治理国家的实践。多数启蒙思想家认为，法律必须为国家社会中至高无上的权威，一切国家机关及其工作人员都必须在法律的监督下行使职权。美国法学家博登海默认为：“法律的进步作用之一乃是约束和限制权力，而不论这种权力是私人权力还是政府权力。在法律统治的地方，权力的自由行使受到了规则的阻碍，这些规则迫使掌权者按一定的行为方式行事。”

党的十八大报告提出，要提高领导干部运用法治思维和法治方式深化改革、推动发展、化解矛盾、维护稳定能力。这是历次党代会报告中首次要求干部要用“法治思维”来治国理政，党的十八届四中全会决议通过了《中共中央关于全面推进依法治国若干重大问题的决定》进一步阐述了法治思维在国家治理中的重要作用。党的十八届六中全会以法规的形式通过了《关于新形势下党内政治生活的若干准则》和《中国共产党党内监督条例》，这就要求领导干部要善于运用法治思维来推动改革发展，破解社会管理难题，提高社会管理创新水平，这也就决定了养成和坚持法治思维是领导者的必修课。

目前我国大部分基层领导干部在工作中存在着比较严重的法律意识淡薄问题，这将极大程度地影响基层工作的展开和基层民主的推进。法治思维对建设长期稳定的和谐社会和社会主义现代化法治国家有着重大意义。学法、用法、守法不仅是现代社会对每个公民的要求，也应是每一个领导干部行使权力的准绳和警钟，要做到法无规定不可为，从而将权力关进制度和法律的笼子，进一步提高领导干部的工作水平，使决策更加科学合理。

领导干部的法治思维是指领导干部以法治观念为基础，运用法律规范、法律原则等对有关问题进行综合分析、判断、推理的理性认识过程。对于我国领导干部而言，领导思维是应依照全面依法治国理念，在行政管理过程中将法治要求和法律规定全面贯彻的思维方式。

在当代经济全球化背景下，人们的思想观念更加多元多样多变，各种利益分歧、矛盾冲突相互交织交替交锋，领导者如何引导和规范新的历史条件下的复杂多变的经济社会行为。根本的路径在于，回到市场经济的“契约经济”本性上来，真正的市场经济是法治经济，现代成熟市场经济需要法治来保障其健康运行。因此，只有以法治思维来化解各种矛盾冲突，整合各种利益，才能为整个社会的和谐稳定奠定坚实基础。在这个意义上，各级领导干部的法治思维和依法治国能力强弱，直接影响着党的执政根基和国家的长治久安。因此，习近平要求，各级领导干部要提高运用法治思维和法治方式深化改革、推动发展、化解矛盾、维护稳定能力，努力推动形成办事依法、遇事找法、解决问题用法、化解矛盾靠法的良好法治环境，在法治轨道上推动各项工作。

法治的基础是法制。荀子在《成相》中提出：“君法明，论有常，表仪既设民知方。进退有律，莫得贵贱孰私王。”意思是说，如果君主法度严明，为政有常法，法式制定出来，老百姓就知道了行动的方向。对官员的提拔、降职或罢免都有法律依据，就不能因个人贵贱以不正当手段来私下向君主乞求。然而，法制与法治有着很大的区别，从空间上来看，法制的范围更为具体、更为狭小，主要集中在体系构建和操作细节方面等“硬件设施”中，至于法制所处的环境、法制具体的运行状态，虽然以法律和法规的形式加以必要的规定，但是对于法律如何执行的机制、文化并未也无法做出系统全面的说明。“法制思维”更多地讲对法律完备性、协调性等法律体系本身的思维，对法律运行本身只陷于条文的规定，而难以诉诸运用过程。相应的“法制思维”也难以涵盖“法治思维”所涉及的全部范畴，但是，它是领导者法治思维的基础。

首先，法制思维包括严格执行法律的思维。执法必严要求执法机关和执法人员严格执行法律的规定，严格依照法律办事，坚决维护法律的权威，切实按法律规定内容及程序办事。作为法律，公平公正是其基本追求。从另一个角度来说，只有在执行法律的过程中做到公平和公正，才能使得法律真正被信守、被执行。

公心才有公道，公道才有公认，公认才有公信。如果法律执行宽严不一，标准不同，很容易使法律的公信力受到损害，影响法律施行的社会效果。从某种意义上来说，执法不严的不到位比有法必依的不到位危害更大，因为如果没有依照法律办事，人们至少不会对法律规定本身产生反感，而如果依照法律办事不严格，还会使社会公众对法律本身产生怀疑，其危害更为巨大。落实执法必严，领导干部能否做到同样具有重要的影响。如前所述，领导干部在社会管理的过程中扮演着重要的角色，他们对于法律执行是否严格的要求程度很大程度上左右着所在部门对于这一问题的落实程度，所以领导干部践行法制思维务必要做到执法必严。

其次，法制思维包括违法必受制裁的思维。违法必究同样也是领导干部法制思维的一个重要方面。宪法和法律的一个基本原则就是法律面前人人平等，这一原则有两重含义：第一重含义就是在法律面前，人人平等地享有权利、履行义务；第二重含义就是违反法律之后，人人平等地受到法律的制裁。二者共同构成这一原则的内涵，不可偏废。违法必究就是这一原则的具体体现。无论是什么人，无论以什么样的理由，只要违反了法律规定，就要受到法律的追究，不允许有任何人凌驾于法律之上。在领导干部中落实违法必究的思维非常重要。我国历史上长期存在着公开的不平等与特权，在新中国成立以后，虽然在全社会范围内培养了人人平等的思维，但是对于这一问题仍然需要高度警惕。近年来，尤其是新一届领导集体履新以来，不断有高官“落马”，体现了党和国家对这一思维的重视。作为领导干部，也要从自身做起，无论是严格要求自己还是要求其他人，都要践行违法必究的思维。

这里要说的是“权利本位”概念。权利本位，是指在国家权力同人民权利关系中，人民权利属于决定性的，是根本的；而在法律权利与法律义务之间，权利又是决定性的，起着主导作用的。这一问题在法治思维的领域就表现为权利思维。权利思维体现为对权利的尊重、对权利的维护，领导者只有带头尊重和维护权利，才能使其法治思维得到体现。

三、法治思维是琴瑟和弦的六重奏

韩非子曾提出，明法制，去私恩。令必行，禁必止。法治思维就是坚持法律至上，去除人治色彩，将法律作为判断是非和处理事务的准绳来想问题，这是一种主张崇尚法治、尊重法律，善于运用法律手段解决问题和推进工作的意识。具体地说，法治思维有六项基本要求，这六项基本要求，形成法治思维的六重奏，构成坚不可摧的六角楼。

（一）法律至上思维

法律至上就是把法律摆在首要位置，并把它作为一切领导工作的准绳。无论是被领导者还是领导者，特别是高级领导者，必须崇尚法律，尊重法律，遵守法律，任何行为都不得违反法律的规定和精神。

法律至上思维的前提是宪法至上意识。宪法是国家的根本大法，国家权力的来源、结构、范围及其活动原则及程序都由宪法来确定。领导干部必须在宪法规定的范围内活动，不得超越宪法，以权代宪，那些离开宪法对法律至上的谈法不过是虚假的口号。因此，领导者坚持法律至上的思维就首先要坚持宪法至上的思维，不能把权力置于宪法赋予公民的权利之上。

（二）合法性思维

合法性思维最直接地体现了法治思维的属性，它要求领导干部在行使公权力时，无论是决策、用人、沟通，还是协调工作，都应不断审视自己的行为是否符合法律的规定和要求，严格考查自己的行为本性是否合法，决策程序是否合法，领导权限是否合法等问题。

行为合法要求领导干部不仅要熟悉法律法规的各方面内容，更要吃透法律原则和法律精神。程序合法要求领导干部必须严格遵循法定的方式和步骤，以此做出行政行为，在此过程中，必须坚持阳光行政，在作出合理与科学的抉择过程中还需要集思广益、广泛听取民意。权限合法则要求领导干部在做出某一决策和行为前须考虑自己是否有权力如此做，不得做越权之事。

（三）公平正义思维

既然法治体现了公平正义的精神和原则，法治思维自然要反映这种公平正义的内在要求。可以说，法治思维在本质上是追求和实现公正的思维。领导干部在做重大决策时，程序性规则的约束往往是形式上的而不是实质上的，公众参与决策、保证决策的民主化，才是领导决策中的实质性约束。公众有序参与决策，决策反映和体现公众利益和各方意见，这是公平正义在领导决策领域的集中体现。

那种在领导实践中忽视公众意见和利益，刻意袒护个别利益群体特别是既得利益群体的做法，是领导活动缺乏公平正义思维的集中表现，同时，还要消除随意执法与选择性执法问题，否则就谈不到既符合形式上的公平又符合实质上的公平正义。从公平正义追求来看，法治思维要求领导干部在行使自由裁量权的同时，必须要在法治范围内运行贯彻落实法治理念，做到形式与实质上的公平正义统一起来，从而做出既合法又合理的自由裁量行为。

（四）权利义务思维

法律是对权利义务的权威界定工具。法律关系在每个公民身上都体现为权利义务关系。权利义务思维是领导干部依法来处理矛盾的切入点和突破口，它不仅促使领导干部始终反思“是否有权力这样做”，而且还对相应的被领导者是否有义务来听从领导者的安排、满足领导者的需求给出回答。

领导干部重大决策，大都是针对公民、法人和其他组织的，这些公民、法人和其他组织在法律上是权利义务主体，对他们权利的尊重和维护，也是领导者坚持和运用法治思维的表现。如果漠视与任意剥夺被领导者的合法权利，就是违背法治思维的表现。例如，党的十八大以前的一段时间，有的领导干部在当地经济发展缺乏资金时，采用发文件强行让公务人员集资，就是在蔑视和践踏公务员的法律权利，属于典型的违反法治思维的表现。此外，领导干部行使的权力是公共权力，公共权力本身的特点是既是权利又是义务，这就要求领导干部要实现维护权利与履行义务的统一体现法治思维。

（五）责任思维

在现代领导活动中，领导者最明显的一个特征就是实现使命、担当责任，也就是权力的使用必须受到相关责任制度的约束。权力与责任是对等的，领导者不是当官的，而是要实现领导宗旨和目标的，因此，领导者首先要考虑的就是责任因素，而权力只是尽好责任的必要手段。法治思维要求在领导过程中授予权力就要明确责任，接受权力就要接受责任，履行权力时就要履行责任，使用权力就要担当责任，懈怠权力就要拷问责任；滥用权力就要被追究责任。今天，从严治吏已经成为全面从严治党的重要内容。各级领导干部只有强化责任思维，才能消除封建传统社会的民贱官贵等旧思想束缚，才能改变为官不为的消极局面，更好地担当法律所赋予领导者的责任。

（六）治权思维

说到底，法治不是治民的，而是治权的。依法制约和监督公共权力是法治思维的核心。党的十八大报告明确提出，要推进权力运行公开化、规范化，让人民群众监督权力，让权力在阳光下运行。要实现这些要求，就要加强对公共权力的制约和监督。各级领导干部只有强化法治的治官治权思维，把权力关进制度的笼子里，防止领导干部肆意妄为、为所欲为，以严格的规范约束权力行使的范围和程度，才是更好坚持法治思维的体现。重视负面清单、权力清单、责任清单，并使之规范化、一体化、网络化，将决策、执行都纳入法律规范的调整范围，并自觉、善于运用法治思维治国理政，才会促进法治实践，进而推动全面依法治国的实现。

四、法治思维是激浊扬清的持久战

中华人民共和国成立以来，我国在法治建设层面已取得了较大的成就，我国经济社会生活总体上也已经纳入了法制的轨道，法治思维已成为各级领导干部的主流行政理念，然而，我国曾长时期地处于封建专制统治时期，长时期的“人治”历史即便在千年后仍旧影响着一部分人的观念和生活，在解决问题时往往强调个人的、非规范的方式，一些领导干部的法治思维观念仍然十分淡薄。有的人谈法治思维说起来重要，写起来次要，做起来不要；有的人觉得依法行政不管用、依法办事不实用，用法解难不会用，“以言代法”“以权代法”、“以权压法”的事情还时有发生；有的人认为法治治国是“治民不治官”，把自己摆在超越法律之上的位置；有的人工具主义法律观念严重，把法律仅仅视为治理别人的工具，对自己有利时就拿来用，对自己不利时就放到一边；等等。这些错误观念背后是人治传统深厚，统治思维作祟，它使官场浊气浓厚，正气不彰，因此，以法治的方式思维是一场激浊扬清的持久战。

（一）传统人治思想深厚

传统人治观念是阻滞领导干部法治思维形成的重要因素。根据一份法治思维调查显示，在被问到“你认为从非法治思维和方式向法治思维和方式转变最大的困难和障碍是什么”时，有 52.4% 的领导干部认为“根深蒂固的传统人治观念”，33.5% 的领导干部认为“体制机制不够完善”，14.1% 的领导干部认为“压力不够，没有相应的监督制约机制”[①]。我国长期受封建社会的影响，由封建社会发展出人治思维自然也根深蒂固地存在人们的脑海中，而政治文化本身又具有稳定性的特征，而且近代中国的人治思想并没有被资本主义思想所影响改变，相反还与当时的资本主义腐朽文化相合流，以致严重阻碍我国法治建设的健康发展，阻滞法治思维的建立和发展。

1. 人治思维奉行权力至上

人治思维主张权力至上，这与法治思维主张的法制至上存在着严重的冲突，这种冲突导致两者很难相互调合。中华文化一开始就始于对圣王的崇拜，这种崇拜延伸到对皇帝专权的顺从，在该种奴性色彩的文化下，做自己的主人的意识并未发育起来。此时的法律一直是维护王权和秩序的强力工具，不可能内化为人们心中的信仰和思维的习惯。人治思维把法律当作治民与实现当权者个人意志的手段，必须体现出权大于法、情大于法、等级制度等特征，就不可能保护弱者。这种影响直到今天还未消除，有的领导干部缺乏对法律的基本尊重和敬畏，用权力支配一切，就算强调法律，也不过是用其来维护个人利益和彰显权力的威严。

2. 人治思维高度集中权力

在人治思维中，当政者将权力紧紧握在自己的手中，即使存在着皇权与相权之争，那也是上等人玩的游戏，与普通民众没有什么关系。老百姓只能

---

① 参见张朝丽:《提高领导干部运用法治思维和法治方式能力之问卷报告》，载《领导文萃》2013 年第 6 期。

将希望放在“清官”身上，希望那些道德高尚的人掌握大权，集中权力为民众做主。在这种背景下，集中的权力必然缺乏真正有效的监督和制约，所谓“文死谏”不过是皇帝为了显示自己是明君而玩的高级政治游戏。权力的高度集中必然带来绝对的腐败，中国历史的上大贪官无不与其所处的权力结构直接相关。一些皇帝比如朱元璋、雍正虽然对腐败现象深恶痛绝，也搞过疾风迅雨般的反腐风暴，然而，由于缺乏严格意义上的法治思维，人治思维下反腐败不可能致力于消除高度集中的权力，尽管力度极大，但仍然不能从根本上解决腐败问题，最后江山易手。这些历史教训提醒人们，以法治思维激浊扬清任重道远。

3. 不断增加公民的义务

在人治思维主导的社会环境中，他们对权利并不是很在意，反而给公民强加很多义务，此时的法律也只是维护统治秩序和治理人民的工具而已，不可能真正地法为民所用，而且此时运用法律手段维护自己权利的成本费用极高，而效率又十分低下，就算偶尔赢得官司，也有可能“得了一头猪赔了一头牛”，又或者是因为触犯了当权者的尊严和利益，而使自己的正当权利受到更为严重的侵犯。公民习惯于把希望寄托在清官的身上，希望他们能够替自己维护权利，但是对于普通老百姓来说，他们遇到清官的概率又能有多高？诉求得到回应的可能性又有多高呢？

4. 严重依赖暗箱操作

人治思维的执政阶层一般都重实体轻程序，因此许多不严密不规范的程序常常造成执政者凭个人意志行使权力，而那些摆设式的规章制度因为没有程序作支持，往往形同虚设，在实际操作过程中也会被曲解。由于程序的真正价值被忽略，所以必然造成制度方面的大量漏洞，这些漏洞就为有心者提供了巨大的腐败机会和自由裁量空间，他们因此随心所欲地用权力谋取个人利益，侵犯他人利益和公共利益，破坏法治发展建设，损害公平正义。这为当权者暗箱操作提供了机会，当权者垄断着重要的信息来源，所以公众很难及时有效地了解到对自身有利的信息，人们常常因此被欺骗糊弄，也有的传出虚假信息误导他人，基层领导者被虚假信息蒙在鼓里还不自知，在这种情况下，缺乏知情权的基层领导者很难了解到真实情况，就不利于对权力监督，法治思维也就难以形成。

（二）执法面临现实阻力

处于社会转型时期，各种矛盾错综复杂，大量社会问题日益突出，在一定程度上导致行政执法陷入两难境地，即维护社会稳定和坚守法律底线之间的困境。一方面，由于法律规则要求与社会现实不一致的情况，导致执法者或相对人出现漠视、规避、拒斥的现象，由于政府铁腕执法的发生，导致执法的经济和社会成本迅速增高，引发社会形势严峻和各种冲突。另一方面，面对执法困境，一些领导干部一般选择睁一只眼闭一只眼，但更多的是采用突然袭击式和选择性执法。由于政府不严格执法，造成社会正常秩序和原有规则体系遭到破坏，而执法主体将责任推脱到相对人身上，认为他们素质低下，缺乏法律常识和法治意识，再加上复杂的执法环境，导致执法成本和执法难度增高，执法环境进入恶性循环。随着社会发展，政府管理的对象和管理的事务不断增加，为了应对日益剧增的行政管理事务，执法主体不得不通过增加人员、编制等各种方式自行增量，由于执法膨胀与有限执法资源不匹配导致现实生活中出现很多矛盾。一些执法机构相互推脱与重权力轻责任以及“重实体轻程序”等现象，进一步导致执法主体与相对人进入对抗状态，他们互不信任，社会公信力降低，公众对执法怀着跟风的抵触情绪，以致出现暴力抗法等事件，这样就造成执法效率和执法权威大幅度下降，而执法成本却不断提高，执法权力逐渐失去控制等现象的发生。

在这种社会转型、矛盾多发的历史背景下，司法应该承担起维护权益的社会责任，这就在客观上要求司法必须具有极大的权威和公信力。而司法若要具有权威和公信力，就必须具有较高的独立性，公正地处理案件，不受任何方面直接或间接的影响、诱导、压力或干涉。而实践生活中，司法却面临这样的困境：一方面，法律效果与社会效果的失衡。司法绝不意味着单纯地解决矛盾纠纷，更重要的是，在办案过程中，要准确适用法律，同时还要考虑对社会可能造成的影响。如果司法机关只注重法律效果而忽视社会效果，那么，可能会引发大众的焦虑情绪和对司法的不信任，从而引起社会矛盾升级。反过来看，如果一味地迁就当事人和民众的意见，过多受舆论压力影响工作判案，在审判过程中受到不合理意见影响，那法律的尊严和权威就可能受到损害。近年来，越来越多的舆论对司法公正造成影响，而司法人员不仅要免受各大舆论压力造成的影响，还要尽可能追求社会效果与法律效果的平衡。另一方面，司法官僚化、行政化。政府实际上掌握着对司法机关的人事管理权和财政管理权，在实际的政治权力运行体系中，法院的经费和法官的工资、福利受制于当地政府财政。政府依靠设施、经费等资源优势，对司法机关施加影响。虽然这种状况正在逐步得以改善，但行政干预司法的现象在一些地方依然存在，主要表现在官民纠纷中，易出现偏袒官方、轻视民众的倾向。

在过去相当长的时间里，领导干部的违法行为，往往没人追究，即便是问责追责，也是“抡起的是大棒，砸下来的是鸡毛掸子”，惩戒力度不够，也是导致干部和群众不信法、不用法的重要原因。就是以法惩治，也总是姗姗来迟。难怪有人说：“上级监督太远，下级监督太难，同级监督太软，法纪监督太晚。”震惊网络的 2010 年江西某县的拆迁自焚案中，官方居然在其发表的网文中提出“没有强拆就没有新中国”这样的雷人语录，该县时任县长因强拆致人自焚死亡而遭到免职。然而，仅仅被免职一年后，便被任命为市里某局局长，仍被重用。这样的问责来得突然，去得迅速，让人不明就理，对违法官员本人没起到太大的惩罚作用，对其他领导干部的震慑力也不大。

党的十八大以来，领导干部培育法治思维面临现实的阻力，随着全面依法治国的推进也面临机遇。习近平强调，治理一个国家、一个社会，关键是要立规矩、讲规矩、守规矩。法律是治国理政最大最重要的规矩。他说，我国是一个有十三亿多人口的大国，地域辽阔，民族众多，国情复杂。我们党在这样一个大国执政，要保证国家统一、法制统一、政令统一、市场统一，要实现经济发展、政治清明、文化昌盛、社会公正、生态良好，都需要秉持法律这个准绳、用好法治这个方式。特别是党的十八届六中全会没有像以往一样出台“决定”，而是出台了两个党内法规。这是全党坚持和运用法治思维的集中体现。

在法治社会建设进程中，公民权利意识觉醒持续，互联网监督日益发力，对现行的权力结构带来巨大挑战，反腐败对旧有权力观念强烈冲击都对领导干部法治思维形成强大的倒逼。在现代社会主义国家，权力的真正拥有者是人民群众，领导干部是代表最广大人民的根本利益来使用某些具体权力，因此，领导干部必须树立法制观念，用法制的手段规范监督约束权力，在运用权力的过程中，需要形成自觉性，在处理事情时要依法办事，还要严格执法，执法必严，当触犯法律时应受到应有的责任追究。全面依法治国、全面从严治党，加强了党纪国家的现实教育，使领导干部的法治意识、法治观念得到提升，自我约束和控制的能力得到增强，社会风气不断向好，给法治思维的形成带来了系统机遇。

五、法治思维是多方发力的组合拳

从本质上来说，法治思维不仅是一种理性思维，而且是一种自觉信仰。只有把其上升到信仰的高度，法治思维才能真正地实现。如同洛克在其《政府论》中所说，只要爱自由，就足以建立共和国，但是，能够维护共和国和使它繁荣的，只有爱法律。我们要树立法治思维，维护我们心中的“共和国”并使之繁荣，也要爱法律。法治信仰，就是视法律为神圣，将法律刻在心底的精神状态，就是社会主体对法律规定性的内容及实施的过程和结果的相信、期望、爱戴。信仰法律就是信任、信赖法律，以法治作为处理问题、维护权益的手段；就是仰望、盼望法律，把法律作为规范行为的最高准则；就是热爱、珍爱法律，把法律作为人自由而全面发展的实践。爱法律就是要信仰法律。信仰法律，也是卢梭所说过的，“一切法律中最重要的法律，既不是刻在大理石上，也不是刻在铜表上，而是铭刻在公民的内心里”。做不到这一点，谈不上法律信仰，也就从根本上缺失了法治思维的内生动力。

法治概念的最高层次是一种信念，相信一切法律的基础，源于对人的价值的尊重。政治学家伯尔曼指出：“没有信仰的法律将退化成为僵死的教条，而没有法律的信仰将蜕变成为狂信。”法治就是尽最大可能把法的精神散布在人民中间，这就是立法机关的义务。如果民众对权力和审判持的是漠不关心的态度，那么谈不上法治思维。因此奥地利著名法学家埃利希说，法发展的重心不在立法、不在法学，也不在司法判决，而在社会本身。

法律必须被信仰，否则形同虚设。法律的创制者给我们的不是一张蓝图，而是一个罗盘。从法律在一个国家出现之日起，它的意义就应当超越一部法律为社会带来的实际影响力，而成为一种至上的精神。法律不应仅仅是规范政府及社会公民行为的一部准则，更应该上升到一种精神层面的信仰上来。这样才能在每个政府官员、社会公民心中产生强大的约束力和引导力，使政府能够合法合理地使用权力，有效避免权力滥用，使公民能够有依据地维护自身的合法权益以更好地行使公民权。

法治思维源于人们内心真正的信仰，而信仰来自人们对法律的尊重，来自对法律的学习，来自以法治思维行事的法治实践。因此，培育法治思维需要的是一个多方发力的组合拳。

（一）尊法

强调法制思维，就是要让领导干部遇到新的社会问题时，首先想到的是用法律的方式和合法的手段来寻求问题的最优解，而不是通过其他方式粗暴干涉民主决策。用法律的方式解决一切社会问题的思维必须被坚持，以期在决策机构内部率先形成信仰法律的良好风气，有助于科学、民主决策的进行，从一定程度上提高政府的公信力，推进法治政府的建设。

信仰法律就要培育尊法的意识。领导干部要想培养法治思维，需要做多方面的准备，其中，培育对法律的尊重是前提。尊法就是尊重法律的基本价值和精神，从而在内心形成崇尚和坚守，在生活中按照法律自觉规范个人的言行，尊法是一种自律，能够体现人的境界。早在170年前，林肯就进行了尊重法治思维的呼吁：让每一个美国人、每一个自由的热爱者、每一个对他们的后代有良好祝愿的人，用这次革命之血宣誓，在任何情况下，绝不违犯这个国家的法律，也绝不容忍其他人对这个国家法律的违犯。让我们向每一个美国母亲和她们抱在膝上喃喃学语的孩子呼吸于其中的法律致敬——我们要在中学里、神学院里、大学里讲授它；我们要把它写入初级读本、识字教材和历书年鉴之中；我们将在布道台上对它大力宣扬，在立法大厅里对它做严正声明，在法庭上对它认真执行。简而言之，我们要让法律成为这个国家的政治信仰。所有违法犯罪的人，包括领导干部，最初都是从不把法律当回事，缺乏对法律应有的尊重和敬畏开始的。

孟子曰："徒法不足以自行。"法律规定仅仅停留在纸面上是没有意义的，只有得到彻底的遵守和奉行，法律才会真正具有生命力。领导干部要带头养成自觉遵守法律规定的思维，使之内化。这就需要领导干部首先在意识中树立守法意识，坚决杜绝违法乱纪的思想，要以"清正廉明"的原则严格要求自己，自觉以人民公仆的角色来约束自己的思想和行为，一刻也不忘记全心全意为人民服务的宗旨。

（二）学法

黑格尔说过，法律的真理知识，来自立法者的教养。这句话讲得很有道理。真正的信仰，不是盲目崇拜，而是在深入学习并理解的基础上对真理的拥抱。要培育法治思维，也要在尊重法律的前提下带头广泛而深入地学习。首先，要系统地学习法律体系，法律是发挥体系化作用的强力机器，没有对法律知识的全面占有就不可能真正学习好法律，也就不可能形成完善的法治思维。其次，领导者要重点学习与自己工作密切相关的法律知识，选择与自己岗位直接相关的具体法律深入地研读。在掌握大量法律的前提下，必须能够分辨出哪些是自己履行职能担当责任所必备的法律知识来学深学透。

学法的最高境界，不是把自己变成法律的复读机，而且把法律知识内化为自己的智慧。法国哲学家帕斯卡尔曾经说过："智慧胜于知识。"在某种意义上，知识更多时候是"鱼"，而智慧则是"渔"。这里的"渔"不仅是钓鱼的本领，而且是钓鱼的智慧：多大的鱼可钓，多大的鱼要放掉，这是一种智慧，如同确定法制的适用范围；什么时候钓鱼，什么时候休养生息，如同选择何时来修订法律法规，直钩钓鱼还是曲钩钓鱼，如同启用规矩、纪律还是启用法律。爱迪生曾说过："智慧的可靠标志就是能够在平凡中发现奇迹。"在利益交织的全面深化改革背景下，领导干部不仅要学习和掌握法律法规的具体内容，而且要理解和把握其精神实质；不仅要学习、牢记法律知识，而且要本着法治的精神，通过学习和践行法制及时发现其中过时、落伍的内容加以修订，避免其异化为恶法而伤害法律的神圣。

（三）守法

守法就是恪守法治的要求和准则，就是要敬畏法律，遵守法律，敬畏是人类将自己置于某种事物之下顺服其管理畏惧其惩罚的态度。敬指的是尊重恭敬，畏指的是心存恐惧。

唐太宗李世民说过："每出一言，行一事，必上畏皇天，下惧群臣，天高听卑，何得不畏？"明太祖朱元璋对"畏法度者乐"极为赞同，大力实施。基希曼曾经指出，立法者三句修改的话，全部藏书就会变成废纸。程序是法治和恣意而治的分水岭。邓小平同志指出："共产党员谨小慎微不好，胆子太大了也不好，一怕党，二怕群众，三怕民主党派，总是好一些。"这些都说出了为官做人须心怀敬畏。作为领导干部，不把纪律当回事，难保自己不出事。不把法律当回事，早早晚晚要出事。

遵守法律，就要求领导者要依照法律规定行使权力和权利以及履行职责和义务来开展领导活动。在具有特色社会主义的中国，领导者同其他组织和个人一样，都必须是守法的主体。这是由《中华人民共和国宪法》做出的明确规定。领导干部在走上法律所规定的职位、行使法律所赋予的领导权限的同时，必须严格履行法律所规定的义务，承担组织规定的职责。领导者要带头守法、坚决护法，维护法律和制度的严肃性，维护他人和组织的合法权利，坚决摒弃和反对权大于法、以言代法、选择性执法问题，尤其是在关涉自身利益时，要做到自律自省、遵章守纪，不搞特权、不搞潜规则。要按照中央的部署，进一步推动政务公开，自觉接受社会和公众监督，以公开透明来强化自身的法治思维。

（四）用法

“法令既行，纪律自正，则无不治之国，无不化之民。”这是作为公正廉明代表人物的“包青天”包拯的名言，阐明了法律执行对于法制的重要性和关键性。以知促行，以行促知，知行才能合一。法律的生命力就在于实施，权威也在于实施。所以，培育法治思维，不仅要求领导者在实际工作中尊法学法，还要在实践中懂法用法，养成用法治方式处理问题化解矛盾的习惯，带头弘扬社会主义法治精神，以实际行动引导全社会自觉依法维护权益，自觉履行法定义务。

各级领导干部在实际工作中用法，首先要坚持依法行政。无论是决策、执行，还是解决矛盾、推动发展、深化改革，都要不断审视行政行为的目的、权限、内容、手段、程序是否合法，自觉做到“有法可依、有法必依、执法必严、违法必究”。应该着力按照已经制定的清单行事，并适时科学调整权力清单和责任清单。将权力关进制度的笼子里，保证权力在阳光下运行。其次要保证公正执法公正司法。培根在《论司法》中说过：“一次不公的裁判比多次不平的举动为祸尤烈。因为这些不平的举动不过弄脏了水流，而不公的裁判则把水源败坏了。”司法腐败是危害最大的腐败，是压垮政府公信力的最后一根稻草，领导者要坚决抵御和打击司法腐败，推进司法体制改革，提高司法公信力，让法律真正成为维护社会公平正义的最后一道防线，让全社会充分相信法律、依赖法律，从而倒逼领导者法治思维的深化。

六、法治思维是惩恶扬善的尚方剑

[案例1] 商鞅徙木立信

商鞅变法时为了显示法律的权威，就叫人在都城的南门竖了一根三丈高的木头，下命令说："谁能把这根木头扛到北门去，就赏十两金子。"但没人去做。商鞅知道老百姓还不相信他下的命令，就把赏金提到五十两。这时人群中有一个人说："我来试试。"他说着，真的把木头扛起来就走，一直搬到北门。商鞅立刻派人赏给扛木头的人五十两黄金。这件事立即传开了，一下子轰动了秦国上下。后来，商鞅变法得到了群众的信任。

荀况在《成相》中提出："明法慎罚，国家既治四海平。"意思是说，明确法律，慎用刑罚，国家就得到治理，天下就会安定。战国时期，群雄并起，七国混战，为了生存，各国都在寻求治国理政的思维，他们有的诉诸儒家，有的诉诸道家，唯有秦国重用商鞅，把法治思维坚持到底。虽然商鞅因为触动了秦国王公的利益遭陷害被车裂，但是以法治世、以法律看待和解决生存问题，标准统一明确，仍成为秦国的治理思维，所以军令如山，严刑峻法，确保自己的战斗力，最终吞并六国。如果不能高举法治思维，秦富不如齐国，文不如楚国，何以一统天下。七国同受中国法家思想影响，为什么只有秦国能坚持并运用好法治思维，一个很重要的原因是它的对外开放。秦国引进了当时古波斯的法治思维，使其治国理政形成了完整严密的法治体系，当然，最终由于其过于严苛严酷并被权贵所利用而导致亡国。

"人无信而不立。"今天的领导者要想让人相信自己、拥护自己，就必须言必信，行必果。进一步说，立信如何才能有效果呢？不仅必须言必信，行必果，而且要以出人意料的方式进行。这就要求领导者在赏罚制度的开局上，不仅要分明，而且要在法制规范的适用范围内重奖重罚，奖要奖得人眼红，罚要罚得人心惊肉跳，特别是运用严格执法打击黑恶势力，对恶行进行外科手术式的打击，保持一种高压态势，遏制不良行为的发生，从而收到最大的效果。

［案例 2］兵圣演阵

孙武是齐国人，游历来到吴国，当吴王问他是否可以小规模地试着指挥军队的时候，孙武马上回答说："可以。"吴王又说："可以用妇女试验吗？"孙武说："可以。"于是，吴王从宫中叫出一百来个妇女让孙武试验。孙子把她们分为两队，担任队长的就是阖闾的两个最受宠爱的侍妾，所有的女子都拿着一支戟。孙武问："你们知道自己的心、背和左右手吗？"妇女们回答说知道，孙武就让她们按照号令分别向左右前后行进。号令完毕，孙武就摆好斧钺等刑具，然后又把已经宣布的号令多次地重复交代清楚。当他击鼓发令的时候，妇女们没有按照号令行动，却一个个哈哈大笑。孙武说："纪律还不清楚，号令不熟悉，是将领的过错。"又多次地重复交代号令，然后再次击鼓让她们行动，妇女们仍然哈哈大笑。孙武说："纪律不清楚，号令不熟悉，这是将领的过错；现在既然讲清楚了，却不遵照号令行事，那就是军官和士兵的过错了。"于是发出命令，斩杀两个带队的队长。

吴王正在看台上观看，见孙子要杀掉自己的两个爱妾，大吃一惊，急忙派出使臣传出命令说："我已经知道将军善于用兵了，我要是没有了这两个侍妾，吃起东西来也不香甜，希望你不要杀她们吧！"孙武回答说："我已经接受命令为将，将在外君命有所不受。"还是杀了两个队长示众。按照顺序，孙武任用两队第二人为队长，当他再次发出号令的时候，妇女们的行动立即整齐有序，令出必行。孙子向吴王阖闾报告说："队伍已经操练整齐，大王可以下台来察验，任凭大王怎样使用她们，即便是赴汤蹈火，她们也会听令而行。"

孙武居然杀了吴王的两个爱妾，实在有些不尽人情。然而，他坚持法治思维，树立了军威，也为我们法治思维的星空中点亮一点明星，也正是基于法治思维，孙武创造了《孙子兵法》，他的军事思想的光辉，永留青史。

［案例 3］毛泽东批示枪毙黄克功

1937 年 10 月 5 日，红军干部黄克功因逼婚未遂，在延河河畔枪杀陕北公学女学员刘茜，一时间震惊陕甘宁边区，影响波及全中国。事件发生以后，中共中央、中央军委、边区政府高度重视，在毛泽东主持下召开会议，经过慎重讨论，决定将黄处以死刑。

黄克功对自己的罪行供认不讳，且不怕杀头。黄克功 1927 年参加革命，后随毛泽东上井冈山，并在长征途中二渡赤水娄山关战役上立有大功。他历数其赫赫功勋，袒露身上累累伤疤，要求让他在前线对敌作战牺牲。人民公审时，众目睽睽之下黄被推上被告台，还高喊了三声口号："中华民族解放万岁！""打倒日本帝国主义！""中国共产党万岁！"这时毛泽东的信来了，边区高等法院院长、刑庭审判长和执刑官雷经天宣读了该信。之后黄再也无话可说，静静走向刑场，一声枪响结束了生命。

雷经天同志：

你和黄克功的信均收阅。

黄克功过去的斗争历史是光荣的，今天处以极刑，我及党中央的同志都是为之惋惜的。但他犯了不容赦免的大罪，一个共产党员、红军干部而有如此卑鄙的、残忍的、失掉党的立场的、失掉革命立场的、失掉人的立场的行为，如赦免他，便无以教育党，无以教育红军，无以教育革命。根据党与红军的纪律，处他以极刑。正因为黄克功不同于一个普通人，正因为他是一个多年的共产党员，正因为他是一个多年的红军，所以不能不这样办。共产党与红军，对于自己的党员与红军成员不能不执行比一般平民更加严格的纪律。当此国家危急革命紧张之时，黄克功卑鄙无耻、残忍自私至如此程度，他之处死，是他自己的行为决定的。一切共产党员，一切红军指战员，一切革命分子，都要以黄克功为前车之鉴。请你在公审会上，当着黄克功及到会群众，除宣布法庭判决外，并宣布我这封信。对刘茜同志之家属，应给以安慰与体恤。

毛泽东

1937年10月10日

黄克功的案例启示人们，不能自恃有功，就得意忘形，触犯法律，否则必然以悲剧结尾，给人生留下污点，领导干部必须时刻坚持法治思维。

［案例4］“第一书记”的法治思维

沈浩在党和人民最需要的时候敢于担负起复兴“中国改革第一村”的历史重任。一上任，他就面临一个巨大的挑战，村里社会生态不好，20多间公房和2台推土机等集体财产被几户村民长期侵占，过去几届班子都要不回来。怎么办？要在小岗村立足开展工作，如何破冰？

纵使面对威胁和恐吓，他依然敢于运用法治思维和法治方式化解矛盾、维护稳定，在镇司法所同志的帮助下，他采取起诉的形式，试图依法收回被几户村民长期侵占的推土机，法院的判决也支持了沈浩。然而，在执行上却遇到了难题。这一户村民耍起无赖，玩起了法律游戏，他以补偿过小为由拒不交出集体财产。为了阻挡法院的判决，他竟然用砖头砌死了自己家的大门，让你无法开走推土机。按说，沈浩也可以硬把堆土机开出来，但是，沈浩并没有这么做。

沈浩是怎么做的呢？

沈浩雇了一个大吊车，把公家的堆土机从长期霸占它的农户家里吊了出来，既收回了公有财产，又没有损伤霸占堆土机农户的房屋和院墙。

“风能进，雨能进，国王不能进。”这是一句被广为引用的名言。它出自英国的一位首相威廉·皮特。皮特用它来形容财产权对个人的重要性和神圣性。农户的房屋和院墙是他的个人财产，沈浩的做法充分体现了这种对农户个人财产的尊重，很好地处理了集体与个人财产之间的关系。

我们看到，沈浩对过去因落后的乡村治理模式产生的村民内部矛盾处理，从一而终地采用了法治思维，从而开启了小岗村依法治村的步伐，为改造小岗村开了局。

沈浩对小岗村由乱而治、由穷到富的蜕变过程，并不一帆风顺，其间，他犯过难、生过病、挨过打，但他并没有因此而退却，坚持采用法治思维，以公心赢得了广大村民的支持、拥护和爱戴，成为小岗村历史上真正意义上的“第一书记”。

沈浩的事迹启示我们，呵护民生，保障人民的权利是成功领导的基础。通过尊法学法守法依法，使百姓衣食住行更安心，开创复杂局面需以法治思维为前提，依法善治需从点滴开始，需要一如既往地坚持。

[案例 5] 习近平法治思维的“四个高度”

古人云：“国无常强，无常弱。奉法者强则国强，奉法者弱则国弱。”坚决执行法治，国家可由弱变强。可见古人在对“怎样治理好一个国家”这一问题上已清楚认识到法治的重要性。“治国无法则乱，守法而弗变则悖，悖乱不可以持国”。因此，习近平强调：“形势在发展，时代在前进，法律体系必须随时代和实践发展而不断发展。”习近平的法治思维随着实践的发展不断丰富、完善，呈现出“三个高度”。

习近平法治思维的第一高度体现在任宁德地委书记期间。1989 年 4 月 20—28 日，福建省七届人大二次会议在福州市召开，时任宁德地委书记的习近平在会议小组讨论会上发言。习近平不仅阐述了法制的重要性：“社会主义建设，不仅需要民主与科学，更需要法制。”还充分分析了民主与法制的关系：“民主与法制是相互依存，相互制约的，二者不可偏废。”政治体制改革需要“不断健全、完善人民代表大会制度，推进社会主义民主与法制建设的步伐，逐步把我国的政治生活纳入法制化、制度化、民主化的轨道。”他一针见血，以独特的视角提出社会主义初级阶段法制存在的问题：“现在普遍反映法制不健全，这里既有立法的不健全，也有执法不力的问题，解决这些问题不能脱离现阶段的国情。执法不力要认真分析，哪些是属于徇私舞弊，哪些应从立法的适度性去考虑执法不力的原因？”他的发言体现了他初具雏形的法治思维，是他最早关于民主与法制的论述，体现了他法治思维的第一高度。

习近平法治思维的第二高度体现在他任福建省省长和浙江省省委书记期间。时任福建省省长的习近平强调“要贯彻依法治省的大战略”，以带领人民群众创造新辉煌。2001 年 2 月 7 日福建省九届人大四次会议召开，时任福建省省长的习近平作政府工作报告。“民主法制进一步加强”是他谈及第十个五年计划奋斗目标的其中重点一点，为了实现这一发展目标就必须“加强民主法制建设”。时任浙江省省委书记的习近平就曾提出“在新形势、新要求下，必须按照建设社会主义法治国家的要求，积极建设‘法治浙江’，逐步把经济、政治、文化和社会生活纳入法治轨道”“和谐社会本质上是法治社会，同时，法治也为社会和谐提供重要保证”。在这一阶段里，他的著作《之江新语》多篇文章系统论述法治思想。“依法治省”理念将习近平的法治思维提高到另一个高度。

党的十八大到十八届四中全会，习近平发表了一系列关于依法治国的重要讲话，体现了他法治思维的第三高度。在纪念宪法公布施行 30 周年大会上，习近平强调：“要坚持依法治国、依法执政、依法行政共同推进，坚持法治国家、法治政府、法治社会一体建设。”在主持中共中央政治局就全面推进依法治国进行第四次集体学习时，他再次强调：“各级领导机关和领导干部要提高运用法治思维和法治方式的能力，努力以法治凝聚改革共识、规范发展行为、促进矛盾化解、保障社会和谐。”十八届四中全会，首度以“依法治国”作为全会的主题，更是习近平法治思维的充分体现。

党的十八届六中全会，不是像以往党的全会那样出台决定，而是出台了《关于新形势下党内政治生活的若干准则》和《中国共产党党内监督条例》两部党内法规，这是全会历史上的第一次，集中体现了以习近平同志为核心的党中央以法的精神、法的意识、法的意志、法的方式来推进全面从严治党的法治思维，是习近平法治思维的第四个高度。

“一江春水一江涛，一山更比一山高。”习近平面对一个又一个的重大历史任务，将“法治思维”的内容提升至四个不同高度。从最初的“民主与法制”，到“依法治省”，再到“依法治国”，再到以法治的方式全面从严治党，可以看出习近平法治思维是一脉相承的，不断深化和发展。法治思维作为现代文明的重要结晶，国家治理体系和治理能力现代化的重要基石，必须成为领导思维的重要内容。

习近平法治思维的四个高度体现出法治思维与其他三个思维的内在关系。一是系统思维。坚持党的领导、人民当家做主和依法治国的统一是社会主义法治实施的保证，只有统筹三者相辅相成相统一，才能更好推进法治落实，加快中国改革的步伐。二是辩证思维。兼顾好国家、社会和人民三者的关系，依法治国才能落到实处，才能构建和谐社会。三是底线思维。“凡事预则立，不预则废。”把问题考虑得复杂、全面一些，最后处理起来才能顺利进行。习近平将法治思维寓于底线思维之中表明，法治思维也是一种底线思维。领导者要坚持和运用好法治思维，还需要培树底线思维。

C H A P T E R 0 6

第六章

底线思维

是故君子安而不忘危，存而不忘亡，治而不忘乱，是以身安而国家可保也。

——《周易·系辞》

知止而后有定，定而后能静，静而后能安，安而后能虑，虑而后能得。

——《礼记·大学》

先讲一个故事。

1985 年，宫本言调任哈尔滨市市长。一上任，他就用了一个月时间领着一班人走街串巷，调查哈尔滨城市建设存在的隐患和危机。随后，宫本言利用 3 年时间组织投资 1.79 亿元，按抵御百年以上一遇洪水的标准修建哈尔滨松花江防洪大堤，将防洪大堤堤面海拔高度提升至 122.80 米，宽度增加为 10 米。为了这道“豪华”江堤，宫本言可是没少挨骂，哈尔滨一些干部群众说他是“好大喜功”，“为个人树碑立传”，“搞面子工程”，他硬是顶着各种压力“一意孤行”，沿江一条线防洪工程与二环路的建设终见分晓。

1998 年，松花江出现“世纪大洪水”，由于松花江防洪大堤的保护，哈尔滨市区没有一人因为防水漫坝而伤亡。这时，人们才理解宫市长的苦心和

"委曲"。人们说，多亏了当年宫市长有远见、有决心，高标准整修江堤，要不今年的大水绝对抗不住！

那么，宫本言运用了什么思维挽哈尔滨危亡于大洪水？

为什么宫本言能"咬定青山不放松，任尔东西南北风"，以"坚定不移"推动松花江防洪建设的"日新月异"？

凡事从最坏处准备，努力争取最好结果，是底线思维的主要特征。运用底线思维，有利于我们在复杂形势任务面前，把问题和风险想深想透想充分，把措施和办法想细想实想周全，努力争取最好结果。如果没有底线思维，就必然会失去底线，没有危机意识，就必然会危机四伏。领导者要坚持底线思维，强化危机意识，运筹帷幄，才能稳中求进、险中取胜。

一、底线思维是多种思维的相交线

习近平创新性地提出"底线思维"并反复强调运用底线思维方法全面深化改革。这是以习近平同志为核心的党中央对全面深化改革伟大任务的理论方法论自觉，也是对广大领导干部提出的明确要求。深入理解习近平提出的底线思维的提出和源流，是正确、准确、持续、协调地推进各项工作和任务的重要保证，是各级领导干部必须高度重视的一个重大理论和实践问题。

（一）底线思维的提出

底线思维是习近平在十八届中央政治局常委会、中央政治局一次会议上创造性地提出的科学思想。习近平在这次会上不是给底线思维下定义，而是提出了善用底线思维的基本要求，即"要善于运用底线思维的方法，从坏处着眼，争取最好的结果，做到有备无患，牢牢把握主动权"。这里，他要求我们以强烈的问题意识，依据底线思维的特点把握复杂形势，解决我们面对的复杂问题。

2013年1月12日，在党的十八届三中全会第二次全体会议上，习近平提出："我们要增强忧患意识、加强底线思维，努力化挑战为机遇，争取战略主动。"

2013年6月28日，在全国组织工作会议上，习近平提出："干部要勤于学，敏于思，认真学习马克思主义理论特别是中国特色社会主义理论体系，掌握贯穿其中的立场、观点、方法，提高战略思维、创新思维、辩证思维、底线思维能力，正确判断形势，始终保持政治上的清醒和坚定。"习近平不仅提出善用和加强底线思维的要求，而且还给出了提高底线思维能力的途径和方法。

2013年12月3日，在中央经济工作会议上，习近平提出："我国正处于跨越'中等收入陷阱'并向高收入国家迈进的历史阶段，矛盾和风险比从低收入国家迈向中等收入国家时更多更繁杂。所以，凡事要从坏处准备，努力争取最好结果，做到有备无患。"这里，他对我们面临形势的"最坏处"做了说明，明确提出要"坚持底线思维"，并把它列为全文的第四大标题，具有极强的针对性——底线思维不是有没有、会不会用的问题，而是必须坚持，而且必须长期坚持的科学思维。

2014年3月1日，针对昆明火车站砍人事件，习近平做出重要指示："要深刻认识反恐形势的严峻性复杂性，强化底线思维，以坚决态度、有力措施，严厉打击各种暴力恐怖犯罪活动，全力维护社会稳定，保障人民群众生命财产安全。"

2014年4月25日，在中共中央政治局第十四次集体学习的讲话中，习近平指出："我们必须保持清醒头脑、强化底线思维，有效防范、管理、处理国家安全风险，有力应对、处置、化解社会安定挑战。"面对日益严峻的安全形势，习近平站在确保国家安全的高度强调强化底线思维在防范和打击暴恐活动的运用。

2015年2月2日，习近平在省部级主要领导干部学习贯彻党的十八届四中全会精神全面推进依法治国专题研讨班强调："领导干部要牢记法律红线不可逾越、法律底线不可触碰。"

2015年6月，习近平日前在贵州调研时强调，要守住发展和生态两条底线。

2016年5月23—25日，习近平在黑龙江考察调研时指出："面对复杂的国内外经济形势，要把保障和改善民生紧紧抓在手上，切实托住这个底。"

习近平的这些重要讲话精神，为我们更好地理解底线思维的内涵提出了方向、提供了理论资源。

（二）底线思维的内涵

有学者提出："底线思维是一种以底线为导向的思维方法和心态。"[①] 这个定义紧紧抓住"底线"这个核心，强调以底线为导向，因此，这个定义比较准确、精当！一般来说，底线思维是一种以底线为导向的思维方法。那么，究竟什么是底线？要深刻理解底线思维的内涵，必须深刻理解底线的内涵。深入学习习近平关于底线的阐述，有利于我们更好地理解底线思维。

底线思维是一种风险思维。具备底线思维意味着认真计算风险，估算可能出现的挑战甚至可能发生的最坏情况，以做到心中有数，防患于未然。在2012年中央经济工作会议上，习近平讲"坚决守住不发生系统性和区域性金融风险的底线""守住底线，做好民生工作"；在十八届中纪委第二次全体会议上，他要求干部"守住底线"；在2013年全国组工会议上，他批评一些干部"基本的规矩都不讲，毫无制度意识、毫无敬畏之心，缺乏为官做人的起码底线"；在2013年中央经济工作会议上，在讲到2013年对经济大势的把握时，他提出"只要增速不滑出底线，就不强力干预"，在讲2014年经济总体要求时，强调"每年7.2的增速是确保改革的发展底线"，在讲社会工作时，再次强调"守住底线"，在讲加强党对全面深化改革的领导时，强调"改革有我们自己的政治原则和底线"。在就关于昆明火车站暴恐事件的指示中和中央政治局第十四次集体学习的讲话中，习近平强调，保护人民生命财安全

---

① 章洋、章忠民：《底线思维：科学的改革方法论》，载《唯实》2013年第4期。

是我们的底线，暴力恐怖活动触犯了人类共同的底线。

从习近平对底线的强调中，我们看到，底线有追求向上和限制下行两种不同的意义。追求向上的底线，制定目标的最低要求、标准；限制下行的底线，必须把持坚守、不可逾越突破的基本原则、准则。底线具有四重规定性。首先，底线是保持事物性质的临界值、量变到质变的分水岭，一旦量变突破底线，事物的性质就会发生根本性的变化。比如“一国两制”的底线是祖国统一，如果突破这一点，“一国两制”的性质就变了。其次，底线在政治上是生命线，在政治方向上，在大是大非上，丝毫不能偏离，丝毫不能动摇。如果偏离了、动摇了，政治生命就完结了，个体的自然生命也可能完结了。再次，底线在价值上是最低标准，要毫无例外地遵守，一点也不能逾越。最后，底线在发展上是最低目标，要不折不扣地完成，不能搞变通。比如当前我们经济增长的速度有一个底线，突破了这条线，矛盾就会加剧，形势就会恶化，局面就会失去控制。对于领导干部来说，底线是党纪、国法、道德的基本要求，是中央和上级规定好的基本路线方针政策，是发展的最低目标，是一丝一毫也不能触动的根本原则。

具体来说，底线思维可以理解为，在工作生活中要以党纪、国法和道德的基本规定和中央的最基本要求时时处处规约我们的思想和行为，贯穿我们思想和行为的始终，领导干部要时时想到突破逾越这些底线的后果，向着最好的方向努力的方法。在这个意义上，底线思维是一种政治思维，是对领导干部的政治要求。

（三）底线思维是一种复合型思维

底线思维是一种符合事物发展规律的思维，按照思维过程，它可以破解为问题意识、忧患意识、规矩意识、责任意识，它是一个包含问题意识、忧患意识、规矩意识、责任意识在内的思维整体。可见，底线思维具有科学属性。底线思维要求从最坏的打算做起，向追求最好的结果努力。因此底线思维实质是一种居安思危、居危思进的复合型思维。

首先，底线思维有着丰富内容，底线思维是一个由问题意识、忧患意识、规矩意识和责任意识构成的整体，是一种科学思维。

其次，底线思维有其内在逻辑。底线意识源于问题意识，前提是忧患意识，基础是明晰和坚守底线，实质是稳中求进，要求是有备无患，关键是牢牢掌握主动权，目的是追求最好的结果，因此，底线思维是一种系统思维。

最后，中央对领导干部运用底线思维的要求不断提高。从“善于运用”到“加强”，从“加强”到“提高能力”，从能力“提高”到敢于勇于“坚持”，从“坚持”再到“强化”，这是一个不断提高要求和增加强度的过程。

如果这样来理解底线思维，那么底线思维与习近平讲到的的战略思维、辩证思维、系统思维、法治思维、历史思维、创新思维虽然强调的侧重点不同，有其特殊性，但又彼此交融，紧密关联、相互贯通。

底线思维是一种战略思维。底线思维是一种战略思维。作为一种战略思维，底线思维要求在谋篇布局、制定战略时，必须把底线放到总体战略的全局中作为重要前提去思考。

底线思维是一种辩证思维，它强调看问题一分为二，兼顾好坏两个方面，它强调抓工作分清主次，实现有守与有为的统一，因此，底线思维是一种辩证思维。

底线思维是一种系统思维，首先，底线是系统的，它不仅包含党纪、国法、道德，还包括中央提出的关于改革发展稳定的一系列基本要求；其次，底线思维是一种系统性的思维，底线思维通过系统的思考和运作告诉人们如何化风险为坦途、变挑战为机遇。底线思维源于问题意识，前提是忧患意识，基础是明晰和坚守底线，实质是稳中求进，要求是有备无患，关键是牢牢掌握主动权，目的是追求最好的结果，它是一个有机联系和不断发展的系统。底线思维包含法治思维，底线思维强调规矩意识，法治是最后的底线，是最严格的规则，因此，法治思维是一种底线思维。

底线思维与历史思维相互包含，坚持历史唯物主义、反对历史虚无主义，是历史思维的核心要义。在 2013 年全国宣传工作会议上，习近平旗帜鲜明地指出：“忘记历史就意味着背叛。历史是客观存在的，历史是最好的教科书。一个没有历史记忆的民族是没有前途的。有人主张不要再搞屈辱史的宣传，应跟上时代潮流，这话不能听。”这是对历史底线的坚守，是一种历史思维，也是一种底线思维。

底线思维还是创新思维的前提和基础，创新不是无原则的创新，它是在坚守底线基础上的创新。

二、底线思维测质量互变的边界线

底线思维定边界，没有不讲边界的领导。底线思维对定领导边界的确定源自底线的内涵。

底线原是指“足球、篮球、羽毛球等运动场地两端的界线”[①]。在社会生活中，底线往往指事物性质的分界线而被用于表示做人、工作、生活的起点、界线、极限、规定、原则、目标、结果等，其核心是指人们可以承受的最低标准。因此，从底线的角度来理解底线思维，可以说，底线思维是一种边界思维。底线思维明确指出什么是不可跨越的底线，从而科学有效地限定了思考、决策、行动和评价的范围，明确了不可逾越的边界。

从底线的边界性来看，底线思维具有以下规定性：

一是底线思维具有方向性。这种方向性既来源于底线之上和底线之下的方向性，也来源于以坚守底线为基础和导向，还来源于在守住底线中努力向前，以争取最好结果为目标。

二是底线思维具有边界性。底线是从事物跨越量质边界的临界线，底线思维是确定底线边界的思维、坚守底线边界的思维，从发展角度来看也是不断提升底线边界的思维。

三是底线思维的原则性。原则是人们通过对自然界和人类社会的现实认识而总结出的必须遵守的必然性。所谓原则性，就是对这种必然性的坚

---

① 《现代汉语词典（修订本）》，商务印书馆2001年版，第88页。

持。中国共产党在领导人民进行革命和建设的过程中形成了一系列基本原则。这些原则是客观规律的反映，是人民根本利益的体现，是革命和建设实践经验的结晶，也是分析和解决实际问题的根本出发点。这就要求我们在建设中国特色社会主义的进程中，始终坚持在任何时候都不能背离党的基本原则。

四是底线思维具有预见性。这是底线思维的最核心的特征。底线思维要求综合考虑各种可能的风险，并找到风险点，针对风险点，及早做好各种应对的预案，体现为建立在忧患意识和风险意识基础上的思维方法和实践方法。

德国社会学家乌尔里希·贝克提出“风险社会”概念，在他看来，当代全球化的发展使原来局部的、区域性的风险越来越扩散成为一种全球性的风险与危机，人们对社会风险的认知和预测越加困难，加之各种风险的累积和叠加，人们对风险的应对和控制难度也不断增加。因此，底线思维也是应对风险意识的体现和预见。预见性包含的风险意识、危机意识、忧患意识要求领导者格外重视，因为没有这些意识，就没有领导安全、社会安全、国家安全、民族安全。

五是底线思维具有辩证性。底线思维不是一般的别的思维，而是既看到好的一面也看到坏的一面的思维，既看到量变又看到质变的思维，是有守与有为相统一的思维。把底线思维理解成单纯守底的思维，理解为一种消极保守的思维，这是对底线思维的误读、误判和误解。底线思维具有辩证性，它并不是消极思维，而是一种积极主动思维。一方面，它要求守住底线；另一方面，它要求主动运用这种思维，思考什么是底线，底线在哪里，底线在系统布局中的战略地位是什么，超越底线的最大危害是什么，有哪些原因会导致超越底线，如何有效远离或规避底线等问题，从而更好地掌握战略主动权。

六是底线思维具有系统性。底线是一个包含法律底线、纪律底线、道德底线和信仰底线等在内的整体，这些底线依次有一个从低向高的层次和结构。因此，底线思维是一种科学的思维方法，特别是一种面临复杂形势、困难局面和重大任务时不可或缺的领导方法和工作方法。

三、底线思维定防患未然的警戒线

习近平一上任中共中央总书记，就提出底线思维，这具有极强的针对性。国防大学的金一南教授也讲过一句振聋发聩的话，中华民族从来没有像今天这样接近民族振兴的目标，也从来没有像今天这样面临精神垮塌的危机。此话不虚！一段时间以来，社会相当一批人特别是领导干部底线频频失守，思想出现滑坡，底线思维缺失，上限思维浓烈，贪大求洋，假公济私，杀鸡取卵，竭泽而渔，贪污受贿，腐败堕落，形势很严峻，后果很严重，一些领导不断触碰党纪国法的高压线，挑战“为政以德”的政治生命性，甚至公序良俗的社会底线，早已远离“领导就是服务”“社会主义领导就是全心全意为人民服务”的本质要求。生于忧患，死于安乐。对于底线思维缺失的严重问题我们必须高度警惕。

领导工作要求我们掌握好方向、程度、边界、速度，以此来确保方向、目标和动力，而这些都离不开底线思维的坚守和运用。底线思维，是我们以底线之尺作为衡量工作最基本的得失标准，是向上努力奋斗的思维工具，是我们应对错综复杂形势的科学方法，更是推动全面深化改革的治理智慧。

（一）领导工作需要底线思维警戒

1. 确保正确领导方向的需要

当前，我们正在推进全面深化改革，全面深化改革本质是什么？全面深化改革是社会主义制度的自我完善和发展，改革是社会主义制度的自我完善和发展。这是改革的本质，也是改革的方向，改革不是改向，正如习近平总书记所讲，“怎么改，改什么，有我们必须坚持的政治原则、政治底线”。

那么，必须坚持什么？改革开放以来，有的经验必须坚持，一是道路，二是方向，三是理论。什么道路？中国特色社会主义道路不能变，坚持共同富裕不能变，必须旗帜鲜明。反对什么？反对两极分化，反对全盘西化；

两极分化不能搞，全盘西化不能搞。社会主义方向理论道路如果不能坚持，共同富裕如果不去实现，就没有坚持社会主义的底线，改革就会出现问题。

所以这时候，我们更需要讲底线思维。什么是底线思维？底线思维就是该坚持的就必须坚持，不坚持就是突破底线思维；该反对的就必须反对，该反对的不反对，还模棱两可，甚至还拥护这玩意儿，那就是违背底线思维，就会像苏共一样犯颠覆性错误。所以，这里底线思维涉及两种方向，一种是必须坚持的方向，另一种是必须反对的方向，这就是底线思维的方向性。这里，我们强调底线思维就是坚持以底线思维的方向性来确保全面深化改革的方向性。

坚守和运用底线思维是确保领导工作不犯颠覆性错误的需要。领导工作需要底线思维确定方向。方向对于领导至关重要，如果方向出了问题，领导就会改向。中国在领导方向上的底线就是，坚持党的领导，贯彻党的基本路线，不走封闭僵化的老路，不走改旗易帜的邪路，坚定中国特色社会主义道路，这是中国共产党成功领导和团结人民的宝贵经验，必须长期坚持。

2. 确保全面深化改革目标的需要

全面深化改革是什么样的改革？全面深化改革是各领域整体推进的改革，是牵一发而动全身的改革，是将改革力度、发展速度、人民群众的承受程度统一起来的改革，要实现这样的改革目标，需要我们要以科学思维来准确推进改革、协调推进改革，这就需要精准的问题意识、强烈的忧患意识、明确的规矩意识、强烈的责任意识，来确定各个领域改革的具体目标，确保经济社会平稳健康有序发展运行。这都需要统一这四个意识的底线思维来确保目标实现。

全面深化改革的实质是什么？它是利益的大调整，改革是最大的红利。在这个最大的红利面前，领导干部能不能运用底线思维，按照党纪国法道德时时规约自己的行为，守住自己的底线，都需要底线思维。说实话，这些扑面而来的困难、近在眼前的利益，给领导干部带来一些困惑、挑战和诱惑，有的人会放松自我要求，有的人会放纵自我。这就需要坚守底线思维。如果突破这个底线，改革还能持续吗？如果不能坚持党纪国法道德的基本要求，不能坚持中央提出的改革的具体要求，会是什么后果？底线都突破了，改革目标还能实现吗？两个百年目标还能实现吗？

改革需要底线思维确定程度。中国改革正逐渐从易向难转变，深化改革，就是要触及既得利益和体制底线，这就需要我们以底线思维来评估利益相关方对于具体改革的承受底线，将改革的程度选定在各利益相关方都能接受的平衡点上。改革不仅需要领导干部运用底线思维预见改革将受到的阻力，科学决策，而且要求领导干部坚守政治底线，不为个人利益所扰，不受部门利益所困，壮士断腕，让利于国，还利于民，推动既定的改革目标如期实现。

3. 凝聚全面深化改革动力的需要

全面深化改革是什么性质的改革？它是啃硬骨头的改革，这是中央对我们的明确要求，能不能按照这些要求来推进改革，敢不敢碰硬，这考验领导干部的底线思维、规矩意识、责任意识。“苟利国家生死以，岂因祸福避趋之。”全面深化改革利国利民，需要领导干部勇于担当，坚持底线思维，为之凝心聚力，提供攻坚克难的持续动力。

全面深化改革症结是什么？是利益固化的藩篱，在我们领导干部身上有没有一些利益固化问题，能不能守住底线？事关能否获得人民群众的拥护，凝聚改革动力的大问题。

全面深化改革，对领导干部的思维方式提出了新的要求，如果能守住底线，改革才能正确准确持续协调推进，就“上”，如果干部不能坚持底线思维，无法推进改革，那就“下”。

（二）缺乏底线思维带来严重问题

习近平提出底线思维最直接的动因是什么，是在领导干部中，突破底线的现象已经频频发生，不讲底线思维的事情已经是层出不穷，已经给改革发展带来了隐患和问题，再不讲底线思维，我们党执政就可能要出大问题。

1. 一些领导的作为偏离正确方向

改革的出发点和落脚点是促进公平正义，增进人民福祉。但是，由于缺乏底线思维，我们党的某些干部在地方改革中胡作非为，频繁挑战底线。

有的同志可能说，我们就是基层干部，这至于使改革改向吗？答案是肯定的。如果改革都突破底线，造成社会不稳定，与党的要求和宗旨背离，削弱党执政基础和政府公信力、信任度，这不还是削蚀党的执政基础吗？最终还不是会改变颜色吗？所以说，不坚持底线思维，我们的改革就会偏离方向。

2. 有些干部对底数不清

底线思维最基础的工作要摸清底数，没有底数，就难设底线，也就没有底气。新华网 2002 年 1 月 27 日发表过题为“书记镇长好荒唐：农业镇每年人均产粮半公斤”的报道，讲述我国西部某县乡镇干部底数不清的问题。

记者在县城采访了两位镇领导。令人稀奇的是，在介绍本镇基本情况时，两位镇领导在数字后不仅都习惯性地加上“大概”“左右”的字眼，而且两个人的口径明显不同。关于镇里的 GDP，书记说是 1 亿多，镇长说有 5 亿多；上一年农民人均纯收入，镇长上报的是 2300 多元，书记“补充”说实际上可能有 2700 元。当记者问去年全镇的粮食产量时，镇长说是 1.8 万公斤。记者对此感到惊讶：“一个人一年只产 0.6 公斤粮食？”书记和镇长嘀咕了一阵子后说，可能是 18 万公斤。在座的镇信用社主任见场面尴尬，便“启发”说：“可能是 18 万吨吧。”书记和镇长便忙说：“对，是 18 万吨，就是 18 万吨。去年有点减产，前年是 19 万吨。”当记者问到底是 1.8 万吨还是 18 万吨时，书记和镇长你看我，我看你，都不置可否。最后，还是信用社主任让人给镇里打电话，才最后确定是 1.8 万吨，人均产粮 600 公斤。

两位镇领导对此反复解释说，“年龄大了，记性不好”“刚来这里，情况不熟”。但据了解，这位书记今年38岁，镇长35岁，属该县年轻的乡镇领导，两人到这个镇上任已有一年半时间。

这两个基层领导干部的回答和解释简直令人哭笑不得。到任一年半了，镇里最基本的情况心里没底儿；刚过而立之年就言年龄大了。这样的领导干部，群众能指望？有人看了这篇报道说，既然“年龄大了”，那就退休回家吧！这种评价当然有些过激，但是干部对治下底数都不清楚，恐怕很难建立底线思维。

3. 有些决策偏离科学标准

底线思维既是一种思维技巧，更是一种科学思维方法。然而，有的领导干部不善于运用底线思维，对事情往往不爱做最严重的估计、最底线的打算。比如，搞工程或举办活动，一味地想着如何将活动贪大求洋，以显示自己的辉煌政绩，但是往往忽略了这些工程或活动的风险有多大、困难有多少。更不知，一旦出现变故、发生意外，如何随机应变、化险为夷。西北某省区的一个县是一个财力只有3000万元的贫困县，计划斥资60多亿元建新城；一场历时10年的造新城运动，结果是留下了一堆“烂尾楼”。像这样“乌托邦”新城成为“鬼城”的事件屡见不鲜。

不可否认，一心寻求胜利和渴望成功，当然是一种干事热情、创业自信的生动体现，然而，唯物辩证法告诉我们，任何事都不可能一帆风顺，必须提前做一些坏的打算。这就好比领兵打仗，战前要充分考虑，如果中途遭遇怎么打，如果规定时间内久攻不下某高地怎么办，如何从多方面寻求补救措施，有没有别的战法，如何请求援兵，等等。唯有如此，才能把握主动权，避免出现最坏的结果。

4. 有些改革出现异化

改革目的是什么？完善和发展社会主义制度，促进人的全面发展，实现全体人民共同富裕。这样的改革人民拥护、人民支持，改革才有持续动力。

现在的问题是，有的干部不讲党纪国法道德，缺乏底线思维，官黑勾结，官商勾结，特别是与房地产商建筑商勾结起来，非法强拆强迁，侵犯人民利益，这已经违背了中国特色社会主义的基本原则，也有悖人的全面发展的总目标。这种改革人们当然不会支持，不会拥护，这样的改革当然进行不下去。人民不但不会和你一起干，还要和你对着干！近些年暴力性群体事件为什么频发？很大程度上是一部分人在城镇化改革中突破了中央要求的底线，突破了百姓能承受的底线。

比如“教育产业化”，就存在严重问题，部分低收入家庭的子女会因无力负担高额费用，而被剥夺平等接受良好教育的权利；而更多的家庭只能减少其他开支，忍受过重的教育收费。与此同时，另一部分经济承受能力较强家庭的子女，学习成绩和资质都很一般，却能够通过“买分”进入教育质量高、办学条件好的学校接受教育。这样的结果还会导致公办学校、民办学校都出现“平价生”与“高价生”的等级区分，以致在最不该形成阶层和等级的领域出现沟壑，既造成教育机会的不均等和社会的不公平，也给经济承受能力较弱家庭子女的身心健康造成伤害，同时对讲求有教无类和传承美德的教育受到侵蚀。这种不讲底线思维的“教改”，明显违背了教育的宗旨，偏离了和谐社会的目标。党的十八大把教育放在“改善民生和加强社会建设”之首，提出了“努力办好人民满意的教育”的要求，这就是党的十八大确定的教育改革的底线。

所以说，缺乏底线思维，不坚持底线思维，具体改革就难持续，就会失去持续下去的动力。

唯物辩证法讲原因强调：事物的发展是内外因共同作用的结果，内因是事物发展的根据，底线思维缺乏，首先是底线意识不强。从最根本上来说，是有些领导干部意识的“总开关”出了问题，世界观、人生观、价值观、权力观、政绩观、利益观这些事关领导干部底线的“总开关”出了问题，从上而下的拉力就失去了。具体地说，一些领导干部的问题意识、忧患意识、规矩意识，责任意识不强，导致底线思维缺失，即使有底线思维也不能坚持。

外因是事物发展的条件。导致底线思维缺失的外因主要有两个方面，一是我们对领导干部底线的监督管理不够。二是对重底线明底线守底线的文化建设不足。因此，坚持和培育有利于全面深化改革的底线思维也要从这两个方面着手。

四、底线思维设正心修身的高压线

坚持和培育底线思维，是相辅相成的两件事，什么是坚持？就是已经有的要求、规定要不折不扣地执行，中央、省里已经明确的，干部自己已经有的正确的底线，就要坚持。那什么是培育？就是还没有建立起来的，上面或部门、单位、个人还需要明确的最低指标和自己还缺乏的、不足的底线，你要明确并且大力培养。

（一）强化底线意识

常听人讲："一念之差，铸成大错！"之所以如此，往往是因为头脑中没有底线意识。很多人，尤其对我们的领导干部而言，往往有是非观念，但是缺乏底线意识，以至于超越底线，做了不该做的事情，痛心疾首、追悔莫及。底线意识是指做人做事必须坚守的最低或者是最起码的标准、最基本的要求，也是人应遵循的基本准则和规范。它是人大脑中的一根弦，能在关键时刻一旦触碰就会发出警示之音，让人猛然惊醒；它也是大脑中的一道红线，能在关键时刻让人三思而行，望而却步。因此，树立底线意识至关重要。

要提高对有利于全面深化改革底线思维的认识，对坚持什么，反对什么，怎么坚持，怎么反对起码要有这个底线意识，最基本要求就是，明晰底线意识、筑牢底线意识、坚守底线思维。

1. 从宏观上，把握好事关底线意识的总开关

既然底线在思想政治上是生命线，在价值上是最低标准，是不可逾越的

高压线、警戒线，我们就需把握好事关底线意识的总开关，坚定理想信念，树立正确的世界观、人生观、价值观、权力观、政绩观、利益观。单纯守底线是守不住的，重要的是每人头脑中还要有一条神圣的“上限”，以此形成向上的拉力，来拉动我们不掉落在底线之下；要牢记人民的根本利益，牢记党的根本要求，牢记法纪的根本要求，牢记道德的根本约束，牢记突破底线思维的危害；不把党装到心中，不把人民装在心中，能守住底线吗？心中有党纪，心中有国法，心中有道德，心中有中央的基本要求，就能守住纪律底线、法的底线、道德的底线。

2. 从中观上，明确底线体系

党的十八大以来，习近平的系列重要讲话体现了战略思维、历史思维、辩证思维、创新思维、底线思维等思维方法。尽管这些思维方法各有其内涵、特征，在分析和解决问题中也有着不同的启示和作用，但总体上来看，都是科学的思想方法，彼此之间有着密切的联系。要确立和运用底线思维，也离不开对这些思维方法的系统学习和运用。只有具备战略思维能力，才能高瞻远瞩、统揽全局，把握事物发展的总体趋势和方向，也才能以长远眼光和全局视角对可能出现的危机和风险进行预判；只有具备历史思维能力，才能以史为鉴、知古鉴今，把握历史规律、认清历史形势，从而处变不惊、未雨绸缪；只有具备辩证思维能力，才能抓住关键、找准重点，既看到有利一面，又看到不利一面，克服片面化、极端化；只有具备创新思维能力，才能与时俱进、开拓创新，打破迷信经验、本本和权威的惯性思维，打开工作的新局面。简而言之，底线思维不是孤立的，只有全面学习和把握科学的思想方法，才能真正确立和运用底线思维，增加工作的科学性、预先性、主动性和创造性。

全面提升科学思维能力，要落实在把握好中央关于全面深化改革基本要求上。习近平运用底线思维考虑各个方面的问题，阐述了一些重要方面的基本底线。结合我们的实际，明确改革要坚持什么，反对什么，不折不扣地执行中央提出的改革底线，不能搞变通。

他在谈到政治改革时指出，坚定不移走中国特色社会主义道路，不走封闭僵化的老路，不走改旗易帜的邪路，不能犯颠覆性错误。

在谈到经济改革时强调，我们要保持清醒头脑，深刻认识和高度重视经济运行中的突出矛盾和问题，坚持底线思维，保证国家经济安全。

我们要有发展目标上的底线思维，结构改革上的底线思维，如果出现长时间的经济下滑，别说经济转型实现不了，恐怕连基本的社会稳定也会受到影响。所以更要清醒认识、稳中求进，没有进就稳不住、稳不了，必须在提高经济发展质量和效益的前提下，保持一定的发展速度。

在谈到生态体制改革时指出，在生态环境保护问题上，要划定并严守生态红线，“要牢固树立生态红线的观念”，就是要不能越雷池一步。这里的“生态红线”也是底线。

中国18亿亩的耕地红线也要守住。耕地红线“硬指标”要守，保障建设用地的“硬需求”也要为，可见，坚持底线思维还需要坚持辩证思维。将土地利用总体规划与重点产业发展规划对接统筹谋划用地方案，还要建立沟通协调和大项目推进机制，各种改革发展目标统一起来，协调发展。习近平在谈到对外工作时指出，国家核心利益是我们不能退却的底线。他在谈到党建改革时指出，一些人心里没有任何敬畏，行为没有任何底线，需要引起高度的重视。坚持和培育底线思维，必须要严防死守这些底线。

3. 从微观上，培育构成底线思维的问题意识、忧患意识、规矩意识、责任意识

（1）培育问题意识。爱因斯坦强调：“发现问题和系统阐述问题可能要比得到解答更为重要。”领导过程，也是一个不断发现问题、解决问题的过程。

进入21世纪以来，北京东三环路的京广桥多次发生塌陷事故。为什么京广桥会发生塌陷事故？这是一个由表面的塌陷问题引出的深层问题，领导干部所真正要看到的是表面问题背后的深层问题。时任北京市市长的王岐山

通过调研发现，在表面光鲜亮丽的北京城的地底下，居然埋着500多公里老旧管线，178公里的被腐蚀管线，甚至还有明清时期的100余公里的旧沟仍在超期服役，更多的地下管线是20世纪50年代建成的，目前连设计图纸都没影了，管网体系成为北京城市基础建设最大的隐患①。

怎么办？王岐山说："我的小学老师讲过一句话，'聪明的孩子不怕摔跤，但是不能在同一个地方摔跤'。我们不能把所有老城区的地下都翻个底儿朝天，但是我们可以把握新城区建设的脉络。"京广桥事件后，市政府在有序改造北京地下旧管网的同时，邀请有关专家评估整个CBD地区、中关村西区和海淀、北部新区的地质状况，实现了这些新建城区地下管线的数字化管理。

从总体上来看改革，应当充分肯定当前我国经济社会发展取得的成就，看到我国经济社会发展的基本面长期向好的态势，但是，也要看到，国内各种不利因素的长期性、复杂性、曲折性，我们不能回避矛盾，也不能掩盖问题，从坏处准备，争取最好的结果。这就需要一个主动查摆问题、分析问题的问题意识。

问题意识与实践活动紧密相连。没有实践，表面的问题就会干扰我们的视线，问题往往是主观臆断的，办法常常也是不切实际的空想，对策也恐怕是"坐而论道""纸上谈兵"。

全面深化改革要解决的都是些深层次问题，发现改革面临的问题，也要发现改革中出现的问题，还要善于发现改革中自身显现出的问题，对存在的问题不掩盖、不回避、不推脱，否则就会使小问题演化成大问题。例如，西部某地城镇化改革就是缺乏问题意识，对于新区建设缺乏底线思维，没有做必要的地质评估，将新区建在地震带上，问题出现后，

① 王岐山:《管好新北京　以维护城市安全高效运行》，http: //news.xinhuanet.com/politics/2006-01/15/content_4053865.htm。

又不能正视和解决，一味掩盖、推托、回避，结果酿成重大恶性群体性事件。

底线如果出险、决堤，不是一下子就触及底线的，而是无数看似小风险慢慢积累，慢慢拖延而导致的，是一些部门领导为了某些所谓政绩而把萌芽中的小风险捂着、掖着、盖着、藏着，最终一发而不可收拾，千里之堤毁于蚁穴！

可见，问题意识至关重要，只有培育问题意识，才能养成底线思维。漠河县城镇化过程中，就有强烈的问题意识，面对某上级领导秘书不断催促扒掉木刻楞的要求，他们深知，文化建筑一旦扒掉就不可再生，因此保护原建筑整体结构和面貌，是文化遗产保护的底线，所以，他们仅仅扒了那几间单独而且已经破损严重没有修复价值的木刻楞，对成片的则建立了保护区，采用保持原来外貌而在房屋内部开发成旅店或酒店的形式，既保住了木刻楞文化，又发展了旅游经济。可见，强化问题意识，有利于认准底线要求，克服短期行为的冲动和诱惑。

（2）培育忧患意识。忧患意识也称危机意识，是中华文化的一个基本意识。尤其是近代以来，中华民族饱受内忧外患，忧患意识也更进一步地积淀于民族心理意识中。中国共产党在领导中国革命和建设的进程中，也始终告诫全党同志“常怀忧党之心”。因此，底线思维一经提出便引起全党和全社会的共鸣。

忧患意识是一种对风险和危机清醒的预见意识和防范意识，有了这种意识，就能居安思危，未雨绸缪。

“人无远虑，必有近忧。”可以说，没有一种忧患意识，就没往最坏处着想，就难以找到发展的短板。

“先天下之忧而忧，后天下之乐而乐。”领导干部以群众之忧为忧，以群众之乐为乐，时刻把群众的担忧放在心头，时刻把群众的利益放在心头，就会有强烈的忧患意识，这是发现短板的动力。

焦裕禄同志讲过：“吃别人嚼过的馍没味儿。”我们无论做什么事情，一定要亲自实践，掌握第一手资料。一个领导干部，不能坐在办公室里，光听工作汇报，光打电话指挥，而应该深入实际、深入基层、调查研究，掌握第一手资料，只有这样，才能发现风险，防范危机，心中有数，心中有底，高瞻远瞩，通盘考虑。

在应对各种突发事件、矛盾冲突、危机局面，在处理解决事关国家利益、群众利益的大事要事难事急事等各种敏感之事时，要以极强的历史担当，有效防范负面因素、堵塞决策管理漏洞、防止社会动荡，充分发挥底线思维设置“最低防线”与确保“危机最小化”的功能。

那么，从逻辑思维角度，如何强化忧患意识？强化忧患意识依次需要把握三个关键环节。

一是察觉评估风险，找到底线。经过调研对存在的问题及其可能引发的风险进行清醒认识，是确定底线的基本依据。

二是防范应对风险，守住底线。应当看到，仅仅看到风险是不够的，关键是如何防范和应对风险。这就要善于未雨绸缪，保持清醒头脑，提前做好预防准备。只有善于把握事物的发展趋势并依据对客观规律的正确认识，方能做出准确的推测或判断，从而遇事不慌，处变不惊，有效地应对风险，这是树立底线思维的关键。

三是主动化解风险，使决策优于底线。底线思维是一种关注矛盾转化的主动性思维，也是一种积极决策的过程。在防范风险的同时，更重要的是通过积极转化，从坏处准备，向好处努力，最终取得好的成果。底线思维不是停留在对风险的被动防守，而是以主动积极的姿态应对风险，通过改革创新化解风险，最终取得良好的结果，这是树立底线思维的最终目标。

（3）强化规矩意识。规矩意识是讲原则、按规定办事，这是底线思维的集中体现。朱镕基曾为自己约法三章：不题词、不剪彩、不收礼。朱镕基破过例没有呢？破过。他曾为某会计学院题词“不做假账”，显然，这一题词也是一种典型的底线意识的体现。

河北灵寿县委各部门60多年来一直坚持平房办公没有搬迁，河南卢氏县委坚持在平房中办公。他们把钱花到了学校上、花到了民生项目上，有了这种权为民所用，利为民所谋的规矩意识，就能遵章守纪，恪尽职守，抵制诱惑，拒腐防变，保持旺盛的革命意志。

“道虽迩，不行不至；事虽小，不为不成。”强化规矩意识，还必须从干做起，从小抓起。以既善于抓大又善于抓小而闻名的王岐山同志有一句名言，“魔鬼就在细节中”。在他看来，对于领导者，在要害问题上的大思路、大战略，都不能代替对细节时时处处的把握。百密难免一疏，而这一疏完全可能影响甚至危害整个决策。

2005 年“两会”期间，王岐山披露了一个由于忽视细节导致政策无法落地的真实案例。2004 年，为节约用水，北京市政府提议对居民生活用水实行阶梯式收费，由于跟市民生活密切相关，这一政策措施受到了广泛关注。然而，到了 2004 年下半年，北京市却发文暂缓执行这一政策。为什么？原来，就在居民生活用水阶梯式收费政策经研究通过，就在仅差一道手续正式发文实施的最后关头，王岐山在调查中发现，北京市居民当时所用的水表根本不能定时计水，实施梯级水价的配套技术手段并不具备。为此，王岐山向市委诚恳检讨。王岐山由此感慨：城市政府最怕就是“数字不清，情况不明”，如果基础细节出了问题，还谈何服务型政府？

按照系统论的观点，现代社会的整体进步是在多层次的局部发展和细节完善的基础上实现的。完善细节，是事物发展和改革深化的重要形式，也是真正解决问题的迫切要求。见事于细微，防患于未然，不仅保证了领导决策的及时有效，力避损失，少走弯路，而且密切了官兵关系、干群关系，增强了凝聚力和战斗力。所以，“过细地工作”，就成为党对各级领导干部的一个基本要求。

一群老鼠开会，讨论怎样对付猫的袭击。一只聪明的老鼠提出，给猫的脖子上挂一个铃铛。猫来的时候，铃铛就会响，老鼠不就可以及时跑掉了吗？大家公认这是一个好主意。可是，由谁去给猫挂铃铛？怎样才能挂得上呢？

细节问题却无从解决。于是，“给猫挂铃铛”就成了一句鼠辈的空话、人类的笑谈。人们由衷地希望，那些高高在上、好说空话的领导干部以此为戒，多关注一些基层，多注意解决一些具体问题。

老子说：“天下难事，必作于易；天下大事，必作于细。”《淮南子》也讲：“非易不可以治大，非简不可以合众。”群众路线教育实践活动之所以取得成效，很大的原因就在于中央运用底线思维，为了避免作风建设流于形式、陷入空谈，而从那些“轻车简从、减少陪同、简化接待，不张贴悬挂标语横幅，不安排群众迎送，不铺设迎宾地毯，不摆放花草，不安排宴请”“提高会议实效，开短会、讲短话，力戒空话、套话”等具体的细节入手，带头践行“八项规定”，使群众路线落到实处。从八项规定这个切入口和动员令开始，通过“三严三实”和“两学一做”，我们党不断改进作风，推动全面从严治党不断迈上新台阶。

习近平在十八届中央纪委三次全会上指出，领导干部要心存敬畏，不要心存侥幸。这一告诫再次明确了一个道理：要培育规矩意识，靠侥幸过日子，迟早要跌跟头。然而，古往今来却总有人在常识上犯错误。大家都知道“守株待兔”的故事，一个农民，原本要靠辛勤的劳作养家糊口过日子，只因偶然捡到一只不小心撞死在树上的兔子，就突发奇想，放下锄头，不再劳作了，放弃了农民务农的生存底线，这不是走上了生活的邪路吗？怪不得当时宋国人笑话他，后世人也嘲笑他。

守株待兔者被人笑了几千年，可依然继者不绝。腐败分子就是典型代表。面对严格的党纪国法，谁都知道为官者不能以公权谋取私利。可是，总有人以各种方式搞贪污受贿、巧取豪夺、权色交易等。诱使他们搞腐败的思想动因之一，就是侥幸心理。由于多方面原因，有的腐败分子长期没有被揭露，没有受到相应惩罚。但是，能把这种人的侥幸当作自己搞腐败的理由吗？显然不能。须知，偶然是例外，必然是常态。“若想人不知，除非己莫为”“手莫伸，伸手必被捉”。有人腐败或许因“侥幸”一时躲过惩处，但保不齐明天就会被发现和查处。这样的事情真是太多了！话说回来，即便有这种侥幸，腐败分子的日子就真的好过了吗？当年唐太宗李世民曾对臣下有过这样一番谈话：贪财受贿必受惩处。受贿的人即使事情不暴露，难道就不担惊受怕吗？一个人在恐惧中生活，能活长久吗？他呼吁：“大丈夫岂得苟贪财物，以害身命，使子孙每怀愧耻耶？”因此，必须严以律己，始终强化规矩意识。

（4）培育责任意识。在推动改革发展上，要树立功成不必在我的大责任观，要强化钉钉子的精神，要培育钉钉子精神和功成不必在我的精神，以此来明确我们干部应有的履职尽责的底线，在个人要求上，要以入党宣誓约束自己，承担起自己的责任。

（二）学会底线分析方法

“方法是真理的胚胎学。”培育底线思维的目的不在于单纯地了解底线思维的概念，也不在于单纯地了解有哪些底线，而在于习近平总书记要求的“善于运用底线思维的方法”。要善于运用“五步分析法”、SWOT 分析法、SMART 分析法等底线思维方法来划定底线、坚守底线、在发展中创造更高的底线。

1. “五步分析法”

当面对任务时，领导者应时时依次提醒自己五个问题：

一是有没有底线？

二是底线在哪里，具体有哪些底线？

三是这些底线能否突破，突破的后果会怎样？

四是突破这些底线都会触及哪些客体与对象，而防范这些底线的主体又是谁？

五是守住这些底线的路径与举措是什么?

2. SWOT 分析法

SWOT 分析法又称为态势分析法，是一种能够比较客观而准确地分析和研究一个组织现实情况的方法。SWOT 四个英文字母分别代表：优势(Strength)、劣势(Weakness)、机会(Opportunity)、威胁(Threat)。从整体上看，SWOT 可以分为两部分：第一部分为 SW，主要用来分析内部条件；第二部分为 OT，主要用来分析外部条件。

利用这种方法可以从中找出对自己有利的值得发扬的因素，以及对自己不利的要回避的东西，发现存在的问题，找出解决办法，并明确以后的发展方向。

通过这种分析，可以将问题按轻重缓急分类，明确哪些是目前急需解决的问题，哪些是可以稍微拖后的事情，哪些属于战略目标上的障碍，哪些属于战术上的问题，并将这些研究对象列举出来，依照矩阵形式排列，然后用系统分析的思想，把各种因素相互匹配起来加以分析，从中得出一系列相应的结论，有利于领导者在注重风险防范的前提下明确底线，做出守住底线，向更好方向努力的决策。

3. SMART 分析法

SMART 分析法是一种目标管理法。这种方法提醒人们不能只顾低头拉车，而不抬头看路，最终忘了自己的主要目标，逾越了自己的底线。

SMART 五个英文字母分别代表：具体(Specific)、可度量(Measurable)、可实现(Attainable)、现实性(Realistic)、有时限(Time bound)。具体的意思是：

S 代表具体，是指绩效考核要切中特定的工作指标，不能笼统。

M 代表可度量，是指绩效指标是数量化或者行为化的，验证这些绩效指标的数据或者信息是可以获得的。

A 代表可实现，是指绩效指标在付出努力的情况下可以实现，避免设立过高或过低的目标。

R 代表现实性，是指绩效指标是实实在在的，可以证明和观察。

T 代表有时限，是指注重完成绩效指标的特定期限。

通过 SMART 分析，领导目标的确定需要考虑诸多现实的底线限制，根据工作任务的权重、事情的轻重缓急，拟定出完成目标项目的时间要求，定期检查项目的完成进度，及时掌握项目进展的变化情况，以方便对下属进行及时的工作指导，以及根据工作计划的异常情况变化及时地调整工作计划，是培育底线思维的有效工作方法。

4.“木桶”分析法

管理学上有个木桶效应，讲的是木桶装水的多少取决于那块最短的板，我们在做领导工作时，找到这块“短板”，并制定相应决策，也是一种底线思维。

事实上，短板难找，当我们自身或者组织没有明显的短板时，考虑整个木桶，也会对我们培育底线思维有帮助。

生活中，一个木桶储水量多少，我们有五看：

一看桶的直径大还是小。这是木桶的容量，这代表组织的包容性。

二看桶的形状圆不圆。这是因为木板相同时，结构决定力量。

三看板间的缝隙大不大。横向的配合，团队合作是否紧密。

四看板的厚度够不够。看自己的抗压能力如何。

五看桶底结实度怎样。这是看组织对底线的明晰程度、物质和精神基础。

通过这“五看”，从我们所拥有的木桶的实际出发，明确底线，坚守底线，就有所依据，也有助于我们培育底线思维。

（三）加强底线管理

有底线意识是运用底线思维的前提，但是，仅仅有底线意识还是不够的，还需要加强底线管理，建立坚持和培育底线思维的机制。

1. 加强对干部坚守底线的规约

（1）建立健全改革评估机制。

推行改革风险评估机制是科学培育有利于深化改革的底线思维的保障。

改革风险评估机制是对重大政策调整进行风险评估的机制。在与人民利益密切相关的政策出台前，要求启动这一机制，即对其可能影响社会稳定的因素开展系统的调查，科学的预测、分析和评估，制定风险应对策略和预案。这种评价主要有四项评估内容。

一是合法性评估。对拟出台的政策和重大事项的合法合规性展开评估，考察其是否属于行为主体的职权范围，其草案形成过程是否经过法定程序，是否符合法律法规规章的规定等。

二是合理性评估。对重大决策的合理性评估，评价其是否符合本省、本系统近期和长远发展规划，是否兼顾了各方利益群体的不同需求，是否考虑了地区的平衡性、社会的稳定性、发展的持续性。

三是加强可行性评估和不可行性评估。凡是没有经过充分科学论证的，凡是不符合大多数人民群众意愿的，凡是决策所需人力、财力、物力不在所在地可承受的范围内的，凡是缺乏保障的，凡是不能确保连续性和稳定性的，凡是时机不成熟的决策，坚决不能上马和实施。

四是可控性评估。除评估风险极高的重大决策停止实施外，那些评估结果为社会风险较高、较低和极低的决策，也要评估其对所涉及区域、行业群众利益和生产生活的影响，评估群众对这些影响的承受能力，对决策引发矛盾纠纷、群体性事件的可能性及可控性进行评估。推广重大决策社会风险评估机制，以其规范性和强制性，从外部推动领导干部运用底线思维，从而为改革的健康运行提供一种机制保障。

我们要健全社会稳定评估机制。遇到关系复杂、牵涉面广、矛盾突出的问题，要及时深入了解群众实际生活情况怎么样，群众诉求是什么，改革能给群众带来的利益有多少，从人民利益出发谋划思路、制定举措、推进落实。

（2）建立改革效果的科学评价机制，以是否有利于发展社会主义社会的生产力、是否有利于增强社会主义国家的综合实力、是否有利于提高人民的生活水平、是否有利于促进社会公平正义为目的。

（3）加强对干部底线的监督管理。

要以党章为镜，以严格“八项规定”为抓手，以“三严三实”“两学一做”为契机，加强对干部明底线守底线的教育。各级党组织要加强对党员干部的教育、管理、监督，用好选人用人考德这根杠杆，引导党员干部堂堂正正做人、老老实实干事、清清白白为官。

加强对领导干部明底线守底线的监督考核是保证。决定领导干部讲不讲底线、是否进行底线思维的重要因素是对领导干部的底线监督管理得怎么样，是听之任之、嘴上说说、姑且听听、保密管理，还是实抓实管，真查真罚？底线管理直接关系着领导干部的对底线重视程度、对底线思维的运用程度。要加强底线管理，就要明确底线系统中法律底线、纪律底线、利益底线、道德底线、信仰底线的层次性和整体性，拓宽底线管理的范围，缩短底线考核的周期，规范底线管理的程序，来确保改革中用权不求特权、为公利而不图私利。

2. 领导干部加强对底线的自我管理

走上领导岗位虽易，但守住底线不易，且行且珍惜。习近平在十八届中央纪委二次全会上指出，干部廉洁自律的关键在于守住底线。只要能守住做人、处事、用权、交友的底线，就能守住党和人民交给自己的政治责任，守住自己的政治生命线，守住正确的人生价值。为此，领导干部要树立正确的世界观、人生观、价值观、权力观、政绩观，明白做人，实在处事，谨慎用权，交诤诤友。

一要守住做人的底线。古人云：“为政以德。”做官先做人，人品决定官品。“人品”是一个人的人格品行、道德水准的综合体现，它反映了一个人的基本精神风貌。只有堂堂正正地做人，才能清清白白地做官。一个大吃二喝、追求奢侈、结果是肥胖成疾的人，一个随心所欲、娱乐无度、结果是劳民伤财的人，一个恶俗媚俗、声色犬马、结果是道德沦丧的人，一个朝三暮四、寻花问柳、结果是妻离子散的人，怎么可能做一个好的领导者？通过腐败分子的忏悔录、央视播放的警示教育片，不难看出，思想道德底线、生活道德底线、伦理道德底线、职业道德底线、政治道德底线是领导者做人做官的五重防线，如果守不住思想道德底线，生活就必然会出现腐化，随后伦理就会出现异化、职业就会丑化，最后政治上就会蜕化。领导者要自觉强化道德修养，严守整个道德底线体系，特别是要牢牢把住思想道德底线这第一道关口。习近平在党的群众路线教育实践活动总结大会上的讲话中提出："思想上松一寸，行动上就会散一尺。思想认识问题一时解决了，不等于永远解决。就像房间需要经常打扫一样，思想上的灰尘也要经常打扫，镜子要经常照，衣冠要随时正，有灰尘就要洗洗澡，出毛病就要治治病。"曾子曰："吾日三省吾身；为人谋而不忠乎？与朋友交而不信乎？传不习乎？"曾子在继承和发扬儒学精神方面取得了显著成就，被后世尊为"宗圣"。我们要学习曾子的精神，每天多次省察自己：替人谋事有没有不尽心尽力的地方？与朋友交往是不是有不诚信之处？师长的传授有没有复习？只有像曾子这样，领导者才能筑牢底线思维的基础。

二要守住处事的底线。领导干部不仅要远离日常生活中的高压线，也要时刻牢记党纪国法这个事业上的"高压线"。只有依法依规想事情办事情，才能使底线思维在心里扎根，反过来指导行动。一个不依法办事的领导干部，总会逾越法律红线，也会逾越道德底线，最终必然走向腐化堕落。在处事方面，领导干部对自己要比普通群众更加严格，不让别人做的，自己坚决不做；要求别人做的，自己首先做到。

三要守住用权底线。守住用权底线，就是要做到"严以用权"，即坚持用权为民，按规则、按制度行使权力，把权力关进制度的笼子里，任何时候都不搞特权、不以权谋私。领导干部在组织中要当"仆人"不当"老爷"、当"班长"不当"家长"、拉"袖子"不拉"票子"、用权而不弄权，否则，就会导致领导者权力的腐败。

清正廉洁，是共产党人的政治品格和行为准则，是领导干部从政的底线，是一条带电的"高压线"，绝不能随意触碰。"九功不抵一过"。一个领导干部如果在廉政上出问题，所有的成绩和名誉都会毁于一旦。所以，一定要常怀律己之心，常思贪欲之害，坚守思想防线和行为底线，严格管束配偶、子女和身边工作人员，始终保持艰苦朴素的优良作风。

四要守住交友的底线。人是一种社会动物，总有一种归属的需要和社会交往的需要。和普通人一样，领导干部自然也拥有与人交往的权利。但是，领导干部因手中掌握着或大或小的权力，而权力是对人、财、物和信息等资源的配置权，一旦权力在手，金钱、美色等诱惑就会围上前来，领导干部在交友时就要经得起诱惑，树立什么样的交往观，建立什么样的交际圈，与什么样的人交朋友，绝不仅仅是领导干部个人的小事小节问题，而是关系一个组织和集体的大问题。2014 年 5 月 8 日，习近平在同中央办公厅各单位班子成员和干部职工代表座谈时的讲话中指出："交往要有原则、有界线、有规矩，低调为人、谨慎交友，自觉净化自己的社交圈、生活圈、朋友圈，不能什么饭都吃、什么酒都喝、什么人都交、什么话都说。"特别是在处理政商关系问题上，要牢记"清""亲"二字，不要勾肩搭背、不分彼此，要划出公私分明的底线。要时刻警惕个别人的"感情投资"和形形色色的"公关"，对那些别有用心的交往，领导干部应该当断则断，绝对不能把那些哥们义气等社会陋习带到党内生活中来，带到实际工作中来，否则个人要跌大跟头，组织也会蒙受大损失。

（四）弘扬底线文化

弘扬底线文化，滋养底线思维，一要养好"丹田"，培育领导底气；二要种好责任田，搞好领导工作；三要育好心田，提升人生境界。

底线思维文化源远流长，懂规矩、讲原则、顾大局、讲气节的人类文化精神思想非常丰富，有谚云：若不努力向上，必每况愈下。中国传统文化是饱含底线思想和底线思维思想的富矿。在今天的历史进程中，要想科学培育底线思维，必须加强底线文化的滋养，弘扬底线文化，是培育底线思维的根本。

1. 弘扬中国传统文化中底线思想

中国传统文化是饱含底线思想和底线思维思想的富矿，防风险、重忧患、懂规矩、讲原则、顾大局、讲气节的底线精神思想非常丰富，源远流长。

首先，弘扬明底线文化。底线思维以底线为导向，时时处处明底线、守底线，向好的方向努力。因此，底线思维是中国传统优秀文化中明底线守底线精神的时代体现，是对中国优秀传统思维艺术的当代结晶。《孟子·告子下》中讲“生于忧患，死于安乐”；《孟子·离娄上》讲“没有规矩，不成方圆”；等等，这都是我们重视底线、明确底线的精神财富。

其次，弘扬守底线文化。我们要学习苏武牧羊，坚守民族气节；学习强项县令董宣，坚守法律尊严；学习老子《道德经》，“多言数穷，不如守中”。诸葛亮在《便宜十六策·治乱第十二》中强调：“治国者，圆不失规，方不失矩，本不失末，为政不失其道。万事可成。”朱元璋则给新任官员上的必修课就是“守井”，他要求，官员要老老实实当官，守着自己的奉禄过日子，就好像守着“一口井”，井水虽不满，但可天天汲取，用之不尽。

《论语·卫灵公》中有“人无远虑，必有近忧”。讲一个人如果没有长远的打算，就会有即将临近的忧患。《左转·襄公十一年》讲：“居安思危；思则有备，有备无患。”处于安逸的环境里，要考虑可能出现的危险和困难，这么想了就会有准备，有准备就没有祸患了。梁简文帝《蒙华林园诫诗》中有“居高常虑缺，持满每忧盈”的诗句充满了忧患意识，这句诗的意思是讲，处于高位之时，应常常考虑会有被免职的时候；处于盈满的地位时，要经常想到会有溢出来的时候。《乐府诗集·君子行》中有“君子防未然，不处嫌疑间”也讲聪明人注意预防尚未酿成的事端，使自己免遭怀疑。这些短语、诗句无不体现出古人对底线认识的智慧。

学习这些思想，不仅能提醒我们严守底线，还能掌握坚守底线的方法。比如《礼记·大学》里就讲：“知止而后有定，定而后能静，静而后能安，安而后能虑，虑而后能得。”

“入则恳恳以尽忠，出则谦谦以自悔。”面对纷繁复杂的社会现实，党员干部特别是领导干部务必把加强道德修养作为十分重要的人生必修课，自觉从中华优秀传统文化中汲取营养，老老实实向人民群众学习，时时处处见贤思齐，以严格标准加强自律、接受他律，努力以道德的力量去赢得人心、赢得事业成就。

2. 弘扬马克思主义的底线思维

恩格斯曾指出：“一个民族想要站在科学的最高峰，就一刻也不能没有理论思维。”[①] 事实上，不仅是站在科学的最高峰需要理论思维，站在世界民族之林也需要理论思维。习近平在中央政治局第十一次集体学习时讲：“我们党在中国这样一个有着13亿人口的大国执政，面对着十分复杂的国内外环境，肩负着繁重的执政使命，如果缺乏理论思维的有力支撑，是难以战胜各种风险和困难的，也是难以不断前进的。”这可以看作是对恩格斯这句话的世纪回应，也是对马克思主义重视理论思维的一种直接传承。在当代中国执政，做任何事情之前都要首先考虑到底线，考虑做一件事情最低的底线是什么，然后去争取底线之上更好的结果，如果底线守不住，一切都将成为空谈。底线思维是中国特色社会主义的思想精华。

习近平的底线思维思想是马克思主义世界观和方法论的应用，是对我们党几代领导人科学思维方法的继承。习近平2012年12月在广东主持召开经济工作座谈会时提出：“从最坏的可能性着想，在此基础上建立政策、部署工作，是毛泽东同志一贯倡导的工作方法，体现了马克思主义的唯物辩证法和科学方法论。”

邓小平的改革思想中同样充满了底线思维的运用，他始终强调，中国特色社会主义道路不能变，坚持共同富裕不能变，必须旗帜鲜明反对两极分化，反对全盘西化；如果社会主义方向理论道路不坚持，共同富裕不去实现，就没有坚持社会主义的底线，改革就必然出现重大失误。可见，无论是社会主

---

① 恩格斯：《自然辩证法》，人民出版社1971年版，第29页。

义以公有制为主体、最终实现共同富裕的锚定，还是对四项基本原则这一改革方向的坚持，包括对各个领域改革的具体部署，都体现着底线思维的光辉。

江泽民对执政风险问题高度重视，他在2002年9月8日《对十六大报告稿的几点意见》中指出："面对复杂的国际局势，面对繁重的改革和建设的任务，要向全党同志十分鲜明地强调，务必增强忧患意识，务必居安思危，清醒地看到我们面临的困难和挑战，清醒地看到我们工作中存在的问题，清醒地看到激烈的国际竞争给我们带来的巨大压力，继续谦虚谨慎、艰苦奋斗，同心同德地把党和国家的事业不断推向前进。"①

习近平把"忧患意识"作为底线思维的前提，这一思想不仅与胡锦涛在十八大报告中提出的"全党必须增强忧患意识"一脉相承，而且是新时期对全党的进一步要求。面对世界经济持续低迷的复杂局面和我国经济增长速度换挡期、结构调整阵痛期、前期刺激政策消化期多期叠加的状况，面对国际局部冲突风险加剧的趋势，面对我国社会矛盾凸显的形势，只有坚持守住底线、谋定而后动，才能牢牢把握主动权，才能永远立于不败之地。

意识思维是习近平总结改革30多年来的经验的一种新概括，是对毛泽东同志从坏处着想的思维的继承，是对邓小平改革思想的坚持和传承，是对江泽民、胡锦涛同志忧患意识危险防范的底线思维的发展，用一种主题化为底线思维的新思维来引领。

3. 与违背底线思维的不良文化做斗争

文化是民族的血脉，是人民的精神家园，没有社会主义文化繁荣发展，就没有社会主义现代化。近些年，得益于文化体制改革和政策创新，我们的文化呈现出百花齐放、百家争鸣的多样化特征，展现出空前的开放、包容特性，但同时，一些出格的、低俗的、另类的文化挤占到主流文化的位置，一些网络媒体"把无耻当可爱、把隐私当噱头"，沦为低俗价值观放大的平台，

① 《江泽民文选》第三卷，人民出版社2006年版，第517页。

甚至连一些地方政府，也难脱低俗之风。这实在是令人担忧。因此，促进文化大发展大繁荣，必须要有底线思维，要恪守文化底线。而且这非常重要，因为文化体制改革既与经济体制改革紧密相连，又与政治、社会体制改革密切相关，政治性、政策性很强，涉及领域和范围很广。只有守住这个底线，才能维护国家文化安全，增强文化塑造力、软实力和国际影响力。这个底线是 10 个字——导向不能改，阵地不能丢。面对多元多样的文化现实，要加强对社会舆论的引导，与错误思潮作坚决的斗争，在舆论引导和斗争中培育底线思维。

一要旗帜鲜明抵制新自由主义思潮。新自由主义在政治理论方面强调否定公有制、否定社会主义、否定国家干预；在经济理论方面强调“自由化”“私有化”和“市场化”。新自由主义给许多国家带来了深重的灾难，拉丁美洲国家、苏联和东欧国家为此付出了沉重代价，西方国家自身深陷金融危机难以自拔，事实上宣告了新自由主义的破产。我国必须旗帜鲜明地抵制新自由主义思潮的干扰，防止新自由主义的悲剧在我国上演。

二要旗帜鲜明反对历史虚无主义。历史虚无主义无视党史国史革命史，宣扬中国“革命无用论”，甚至是“革命祸害论”，它企图通过否定革命，来否定社会主义道路是历史和人民的选择，歪曲党史，企图否定党史的主流和本质。

三要旗帜鲜明反对“普世价值”论。所谓的“普世价值”实际上是西方敌对势力和反华势力试图消除中国特色社会主义的合理性和合法性而夸大西方意识形态的招数，事实上，“普世价值”本身就是一种形而上学的思维方式，“普世价值”把事物的普遍性与特殊性割裂开来，违反了矛盾特殊性是事物存在底线的科学判断。

四要旗帜鲜明反对西方宪政思想。西方宪政的核心是私有制、多党竞选、三权分立和军队国家化、中立化。这是我们断不能接受的。这就好比我们面前摆了中国产的大轿车，正宗国产货，可是有朋友说国产轿车座位不太舒服，那就改吧，换上奥迪的座椅；结果又过两天，有朋友说这个发动机也不太给力，那就改吧，换上奥迪的发动机；结果过两天有朋友又说了，轮胎也不太抓地，跑起来不安全，那就改吧，换上奥迪的轮胎；结果过几天又说了，换了这么一套，就剩壳子了，这个壳子又土又保守，不好，那就换吧，反正换了这么多了，然后换上奥迪的大壳子。当所有这些都换了之后，摆在我们面前这辆车是中国产的大轿车，还是德国产的奥迪车？所以有很多改变是在不知不觉中发生了根本性的质变。所以，邓小平同志当年就强调，社会主义改革是对社会主义制度的完善，而不是把社会主义推倒重来，这就是为什么习近平谈改革开放时特别强调坚持正确的改革方向，他还形象地说：“鞋子合适不合适只有穿鞋的人自己清楚和知道。”

此外，还要对触犯底线的行为给予最严厉的社会谴责以及必要的经济和法律制裁，让每一个社会成员在底线问题上是非鲜明。全社会形成坚守个人的道德底线、捍卫公正平等的社会底线、提高抵御各种诱惑的心理防线、远离违法乱纪的高压线的文化氛围。领导干部不碰红线、确保底线、争取出线。

五、底线思维是筑梦圆梦的生命线

[案例1] 苏武牧羊

汉武帝派中郎将苏武送匈奴的使者回国，以其副使张胜卷入匈奴内部斗争，因受牵连，被拘留。单于知道苏武是个人才，就想劝降苏武，但苏武誓死不降，单于就把苏武下了地窖里，不给吃的也不给喝的。这时候正好天降大雪，苏武就吃着雪和地窖里的破皮带、羊皮片什么的。过了几天，单于见苏武还活着，以为老天爷在帮苏武，就把他放出来，要封他为王，可是苏武还不答应。

单于就把他送到北海（今贝加尔湖），叫他在那边放羊，还说哪天公羊下小羊，你再回汉朝吧。苏武到了北海，匈奴不给口粮，他就挖野菜，逮田鼠吃，死活他都不在乎，最叫他念念不忘的是，他是汉朝的使者。他拿着使节放羊，抱着使节睡觉，他想总有一天能拿着使节回去。一年一年地过去了，苏武手里的那个代表朝廷的使节上的穗子全掉了。

后来，匈奴起了内乱，单于没有力量再跟汉朝打仗，又打发使者要求和好了。这时，汉武帝的儿子汉昭帝继位了，在他要求下，几经周折，苏武才被放回。苏武在匈奴受难十九年，当初苏武出使时，随从的人有一百多，这次跟着他回来的只剩了几个人。

一个人能矢志不渝，十九年如一日，牢记使节使命，勇于担当，令人景仰。所以当长安人民听说苏武回来的时候，都纷纷出来看望。他们瞧见白胡须、白头发的苏武，没有不受感动的，很多人都落了泪，纷纷赞他是真男儿、伟丈夫。

事实上，坚守底线，坚持信仰，在中国共产党人身上表现得淋漓尽致，无论是革命战争年代，还是和平建设年代，抑或是今天的改革开放年代，一批批优秀共产党员坚持底线思维，奏响了人民英雄的乐章。

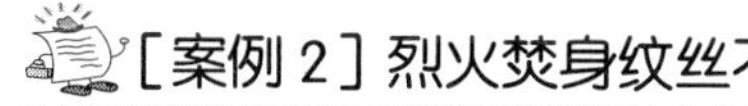

[案例 2] 烈火焚身纹丝不动

1952 年 10 月 12 日清晨的朝鲜，浓雾笼罩在“391”的山岭峡谷，如片片烟云，此起彼伏，时隐时现。邱少云和 499 个战士一起潜伏在敌人前沿阵地。战士们身上的茅草伪装和周围的茅草“混为一体”，连老鹰也分辨不清，一切都正常有序进行着，可事情的发展有了意想不到的转变，一颗燃烧弹在离邱少云一米处炸开，这种美式燃烧弹是凝固汽油弹，裂开的油液带着火星溅到他身上，腿上的伪装网和茅草立刻燃起了烈火，那烈火很猛，邱少云全身剧烈地抽动着，双手使劲地插进泥土里，火苗每抖动一下，他的身子就抽搐一下，战友们更是心疼得泪流满面，旁边两米处就有一条水沟，只要他一滚，就能活命，但邱少云深知只要他一动，立刻就会暴露目标，潜伏地立刻就会变成火葬场，导致全军覆没。为了 499 位战士的生命安全，为了战斗的胜利，邱少云像千斤巨石一般，趴在火堆里，烈火焚身的痛苦使他脸都变了形，嘴唇也咬破了，鲜血一滴一滴地落在地上，但他一动也不动，直到最后一息。

邱少云烈火焚身纹丝不动，体现了他严守纪律底线的钢铁意志，他虽然可以一滚就不致死，但是，他从最坏处准备，考虑到一动就会导致全军覆没的严重后果，以自己的牺牲来争取潜伏成功，体现了他为保家卫国不惜牺牲的英勇精神，令人震撼，令人感动，这种精神永远激励我们前行。

[案例 3] 谁也不能“贪污”信息

2003 年 4 月，北京发生非典危情。一开始，当地政府官员一度掩盖疫情信息，结果疫情扩大，影响很坏。2003 年 4 月 22 日，王岐山“空降”非典肆虐的北京，临危受命，担任北京市代市长，素有“救火队员”之称的王岐山下车伊始，就在第一次北京市政府常务会议上强调：“我就要求你们汇报的时候一就是一,二就是二，谁也不能‘贪污’信息，军中无戏言。”那次会议主题是防治非典，这句话后来也成了当年各大媒体上曝光率最高的话语之一，被认为在最大限度上表现了政府决心。最后，非典疫情被成功控制住了。

必须讲规矩，谁也不能“贪污”信息，“贪污”信息也是贪污！这就是在明确底线。

军令如山倒，军中无戏言。王岐山把抗击非典视为一场战斗、战争，这是坚持和运用底线思维的典型案例。

正是由于坚持了信息发布的底线，稳定了军心民心；正是由于守住了抗击非典的底线，使我们战胜了非典。

从严令“谁也不能‘贪污’信息”的王市长，到“新一轮巡视反腐挂帅”的中共中央政治局常委、中央纪委书记，王岐山用他的经验启示我们，只有坚持底线思维，才能有备无患，遇事不慌，牢牢把握主动权。

[案例 4] 上海解放第一天解放军露宿街头

1949 年 5 月的一个清晨，上海市区的市民出门后被马路上的情景惊呆了！因为他们发现一夜之间，上海街头就睡满了军人。他们的军衣上满是尘土，绑腿上还沾着泥，人们甚至分不清谁是官谁是兵，他们看上去很累很累，却睡得很熟很香，他们就是人民解放军。原来，解放军进驻上海时，为了不惊扰市民，不住民房，而是全体在马路上露宿，是铁的纪律塑造了他们的军魂，他们的举动也感动了世界。

在黄梅雨冲洗过的街旁路边，解放军战士头戴军帽、衣不解带，齐刷刷地躺在阴冷潮湿的水泥地上，步枪靠墙倚放，只有机枪手入睡时还手持武器。解放军露宿街头也有队形，不是横七竖八，而是横向侧卧，就这样从这边路旁的人行道上一直延伸到那边去……

解放军的纪律和作风如此严明，能够坚持在严寒中“不入民宅”。人们从来没有见过这样本色的军队，中外战史上，像这样的胜利者，这样的占领军，也确实罕见。一位曾经留学西洋、最初对共产党了解不多、冷眼看待国共相争的医学专家更是发出了由衷的感叹：“国民党回不来了……”

大家会有疑问：以往，人民军队走到哪里，都是住在老百姓家。不入民宅，遇到下雨怎么办，那些病号怎么办？然而，解放军“不入民宅”在上海硬是得到了无条件的执行，说不入民宅，就是不入。

不住民宅、不扰市民，这是陈毅代表党中央送给上海这座远东第一大城市市民的“见面礼”。早在进驻上海之前，陈毅在丹阳向军队干部和接管干部作报告时，就不留情面地指出一些军政干部留驻丹阳期间的种种违纪行为。陈毅的手指在桌子上连续地敲击了几声，全场鸦雀无声。陈老总进而大敲警钟：“这种情形不搞好，到上海一定要天下大乱。”“我们到上海，跑跑公园，坐坐汽车，看看戏，一举一动对敌友我都有关系。”他强调：“我们野战军的‘野’，在城里不能‘野’的。”

原来，在丹阳整训期间，陈毅总结了部队接管南京的经验，也反思了驻留丹阳的教训，更依据史书有“不入民宅”一说，严格要求部队在解放上海后也不能进入民宅。陈毅要求解放军露宿街头的事迹启示我们：第一，只要真正本着全心全意为人民服务的精神，我们就能够克服一切困难，坚守底线；第二，要坚持底线思维还需要以史为鉴，坚持和培育历史思维。

CHAPTER 07

第七章

历史思维

以史为鉴，可以知兴替。

——［唐］李世民

历史是最好的教科书，也是最好的清醒剂。

——习近平

大家都知道，明朝崇祯皇帝是兵败后在煤山（今景山）的一棵树上上吊而死。中央纪委干部习骅出版了《中国历史的教训》[①]，书中提出一个耐人寻味的问题：崇祯本可不上吊：是谁把他逼上煤山？

崇祯皇帝死后不久，大清摄政王多尔衮给南明的史可法写信，说得非常到位，也是对崇祯上吊原因很好的反思：

“你们明朝的干部根本不考虑国家利益，就喜欢唱高调、讲大话，哪怕火烧眉毛了，还慢条斯理地穷白话，做个决定比盖栋楼还慢。当年北宋研究对策还没散会，金军就渡过黄河了，你们咋就不长记性呢？”

① 习骅：《中国历史的教训》，中信出版社 2015 年版。另，写作《中国历史的教训》乃陈寅恪先生平生未竟之最大愿望。

多尔衮的分析是有道理的，起先，面对李自成的进攻，官员们因为担心自己的利益损失而反对崇祯向南迁都，后来，面对兵临城下的李自成提出的“划西北而自治”的要求，官员们愤然谴责、慷慨陈词，使崇祯失去了回旋余地。

机遇总是稍纵即逝，快一步得生，慢一步得死，岂容贻误。僵化的思维、狭隘的私利，导演了崇祯皇帝君臣极不负责任的议事秀，空留千古憾事。

“以史为鉴，可以知兴替。”公元643年，直言敢谏的大臣魏徵病死了，难过的唐太宗流着眼泪说了这句大家耳熟能详的名言。这句话，道出了历史思维对领导者的重要意义。观古今于须臾，谋未来于一瞬。如果领导者常常以史为鉴，就会使形势拨云见日，让未来无限光明。

一、品读历史之书，琢磨醒世之言

历史对于领导来说至关重要。历史不仅为领导活动提供了资源，搭建了平台，构建了舞台，也形成了限制，筑成了规约。历史不仅作为外在的环境影响领导的方向、水平和效能，而且以领导思维这种内在的认识发挥作用。如果领导活动离开历史，就会如同天上云，来一阵大风就能刮跑；就会如同脱轨列车，将乘客置于危险之中，如果领导活动丧失历史思维，必将悲剧重演、重蹈覆辙。

领导对于历史来说非常重要。

历史是一本书，领导则是主笔和妙笔。

历史是一首歌，领导则是主旋律和主基调。

历史是一条河，领导则是主流和干流。

历史是一艘船，领导则是船舵和风帆。

从领导和历史的关系视角来看，领导就是领导者率领引导追随者，捕捉历史机遇，解决历史难题，在具有新的历史特点的伟大斗争中实现历史所赋予的组织目标的过程。如同马克思所说：“整个所谓世界历史不外是人通过人的劳动而诞生的过程。"[①] 在这个意义上，领导目标是历史发展的主题主线，领导活动是历史发展的主旋主演，如果人类历史缺少了领导这一高级实践活动，那么必将是索然无味、了无生趣。

历史思维内涵及其重要价值都极其丰富。但从根本来说，历史思维的内质属性是由历史这个特殊的关键词所规定的。历史思维的重要价值集中体现在习近平所说的那句名言——"历史是最好的教科书，也是最好的清醒剂"。

（一）历史是最好的教科书

马克思指出："社会历史是由集剧中人物和剧作者双重角色于一身的人出演的既有多重主题又有波澜曲折情节和节奏的历史活剧。"历史是一幕又一幕用威武雄壮的活剧上演和开讲的精彩课堂。历史又是一座内涵无比丰富的知识宝库，这个知识宝库比世界上最大的图书馆都博大，比世界上最博学的大师都深远，历史就是前人写就的百科全书。浩瀚而宝贵的历史知识既是人类总结昨天的记录，又是人类把握今天、创造明天的向导。

习近平指出："温故而知新。知识有前人传承的知识，也有今人创造的知识。前人传承的知识积累了人们历史上对处理人、社会、自然三者关系的重要认知和经验，今人创造的知识形成了人们应对时代问题的智慧和探索。这两方面的知识对人类继往开来都十分重要。"当今世界，人类文明无论在物质还是精神方面都取得了巨大进步，特别是物质的极大丰富是古代世界完全不能想象的。同时，当代人类也面临着许多突出的难题，比如，贫富差距持续扩大，物欲追求奢华无度，个人主义恶性膨胀，社会诚信不断消减，人与自然关系日趋紧张，等等。要解决这些难题，不仅需要运用人类今天发现和发展的智慧和力量，而且需要运用人类历史上积累和储存的智慧和力量。世界上一些有识之士认为，包括儒家思想在内的中国优秀

① 马克思：《1844 年经济学哲学手稿》，人民出版社 2000 年版，第 92 页。

传统文化中蕴藏着解决当代人类面临的难题的重要启示。历史思维就是使思维回到过去搜索与检视，在历史的天空里穿梭与翱翔，学好这本生动鲜活的教科书。

人们的生产实践、生活实践、交往实践能不能取得成功，一个重要的前提条件就是能不能正确认识和把握事物发展的规律。而认识和把握事物发展的规律，除了自己亲身经历探索向实践的直接学习外，就是学习前人和他人的认识成果这一间接途径。无论选择哪条途径，历史意识都必不可少，历史眼光都不可或缺。历史的长河绵延不断，人类的思维永无止境。任何领导者，总是站在前人的肩膀上来进行思考和实践的。运用历史思维，善于总结前人的经验教训，才能取得新认识、开辟新道路、实现新发展。

要积极地看待历史。历史曲曲折折，既有荣光也有屈辱，既有包袱的一面，也有财富的一面。或者说，消极地看，历史可能是包袱；积极地看，历史都是财富，前人的成功经验是宝贵财富，前人的失败教训也是宝贵财富。习近平着眼于积极角度看待历史。习近平引用德国文学家莱辛的说法，“历史是最好的老师”，它忠实记录下每一个国家走过的足迹，也给每一个国家未来的发展提供启示，推进中国改革发展，实现现代化，需要历史镜鉴启迪。

什么叫“历史是最好的老师”呢？人们会毫不迟疑地回答：古人所为而得，我可以奉为模范；如其失策，就当设法避免。

古人无复洛城东，
今人还对落花风。
年年岁岁花相似，
岁岁年年人不同。

唐代大诗人刘希夷不是就曾经感叹过“历史总是惊人地相似”吗？

这种判断对不对呢？对。《汉书》中记载刘向的“法戒”就是这个意思。

但是，够不够？不够！

中国近代历史学家、国学大师吕思勉的分析很深入，他说，你仔细想一想，世界上哪有完全相同的事情？所谓相同，都是察之不精，误以不同之事是相同的事情罢了，所以唐朝刘希夷在其《代悲白头吟》一诗中讲“年年岁岁花相似”，没有说“年年岁岁花相同”。远的不说，就说我们应对近代西方侵略的方法“师夷长技以制夷”何尝不是出于历史上的经验？但是结果却是怎么样呢？

“历史是最好的老师”最深层的意思，应当是历史向我们表明了人类发展的规律和道理。历史唯物主义就是历史显现出的客观规律，我们要用历史唯物主义的眼光，正确认识和把握历史上事件发生发展的客观规律。

例如，有的领导干部过度重视政绩工程，千年的城墙、百年的老街说拆就拆，轻易毁坏，等要搞文化旅游了，就再仿照原来的重建、大建，他们为什么会这样？因为他们不懂得文化历史的重要意义及其形成和发展的规律，脑子里没有历史规律，骨子里就缺少历史敬畏，心中就满是文化沙漠，行为上就带着官僚习气和市侩习气。因此，领导者通过历史规律性的把握来认识历史、见证历史、以史鉴今、启迪后人，要比一般人有更宏阔深远的格局。

（二）历史是最好的清醒剂

以历史为听诊器，能够诊断出人类今天的历史“旧疾”，可以从中听到国家治乱兴衰“历史周期律”。实践中，当领导者率领追随者取得一些成绩特别是巨大成就的时候，常常会骄傲自满，夜郎自大。一个人生活在今天这个世界上，每天晚上睡觉，白天醒来以后，做各种各样的事情。在这样的生活过程中，表面看来，我们的身体是醒着的，但是，我们身上那些最根本的、本质所在的东西是不是醒啦？事实上，人的思维常常是处在一种沉睡的状态。我们应该经常让它们醒着，这个时候你才是作为一个自觉的人在那里生活，而这个时候，你就需要历史思维。

当组织长期处于一种状态时，思维和行为就会出现惯性，要么在竞争中陷入斗争思维不能自拔，要么在和平中麻痹大意而丧失警惕，这个时候，照一照历史这面镜子，通过“回头看”就可以增强忧患意识，有助于转变观念，及时调整组织行为，从而有效避免历史悲剧的重演，通过深刻的历史分析，领导者还能够找到跳出周期律的“新路”。

前事不忘，后事之师。习近平引用未来学家阿尔文·托夫勒的话说，“如果我们不向历史学习，我们就将被迫重演历史”，“我们党在领导革命、建设、改革的进程中，一贯重视学习和总结历史，一贯重视借鉴和运用历史经验”。习近平认为，“治理国家和社会，今天遇到的很多事情都可以在历史上找到影子，历史上发生过的很多事情也都可以作为今天的镜鉴”。在漫长的历史进程中，中华民族积累了丰富的治国理政经验，“对古代的成功经验，我们要本着择其善者而从之、其不善者而去之的科学态度，牢记历史经验、牢记历史教训、牢记历史警示，为推进国家治理体系和治理能力现代化提供有益借鉴”。

二、善用科学之法，搭建古今之桥

历史思维，从总体上来看，就是以科学的方法观察历史、研究现实的思维。历史思维是在理解世界宏观发展脉络的基础上建立起来的世界观。历史思维是将归纳、演绎、分析、综合、比较、假设等一般科学方法与历史事件结合而成的认识历史的方法。

具体地看，历史思维包括历史假设、历史比较、历史分析、历史预测等思维。

历史假设，是通过假设，来更好认识历史的基本规律、探寻历史的复杂过程，任何思维，都离不开假设，历史思维也是一样。历史的不可实验性和不可重复性，决定了历史思维在相当大的程度上要运用包括假设在内的思维方法。

一般在总结历史经验教训的时候，我们都要做出一些代入性的假设。比如假如你是春秋时卫国大夫石碏，你会不会大义灭亲，杀了参与密谋反叛国家的自己的亲儿子？又如，如果你是朱元璋，你会不会像他那样靠抓贪官、杀贪官来强力反腐败？

还有，当手头没有确凿的原始资料或者原始历史资料不足的时候，只有通过历史假设甚至是历史想象来暂时理解那部分残缺的历史。比如西方马克思主义著名代表、匈牙利著名的哲学家卢卡奇通过对《资本论》的研究，假设马克思在1844年前后应当提出过类似于“物化”的思想，卢卡奇提出“物化”理论。后来，《1844年经济学哲学手稿》的发现果然证实了卢卡奇的推断。

历史研究离不开历史假设，但是，这种假设必须谨慎，而且只能停留在认识阶段，不能付诸实施。比如，20世纪80年代，在成都就曾因为历史假设闹出过笑话。在成都北郊磨盘山一个汉墓里，人们意外发现了西红柿种子。当时，发现者非常兴奋，没有经过仔细研究，就以为这是一个“铁证”，可以改写西红柿进入中国的历史，他据此得出结论，提出西红柿原产于中国。而事实上则是雨水将地面农田里的西红柿种子冲进破损的墓室，一场闹剧灰溜溜收场，弄得好不尴尬。因此，历史假设不能天马行空，无拘无束，而且还需要历史比较等思维来证实或证伪。

历史比较是历史思维一种最常用的方法。我们常说的以史为鉴、以史观今就是一种历史比较方法，当然，以史观史也是一种历史比较。历史比较既是同类史实的比较，也是整体关联的比较，以确保其科学性。历史进步是在科学的历史比较中被认识的，历史也是在这种比较的基础上实现进步的。

历史分析是对历史事件、过程的各方面、各要素进行分解，并找到它们之间的内在联系甚至是因果关系的方法。历史分析紧扣基本的历史问题，考察每个问题的历史是怎样产生、在发展中经过了哪些重要阶段，并根据它的这种发展去考察这一事物后来的状况。历史分析要求把事件、事物、人物等认识对象放在当时的条件中去考察，放在历史的脉络和过程中去考察。

历史预测就是考证、分析、综合、判断。具体地说，就是要根据已经掌握的事实和材料，根据历史的规律性表现以及其他科学方法，综合判断出历史发展的大势。历史思维重要内容和功能之一就是历史预测。人们运用历史思维不是单纯为了认识过去，而是为了更好地理解现在、把握未来。因此历史思维并不是简单还原历史真相，最终是要服务于现实，书写新的历史。当然，历史预测不是算命，更不是细枝末节的精准预言，而是对历史发展趋势的研判。

不论是历史假设、历史比较、历史分析、历史预测都是将人的逻辑思维与历史资料相结合，因此，历史思维要坚持历史与逻辑的统一。坚持历史与逻辑的统一，就是要在做历史思考的时候，既要以事实为依据，还原历史真相，又要在林林总总、内容繁多的史料中，透过现象看本质，透过偶然看必然，透过规律更好地理解事实，由此把历史事实的认识与历史规律的认识结合起来，形成对历史的科学认识。在这个意义上，科学的历史思维离不开唯物史观的指导，是唯物史观在思维中具体的应用和体现。

可见，领导者坚持与运用历史思维最基本的逻辑起点就是坚持历史的客观性，挖掘历史的真实性。历史是一个既可爱又神秘的小姑娘，我们对她充满喜爱，总是想着以各种方式接近她，了解她；总是希望按照自己的愿望来装扮她。但是历史这个小姑娘的美丽很大程度并不在于她的衣服搭配合适与否，并不在于她的妆容是否光鲜亮丽，她真正引人注目的，是她自然的素颜美，是她与生俱来的种种气质。我们喜爱她就要喜爱她的纯真。我们的喜爱应该以尊重为前提，随意给她装扮，是对她的不尊重，是对她的亵渎；给她“整容”，彻头彻尾地改变更是莫大的不可饶恕的罪过。不难看出，历史思维具有三个鲜明特征。

第一，历史的客观性。唯物主义的历史观，不是从设想的、想象的东西出发去理解历史，而是坚持从“有生命的个人”“物质生活条件”“生产力、资金和社会交往形式”等可以用纯粹经验的方法来确认的东西出发理解历史。换言之，客观的历史首先具有“感性确定性”。

第二，历史的生成性。历史是由人的实践生成的。首先，人的活动是一种“对象性的活动”。现实的人与其“对象性的活动”所指向的感性对象即“现实事物”，是一种密不可分的“对象性”关系。从二者的对象性关系出发：一方面，现实事物是人的“本质力量的表现”；另一方面，“人只有凭借现实的、感性的对象才能表现自己的生命。二者构成了一个相互依存、相通相融的有机整体，任何一方的存在都以另一方的存在为前提。其次，现实的人的活动是一种能动的“改造”活动。从这种能动的改造活动出发，存在于旧哲学那里的主体与客体的二元对立格局被彻底打破，取而代之的是现实的人与现实事物之间的相互生成与相互转化。而二者的这种相互生成与转化过程实际上就是人们“这个能动的生活过程”。正是基于对这个能动的生活过程的“描绘”，我们说，整个所谓世界历史不外是人通过人的劳动而诞生的过程。因此，历史作为人们感性的生活过程既不是凝固的、不变的，也不是自在地流逝着的，而是能动地生成着的。

第三，历史的条件性。历史的生成变化是有条件的和受制约的。新旧历史之间不是彼此孤立和相互隔绝的，而是前后继承和相互关联的。这种前后历史的继承性和关联性使得每一时代的人们的现实生活均具有了这样的规定性。从“物”的方面来看，前后历史的继承性和关联性使每一时代的现实事物，都既成为历史的“结果”又成为历史的“前提”。作为历史的结果，一定的现实事物是脱胎于一定的“旧事物”的“新事物”。作为新事物，一定的现实事物相对于其得以诞生的历史条件和历史情境而言具有存在的合理性与必然性。作为历史的前提，一定的现实事物自身所具有的“特殊的性质”限定了在此基础上所发展出来的新事物的可能性。从“人”的方面来看，前后历史的继承性和关联性使每一时代的现实的人都既是历史的“剧作者”，又是“剧中人”。作为剧作者，现实的人的活动可以改造事物、创造历史。作为剧中人，现实的人的活动总是受制于前人的活动所遗留下来的作为“前提”而存在的“结果”，因而这种创造活动不是随心所欲和无限可能的，而是受制约和有限的。所以说，人们的现实生活的改变不是无限可能的；历史的生成变化不能脱离特定的历史条件。

总之，只有坚持了这“三性”的内在规定，领导者才真正把握住历史思维，才能借助历史思维鉴古知今洞察未来。

三、通晓古今之智，贯通未来之路

中国历史上的著名皇帝李世民曾经说：“以史为鉴，可以知兴替。”意思是说，把历史作为镜鉴，可以知道历史上兴盛与衰亡的过程，把握成功与失败的原因。可见，历史思维对于任何人来说，都至关重要。作为承担着继往开来的神圣职责和光荣使命的领导者，更是一刻也不能离开历史思维。

历史思维使领导者深刻。历史思维能够使领导者清醒地意识到自己从哪里来，使人不忘初心。

历史思维使领导者深邃。历史思维能够告诉提醒领导者经历了什么，又将可能经历什么，从而如何总结成功经验和失败教训，趋利避害，既不走封闭僵化的老路，也不走违背历史发展方向的邪路。

历史思维使领导者深沉。历史思维通过人类历史功过的全景展示和近距离特写，展现出人类历史的博大精深、源远流长，使领导者意识到自身的所在的历史方位和个人的渺小，从而使自己冷静下来、沉淀起来。

历史思维使领导者深远。历史思维能够告诉领导者应往哪里去，继续前进，创造辉煌，走得更远。

没有历史思维，人就可能会不学无术；没有历史思维，人就可能会重蹈覆辙。因此，历史思维对于领导活动来说不可或缺，至关重要。一个领导者，如果没有历史思维，那他就必然会在历史面前跌跟头；如果历史思维丧失，他就必然要受到历史规律的惩罚，甚至成为历史的罪人，被钉在历史的耻辱柱上。

历史思维具有知古鉴今洞察未来、犀照牛渚、资政育人的作用。为了长治久安，中国的历代皇帝总是强调历史思维的重要性，像“以史为鉴，可以知兴替”这类的名言及典故就是很好的例证。基于同样的原因，中国共产党非常注重运用历史思维来推动党和国家事业不断发展的重要意义。

毛泽东在党的六届六中全会上指出："今天的中国是历史的中国的一个发展。我们是马克思主义的历史主义者，我们不应当割断历史。从孔夫子到孙中山，我们应当给以总结，承继这一份珍贵的遗产。"

邓小平谈历史时讲："要懂得些中国历史，这是中国发展的一个精神动力""要公正地、科学地对待历史"。在新中国头30年与改革开放新时期的关系问题上，邓小平辩证地指出："过去的成功是我们的财富，过去的错误也是我们的财富。我们根本否定'文化大革命'，但应该说'文化大革命'也有一'功'，它提供了反面教训。没有'文化大革命'的教训，就不可能制定十一届三中全会以来的思想、政治、组织路线和一系列政策。"

江泽民指出："一个民族的历史深刻影响着一个民族的现在和未来。今天的中国从历史的中国发展而来。我们国家和民族的发展史，包含着治国安邦的深刻道理，也揭示了今天我国发展道路的历史必然性。要夺取改革开放和社会主义现代化建设的成功，我们不仅应该懂得中国的今天，而且还应该懂得中国的昨天和前天。多读读中华民族发展史，可以使我们加深民族感情、增强民族自信心，更加信心百倍地投身坚持和发展中国特色社会主义、实现中华民族伟大复兴的宏伟事业。"

胡锦涛指出，浩瀚而宝贵的历史知识既是人类总结昨天的记录，又是人类把握今天、创造明天的向导。这说明，所谓历史眼光，既是一种"向后看"的眼光，也是一种"向前看"的眼光。具备历史眼光的人，总是能够站在历史与现实的交汇点上，从历史中引出对现实的分析，从现实中展开对未来的设想。无数事实表明，越是站在历史的高度，越能获取历史的滋养，越能把握今天的现实，越能看清未来的走向。

党的十八大以来，习近平运用历史思维，就党史、国史、改革开放史和社会主义史等问题，发表了一系列重要讲话。这一系列讲话，在继承和发展马克思主义历史思维的方法论基础上，提出了许多治国理政方略。这些运用历史思维的重大成果是马克思主义中国化的实践，是中国国情与历史方位相结合的治国理政方略，是新时期马克思中国化的最新成果。不仅如此，习近平还要求领导干部一定要在坚持历史思维上下功夫。特别是有关历史的讲话，充分体现了中国共产党深刻的历史思维、深远的历史眼光，既为我们深入学习总结党史、国史提供了科学的历史观和方法论，也为我们正确借鉴运用历史思维，更好地以史鉴今继往开来，继续推进党和国家各项事业，提供了宝贵的科学指引和有力的思想武器。

习近平在2013年6月25日主持中共中央政治局第七次集体学习时指出："历史是最好的教科书。学习党史、国史，是坚持和发展中国特色社会主义、把党和国家各项事业继续推向前进的必修课。这门功课不仅必修，而且必须修好。要继续加强对党史、国史的学习，在对历史的深入思考中做好现实工作、更好走向未来，不断交出坚持和发展中国特色社会主义的合格答卷。"习近平指出，"历史就是历史，历史不能任意选择，一个民族的历史是一个民族安身立命的基础"；"一切向前走，都不能忘记走过的路；走得再远、走到再光辉的未来，也不能忘记走过的过去"；"要了解今天的中国、预测明天的中国，必须了解中国的过去，了解中国的文化"；"对绵延5000多年的中华文明，我们应该多一份尊重，多一份思考"。领导干部要学习历史、向历史学习，树立历史思维，提高历史思维能力。领导干部要践行一切为了群众和中国共产党全心全意为人民服务的宗旨，树立马克思主义唯物史观，树立相信群众、依靠群众，从群众中来到群众中去的马克思主义群众观，更好地履行领导干部的职责。

强化历史思维，就是让领导干部学会从历史经验中吸取经验和教训，减少施政过程中的错误，尽量避免方法性的失误，借鉴大量的历史案例减少走弯路的可能，更好地处理现实中必须面对和解决的问题。历史思维是人们遵循历史的研究方法来认识和研究对象的能力。其中，历史的方法是指按认识对象的历史发展的自然进程来揭示和研究对象的历史发展规律性的方法。

四、把握唯物史观，引领历史思维

历史思维是标志马克思主义哲学在思维方式上的革命性变革的一个根本

特征。马克思曾指出："只要描绘出这个能动的生活过程，历史就不再像那些本身还是抽象的经验论者所认为的那样，是一些僵死的事实的汇集，也不再像唯心主义者所认为的那样，是想象的主体的想象活动。"基于此，马克思建立了历史唯物主义的历史思维。

从哲学层面上来说，历史思维就是唯物辩证的思维，即从普遍联系和永恒发展中来认识和把握事物。历史由无数事件和人物组成，对于这些事件和人物不能用孤立、静止、片面的眼光来看待，而必须将其放到历史发展的长河中去考察，放到具体的历史背景、历史条件中去分析，这样才能看得更全面、更准确、更深入。历史承认因果关系，但对其解释，既不是单一的也不是阶段性的。历史思维是对简单思考或简化思考的矫正。正因为历史思维由"关系结构"建构而成并不依赖历史课本和讲故事，所以它归根结底源于一系列的文化经历，是由本体论、存在主义和认识论构成的学习立场。因此，培育历史眼光，首先要学习掌握哲学知识，培养树立辩证思维。对于广大党员干部尤其是各级领导干部来说，培育历史眼光，关键是坚持以辩证唯物主义和历史唯物主义为指导，认真学习我们党的历史、中国历史、世界历史，善于总结我国革命、建设、改革的宝贵经验，积极借鉴其他国家谋求发展的经验教训，真正站在当今世界和当代中国发展进步的历史高度，观察、认识、研究复杂多变的国际国内形势，不断深化对共产党执政规律、社会主义建设规律和人类社会发展规律的认识，从而使我们的各项工作更能体现时代性、把握规律性。

"欲知大道，必先为史。"以史为鉴、知古鉴今，就要用辩证唯物主义立场观点方法来认识历史发展规律。习近平指出："历史往往在经过时间沉淀后可以看得更加清晰"，"我们看世界，不能被乱花迷眼，也不能被浮云遮眼，而要端起历史规律的望远镜去细心观望"。要透过历史成败、兴衰、安危、治乱的现象发现其中起本质作用的规律，"只有按历史规律办事，我们才能无往而不胜"。

恩格斯曾指出："马克思的整个世界观不是教义，而是方法。它提供的不是现成的教条，而是进一步研究的出发点和供这种研究使用的方法。”[①] 历史思维不同于一般的批判性思维，它对时间和空间有着很强的对应性，而批判性思维则缺乏这种重要的对应性。历史思维被嵌入了大量的内容，并包含批判性思维。历史思维包括历史意识，这需要及时地反复思考。它包含时间和变革的理性思维，以及对过去、现在和未来三者之间的依赖性和独特性的识别。它高于个体记忆，促使人们自动自发地通过其他人的记忆去认识世界，并通过筛选其记忆来思考世界。历史思维包括根据当时的价值观、视角和历史相对论去思考过去的每一个时代，而不是将目前的价值观强加于历史。它迫使我们对于一种生活观念进行持续的回顾和思考，同时要求反映出世界观。没有对未来的考虑，过去将沦为怀旧之情。没有过去，未来就不能从人类过去的文明之中受益。历史思维是自我中心意识的一种矫正方法。

培育历史思维要科学对待历史。一是正视历史事实。忘记历史就意味着背叛，一个没有历史记忆的民族是没有前途的。习近平指出，“历史就是历史，事实就是事实，任何人都不可能改变历史和事实”；“历史不会因时代变迁而改变，事实也不会因巧舌抵赖而消失”。二是立足历史向前看。前事不忘，后事之师，“历史不能选择，但现在可以把握，未来可以开创”。习近平指出，“我们强调牢记历史并不是要延续仇恨，而是要以史为鉴、面向未来”；“历史总是向前发展的，我们总结和吸取历史教训，目的是以史为鉴、更好地前进”。三是致力于推陈出新，不搞厚古薄今、以古非今。今天的人们在继承历史，同时也在创造历史。中国人民在实现中华民族伟大复兴的进程中，将按照时代的新进步，推动中华文明创造性转化和创新性发展，激活其生命力，把跨越时空、超越国度、富有永恒魅力、具有当代价值的文化精神弘扬起来，让收藏在博物馆里的文物、陈列在广阔大地上的遗产、书写在古籍里的文字都活起来，让中华文明同世界各国人民创造的丰富多彩的文明一道，为人类提供正确的精神指引和强大的精神动力。

---

① 《马克思恩格斯选集》第四卷，人民出版社 1972 年版，第 742—743 页。

思维是人脑的功能，从神经生理学的角度来研究，属自然科学，是没有阶级性的。但是作为社会的人所反映出来的思维，都会打上时代和阶级的烙印。历史思维更是如此，不同时代不同阶级和集团的人们，对历史的看法千差万别，所以培育历史思维必须在马克思主义的指导下来进行，如大海中的航船需有灯塔来导航一样。

人类未来的命运依赖于我们对历史的感受，依赖于我们对历史的觉醒状态及其深度与广度，依赖于我们对历史的省察及其基于其上的创造。拥有科学的历史思维，能让我们在未来的发展中时刻保持批判与自我反省的态度，让我们能破除观念中的历史，以现实的史实作为依据来进行社会主义事业的建设，让我们国家以更好更健康的方式实现国家富强民族复兴的伟大中国梦。

唯物史观来引导历史思维，要反对当前背离历史思维的态度与倾向。

一是从范畴和原则出发的考察方法。从现实性原则出发，马克思反对那种从某种既定的观念、范畴或原则出发去“反注”、剪裁现实事物和现实生活的做法。他的“符合现实生活的考察方法”肯定这样的唯物主义研究路线，即“它不是在每个时代中寻找某种范畴，而是始终站在现实历史的基础上，不是从观念出发来解释实践，而是从物质实践出发来解释观念的形成”。在这一点上，恩格斯与马克思是一致的。在《反杜林论》中恩格斯曾强调指出：“原则不是研究的出发点，而是它的最终结果；这些原则不是被应用于自然界和人类历史，而是从它们中抽象出来的；不是自然界和人类去适应原则，而是原则只有在符合自然界和历史的情况下才是正确的。”然而，当前这种从范畴或原则出发的研究方法在某些人那里却很受欢迎，很有市场。这种现象值得深思。

二是本质主义。过程性原则与马克思哲学的一个基本立场——反本质主义是紧密相连的。本质主义从本质与现象的二分出发，相信任何事物都有一个不变的本质；事物的本质决定事物的现象；科学认识的任务就是透过事物的表面现象把握事物的深层本质。马克思哲学也区分事物的本质与现象，并且认为理论研究的目的就是要把握事物的本质，如果事物的表现形式和事物的本质会直接合而为一，一切科学就都成为多余的了。但是，马克思哲学与本质主义的不同在于如何理解“本质”的性质。本质主义所理解的“本质”具有先验性、绝对性、终极性等特点。在本质主义看来：本质深藏于事物的背后；本质是自在自因的和永恒在场的；本质世界作为“形上”领域能够提供对“形下”事物作出终极解释的绝对真理。与本质主义不同，马克思哲学从过程性原则出发，认为虽然不能将本质与“事物的表现形式”相等同，但却不能离开“事物的表现形式”思考事物的本质；事物的本质并不是某种非时间化的、非境遇化的普遍本质，而是随着事物的变化而历史性地展现出来的特殊本质。可是，令我们遗憾的是时至今日那种追求终极的、绝对的本质的思维取向仍未从理论研究中消失。

三是抽象人道主义。马克思哲学内含人道主义，然而成熟时期的马克思对人道主义的理解与旧哲学的抽象人道主义大不相同，因为这种理解是以历史思维为前提的。众所周知，旧哲学的人道主义是以抽象的人和抽象的人类共同性为出发点的，而马克思的人道主义是以现实的人及其历史发展为落脚点的。马克思不承认旧哲学所宣扬的那种普遍适合任何时代的、不变的人道原则。他认为：人道原则是随着历史进程和社会生活的变化而变化的；不同社会生活中的人们所追求的人道价值之所以不同，就在于不同历史条件下的现实生活所蕴含的价值要求是不同的；与此相应的是，我们能够提出什么样的人道原则或者我们评价一种人道原则合理性与否，其根本标准都不在于理论自身，而在于现实生活本身。这里，我们试以“以人为本”思想的提出为例。毋庸讳言，作为科学发展观的核心，以人为本体现了一种人道精神。然而，以人为本却不是抽象人道主义的产物，而是应着当代中国社会发展的内在呼唤而诞生的历史产物。换言之，以人为本在当代之所以具有真理性，不在于它的人道性，更不在于它是否具有适合任何时代、任何社会和任何国家的普遍意义，而在于它是否体现了新时期和新的历史条件下中国社会发展的现实要求。

坚持唯物史观，必须坚持历史由人民群众所创造的观点。人民，只有人民，才是历史的主体，才是社会发展的最终动力，可以说，领导者所提出的一切任务，没有哪一项不是依靠最广大的人民群众艰苦努力而完成的。党的领导包括领袖都来自于人民，植根于人民，依靠于人民，从人民群众中汲取力量、集中智慧、博得支持，才能在历史发展中取得巨大的成就。领导人物尤其是党的杰出领袖虽然在一定时期或阶段对国家与社会的发展做出不可估量的贡献，深刻而透彻地把握人类历史发展规律，在某种程度上要高于普通的民众个体，但是一旦脱离群众、脱离实际，就不可避免地导致历史失误。

既然一切进步的源泉是人民，群众是真正的英雄，领导者就要看清自己个人贡献的微不足道，对成绩要不骄不矜，不做表面文章，不自吹自擂、吹吹唬唬。

坚持唯物史观，运用历史思维，领导者就要充分认识到人民群众对历史发展的决定作用，相信群众、依靠群众、尊重群众，校正自己的眼光，眼睛要对着群众，心里要装着群众，走到群众中去，虚心向人民群众学习，耐心向人民群众解释，倾听群众呼声，捕捉真实情况，把自己融入最广大的人民群众的汪洋大海中去；同时，领导者必须戒骄戒躁，刻苦学习，努力掌握科学的执政理念和执政方式，不断提高自身的执政水平与综合素质，做到真正地代表人民、全心地服务人民，始终把自己看作人民群众的普通一员，深刻把握社会发展的内在规律，制定合理的路线方针，成为人民群众的指路人和主心骨，赢得人民群众的支持、尊重和拥护，做到权为民所用，情为民所系，利为民所谋。

五、高悬历史之镜，明辨荣辱得失

坚持历史思维，治史、学史、用史，是中华民族的一个优良传统。重视对历史经验的借鉴和运用，是我们党领导革命、建设和改革事业不断取得胜利的一条重要经验。而历史思维要求领导者能博古通今。今日中国，博古要努力达到“思接千载，视通万里”，通今要尽量实现“精骛八极，心游万仞”。

（一）思接千载，视通万里

南朝梁的刘勰在《文心雕龙》中讲历史思维时用的是“寂然凝虑，思接千载；悄然动容，视通万里；吟咏之间，吐纳珠玉之声；眉睫之前，卷舒风云之色”。意思是说，专心致志地思考，思绪能向时间两侧延伸，连接古今；心有所动，情有所感，自是动人心弦，于是，感觉自己仿佛可以看到千里之外的不同风光；在斟酌推敲之中，就像听到了珠玉般悦耳的声音；当他注目凝思，眼前就出现了风云般变幻的历史景观。

中国历史悠久，文化源远流长，中国以历史意识之深厚而著称于世，中国人和中国社会生活在历史的启示之下。在人们的心灵中，历史描述了如何掌握我们在从事各种活动的流逝的时间中存在，由于“流逝”包括了它的方向，掌握在时间中的存在就意味着厘定一种方向感，这种时间流逝的方向从过去到现在，再到未来，我们的行为清晰地有一个从过去到现在再到未来的方向感。如同我们熟悉的孔子的名言——“逝者如斯夫！不舍昼夜”。如果失去了历史感，丧失历史思维，人们就会被生活本身所放逐，就会变得无所适从，就会陷入难以言说的失落和孤独中。唐代的陈子昂就有诗云：“前不见古人，后不见来者。念天地之悠悠，独怆然而涕下。”

从公元前841年开始，中国的历史记载就没有中断，到如今已有2857年，胸怀历史，可不是要“思接千载”才行？长期以来，中国人就以过去的理想作为指导以评判并规划现实。传统中国优秀的领导者全部热情就在于寻求并造就历史的真实。钱穆在《中国历史精神》中呼吁以国史唤醒国魂，他强调“历史是我们过去整个生活的全部经验，通过参考历史我们能够理解我们的生活，因此，历史能让我们恰当地规划我们的未来生活”。也就是说，我们要观今而思古，鉴古而知今。

历史思维是建立在历史感、历史体验基础上的，主要借助于间接经验的结果（间接知识）对已逝的历史的思考、思想，是一种高级的认识活动，属于理性认识的范畴，历史思维，主体研究、思考历史实际的过程称为历史思维过程。而从哲学上对这一思维过程进行再思考（反思）、总结、研究，称为历史思维论。如前所述，认识历史过程实际上包括直接认识过程（认识社会、事物等），即历史中的人们的认识过程和间接认识过程（历史感、间接地通过历史材料对历史的体悟等），以及历史思维过程。历史思维的特殊性在于它必须对间接经验的结果（史料）进行一番考证、鉴别、筛选等理性认识活动，然后才去认识历史本身，即思考历史事实本身，因而历史思维的主体实际上是领导者，领导者的历史认识活动既包括历史感、历史体悟等感性认识活动又包括历史思维活动。领导者认识历史的活动是以理性认识为主的认识活动，而这种理性活动，必须有足够的跨度和深度，所谓思接千载、视通万里，就是要尽可能多地了解历史、认识历史，对于历史有更多的真实认识，求得历史真实，彰显历史教益。

培育历史思维必须要像海绵吸水一样学习历史。中华民族历来就有治史、学史、用史的传统。习近平在澳门讲述了自己在学生时代从中华优秀传统文化典籍中汲取知识、开启智慧的人生经历。习近平在县委书记座谈会上的讲话，博古通今，从王安石、郑板桥、陶渊明讲到狄仁杰、包拯、海瑞，说明古代许多名人志士，都在知县这个岗位上做出成绩、名垂青史。习近平对干部和青少年也提出了要求，他指出，“学习党史、国史，是坚持和发展中国特色社会主义、把党和国家各项事业继续推向前进的必修课。这门功课不仅必修，而且必须修好”。习近平认为，“对我们共产党人来说，中国革命历史是最好的营养剂。多重温我们党领导人民进行革命的伟大历史，心中就会增添很多正能量”。

领导干部在学习我国历史的同时，还应该学习一些世界历史知识。习近平说过，“对印度文明，我从小就有着浓厚兴趣”，印度跌宕起伏的历史深深吸引了我，特别关注印度殖民地历史以及印度人民顽强争取民族独立的斗争史，也十分关注圣雄甘地的思想和生平，希望从中参透一个伟大民族的发展历程和精神世界。需要指出的是，党员干部学习历史，不是单纯地了解历史知识，而是重在增强历史文化素养，总结历史经验，汲取历史智慧，把握历史规律。

（二）精骛八极，心游万仞

领导者对待历史思维，不是为了历史而历史，也不是为了思维而思维，而是要直面今天的历史课题，解答今天的时代难题。因此，领导者要坚持和运用历史思维，还要精骛八极，心游万仞，放眼天下大势，成就天下大事。

西晋的陆机在其《文赋》中讲“精骛八极，心游万仞”，神游八方，是讲人的心思转遍上下左右、南北东西这些方位，思维遍览万仞的高度。精骛八极、心游万仞还强调，过去的经验并没有消逝，历史经验并不是博物馆中的木乃伊，而是像一座可以与人对话的图书馆。当胸怀天下，“袖里乾坤”而寻求历史思维这一相当于“月光宝盒”的高级法宝之时，领导者将能打通现在与过去，今天与昨天，与历史人物进行有创造性的对话。让历史启示现在，让历史告诉未来。

之所以强调历史思维要思接千载、精骛八极，除了因为这是历史思维题中应有之义外，更为重要的原因是现在有一种不良的倾向。今天许多喧嚣热闹的所谓的历史思维，实际上陷入了认识误区。有的单纯讲故事，有的调理成心灵鸡汤，在推进国人对历史的重视上确实发挥了一些作用。然而，过度实用主义的追求使历史被割裂、使规律被曲解的现象时有发生，挂一漏万、巧言令色的问题更是多见。鼓动从商的人从历史故事中学阴略，煽动从政的人从中学厚黑，丢掉了历史思维最重要的认识论意义：历史是一个连续的有机体。

把历史简化成一个个有趣的或者有教益的故事，对于普及公众的历史知识多多少少有些好处，但不能指望靠百家讲坛式的历史述说方式来提高全民族的历史思考的品质。如果将历史看成是由一系列的故事组成的，那些过去的事由于有趣、对我们“有用”会被留下来，还有一些人物政治史以外的、不能用故事反映的、历史深层结构的部分，譬如历史中的结构性、制度性的东西，就会被忽视、被遗忘。

我们为什么要了解历史？因为时间是事物存在的方式，历时性是事物的基本特性，任何一个事物的今天都是基于过去发展演变过来的。譬如现代社会，它的形成是有源流的，早期什么样，随着时间的流逝有些什么重大的推进，怎样完成更迭换代，等等。这有助于了解现代世界的过去和现在这个连续的过程。

我们经常会被问到历史有什么用，其实历史是人类最重要的思维方式之一。历史对于个体、对于社会来说，就是记忆。你说记忆对一个人有什么用？历史思维对社会和文明的基本功能就在这里。历史思维是追溯源流、追溯演变，是在时间的维度上展示一个事物的连续性，这是历史最基本的也是最重要的功用。就像要了解一个人，你只知道他的相貌、身高、性格、职业、爱好等静态的、当前的属性并不够；要对他有深度的了解，特别是要达到深度理解的程度，你就要清楚他的履历、他的过去。事物的很多属性是在历时性的维度上展开的。历史的认识方式、历史的智慧的要点是，总要认识到事物是一个过程，不能横向地把时间变化的因素抽取掉。历史的智慧意味着充分体会到，静态的观点总是不足的、危险的、过于简单化的。

今天我们思考中国当代现代化，如果对人类发展的历史不了解的话，就弄不清很多问题。例如国家和市场的关系这样一个发展和现代化研究中的基本问题，非历史的经济学总是说，国家干预总是消极的、破坏性的，现代化的、好的经济体制就是国家彻底地退出，让纯粹经济的力量、所谓自我规制、自我完善市场的力量来主宰。看西方资本主义的历史就会明白，根本不是那么回事，国家和市场的关系非常复杂，国家对经济发展的作用非常重要，其对经济领域起作用的方式也非常复杂，远不是经济学家讲的那样。的确，市场原教旨主义的一个基本特性就是加尔布雷斯所说的，是“系统地排斥历史”；而历史学家打破这种神话的工具就是具体的历史研究和历史分析。很多东西要到历史中去寻找答案，不过麻烦的是，很多现实和历史问题的答案又不是通过讲故事的方法所能求得的，是要在历史的深层结构、潮流趋势中去寻求的。法国历史学家布罗代尔说，事件是大海表面的泡沫，历史学研究必须研究“长时段”问题。

历史是动态的、发展的现在。昨天所发生的已经成为历史，而人们今天所做的和明天将要做的也必将随着时间的流逝而成为历史。因此，历史、现实和未来，昨天、今天和明天，既是紧密相连的，也是相对而言的。由此来看，历史思维所强调的历史眼光，就不仅意味着“向后看”，而且还意味着“向前看”，即把今天的实践看作正在形成的历史，高度重视并努力把握其对未来的影响和作用。今天的人们在继承历史，同时也在创造历史。作为历史的创造者，应当具有强烈的历史责任感，对历史负责，努力使自己所做的一切经得起历史的检验，为后人创造良好的生存发展条件。那种只想“乘凉”不想“栽树”，甚至“吃祖宗饭、断子孙粮”的人，是缺乏历史责任感的，也是谈不上具有历史眼光的。

（三）以史为鉴，明镜高悬

历史思维就是领导活动的经线和纬线，是为了达到社会的稳定和发展，历史思维也是社会进行治理和政治运作的文化利器。具体来说，每一次朝代更迭，往往伴随着严重的流血，因此，关于新政权在历史上的合法性问题就特别受到注意。例如，秦为什么会失天下？汉何以得到天下？这些问题在汉朝建立之初就常得到讨论。与此同时，关于秦朝失去“天命”和汉朝得到“天命”取得正统的具体原因，朝廷内外还对新政权如何进行最有效的治理，以及制定管理天下的具体措施进行了热烈讨论。

在所有这些争论和思考之中，历史意识都是重要的风向球和具体的指标。人们运用历史思维，证实了汉朝取代暴秦的合法性，对于新建立的汉朝，则通过有效治理的现实展示了统治的合法性，人们也从历史中寻求证据。使得历史像高悬在统治者头上的明镜，反射着统治者的眼睛，照亮着社会发展的方向，展示着历史与实际生活的内在联系，培育着文明发生和生长的精神。以史为鉴、以史为师，这是人们了解历史的一个动机，也是历史最重要的功用。事实上，历史更重要的功用在于，它是一种代表人类记忆的基本知识形态，是一种思维方式，是人类智慧的基本来源。

党的十八大前后，习近平围绕党史、国史和改革开放史、社会主义史等问题，发表了一系列重要论述。这些重要论述，充分体现了深刻的历史思维、深远的历史眼光，既为我们深入学习总结党史国史提供了科学的历史观和方法论，也向领导者提出正确运用历史这面明镜，更好地以史为鉴的四个新要求[①]。一是领导干部要把党史国史作为自己的必修课，不断增强历史意识，努力学会历史思维，自觉培养历史眼光。二是领导干部要运用形成的历史思维和历史眼光，结合新的形势任务对党史国史等作出新的科学总结。三是领导干部要科学阐明正确对待党的历史对于党史资政育人的重要意义。四是要以历史思维理解和推进我们党正在进行“具有许多新的历史特点的伟大斗争”。学习习近平对党史国史等问题的重要论述，就要始终坚持辩证唯物主义和历史唯物主义的立场观点方法，进一步总结历史经验、把握历史规律，运用好历史馈赠给我们的智慧，更好地开展工作。

对于领导者个人来说，以史为鉴、明镜高悬既可促自督自查，又可以敬民意。《论语》中引用曾子的话说：“吾日三省吾身。”一个人要经常开展批评与自我批评，没有危机感和紧迫感，就不可能创造性地去开展工作；没有认识到自己之前的错误和缺点，就不可能前瞻性地去开展工作，就可能循规蹈矩地重蹈覆辙。以史为鉴，明镜高悬可以敬民意。“民，水也；君，舟也。水能载舟，亦能覆舟。”由史可见，历朝历代的“覆舟”与脱离了群众的支持有很大的关系。密切联系群众是我党的执政之基，我们党要紧紧依靠人民，全心全意为人民服务，深入基层、深入实践，倾听百姓呼声，顺应民意。

六、延续历史之脉，坚持继往开来

2014 年 9 月 24 日，习近平出席纪念孔子诞辰 2565 周年国际学术研讨会暨国际儒学联合会第五届会员大会开幕会时指出：“只有坚持从历史走向未

① 刘润忠：《深刻的历史思维　深远的历史眼光》，载《天津日报》2015 年 2 月 2 日。

来，从延续民族文化血脉中开拓前进，领导者才能团结和带领追随者干好今天的事业”。究天人之际，通古今之变。如果领导者坚持运用历史思维分析问题，就会让历史告诉未来，从历史走向未来。

[案例 1] 六尺巷

清朝宰相张英与一位姓吴的侍郎都是安徽桐城人。两家老家毗邻而居，都要起房造屋，为争地皮，发生了争执。张老夫人便修书北京，要张宰相出面干预。这位宰相看罢来信，立即作诗劝导老夫人：“千里家书只为墙，让他三尺又何妨？万里长城今犹在，不见当年秦始皇。”张母见书明理，立即把墙主动退后三尺。吴家见此情景，深感惭愧，也马上把墙让后三尺。这样，张吴两家的院墙之间，就形成了六尺宽的巷道，成了有名的“六尺巷”。

“让他三尺又何妨”体现了中国优秀传统文化中的修身精神，严以修身为先，自然大度做人，为官者严以用权，严以律己，自然让人心存敬畏，良性互动，千古流芳。何来让他三尺？因为“万里长城今犹在，不见当年秦始皇”。以古为鉴，封建社会的官员所懂得的慎独慎微，有多少人并不能真正做到；礼让三分，不与民争利，难道不是历史留给我们的遗产？

家学渊源，善益子孙。“六尺巷”留给我们的不仅是为官之道，也是为人之道；不仅是治家之道，也是服务人民之道。

沧海桑田，历史的人物已经随风而去，但是，人性的光辉仍然闪耀在今天的夜空。经过时间的沉淀之后，留下来的千百年不变的是精神，是信仰，是文明，是智慧，是诗意的生存！

[案例 2] 毛泽东不做历史悲剧人物“第二”

毛泽东很注意吸取历史经验，在每一个斗争阶段，他都比较历史上曾经的成败兴衰，以史为鉴，避免重蹈覆辙。

在国共合作组成“抗日民族统一战线”时期，毛主席铭记历史，红军改编为第八路军后，毛主席坚持了党对这些有限的“枪”的领导权，而且为了让这股革命的有生力量不被国民党利用而成为炮灰，他让部队到敌人的后方而不是国民党的后方去开展游击战，组织民兵和游击队，发展和壮大队伍，并在“持久战”理论的指导下有效地消灭敌人，这样既完成了自己的民族责任的历史使命，向全国人民表明了共产党人抗日救亡的决心，同时又避免了被国民政府所左右、蚕食和屠杀，没有成为“梁山好汉第二”。

解放战争期间，毛主席发出了“宜将剩勇追穷寇，不可沽名学霸王”的号召，没有做“楚霸王第二”。

1945 年 7 月黄炎培访问延安时，向毛主席关于提出共产党怎样避免历代“其兴也勃焉，其亡也忽焉”的“历代兴亡周期律”的支配。主席明确回答：我们已有新路，我们能跳出这一周期律。这条新路就是民主。只有让人民来监督政府，政府才不敢松懈。只有人人起来负责，才不会人亡政息。在党的七届二中全会上，他更明确地告诫全党，要警惕糖衣炮弹的袭击，夺取全国胜利只不过是万里长征走完了第一步。在离开西柏坡进京时，他明确表明坚决不做“李自成第二”。

任何一个领导者，都不希望重蹈复辙。如何做到这一点，恐怕取决于领导者是否坚持历史思维。毛泽东为什么能？美国作家和记者埃德加·斯诺对毛主席的一段评价可以作为回答。他说：“毛泽东有很好的教养，内部是钢，有坚强的抵抗力。毛从来不是教条主义者。他是灵活的，愿意变革和学习，而最重要的是忍耐——直到那个转折点上。他等待着那个最低点，然后在车轮向上转动时采取行动，不太早，也不太晚，他跟着历史来引导历史。”自我修养、熟读历史、变革创新、择机而动，培树了毛泽东强大的历史思维。

[案例 3] 向丑化英雄行为坚决说不

近一段时间以来，丑化英雄暗流涌动。英雄是什么？英雄，是自古以来在历史长河当中涌现出来的、对于国家和民族发展进步做出牺牲和奉献的人，为了民族的振兴，他们赴汤蹈火，在所不惜，他们是人民的典范，民族的灵魂，是国家的脊梁。

然而，近一段时间，丑化英雄的现象频频出现，有人假学术之名丑化英雄，有人借狗血文艺作品恶搞英雄，有人借负面舆论解构英雄，有人以不当言行侮辱英雄，这些丑化英雄的言行虽然只是暗流，但其隐蔽性强、影响面大，如果不加以打击和管理，长此以往，将会动摇人民信仰、削弱国家力量、瓦解执政根基，毁一个英雄，就是毁一段历史；毁一段历史，就是毁一种信仰；毁一种信仰，就是毁一个民族。

这些人丑化英雄的目的，一是为乐丑化英雄，二是为名丑化英雄，三是为利丑化英雄，四是为权丑化英雄，无论是娱乐至上、娱乐至死，还是为了吸引眼球、博名出位、谋取利益，或是为了颠覆政权，都在一定程度上起到了影响人们的记忆、左右人们思想和行为的作用，丑化英雄，是历史虚无主义在英雄观上的反映。丑化英雄与反对丑化英雄，是一场意识形态领域的长期斗争。事关党的前途命运，事关国家长治久安，事关民族凝聚力和向心力，我们必须捍卫英雄善于亮剑。

其中，最重要的就是运用历史思维，以事实回击谬论，让历史说话，用史实发言，澄清疑惑，扶正祛邪。怎么让史实发言呢？这就要求我们要正面发声，讲好英雄故事。要呈现真实性，让英雄回归正常人的生活中，不能神化、虚化、浮化英雄。我们不仅展现英雄精神的高大，也可以展现英雄生活的细节，让人真实可信。要体现时代性。要将英雄放在历史背景中讲述，我们才能进入历史现场，理解英雄们在那个时刻做出的非凡之举，进而增加认同感。比如，2015 年举行了抗战 70 周年纪念活动和阅兵仪式，就是很好的契机，可以让我们更深入地了解中华民族反法西斯战争的革命历史，抗战老兵的出现，让很多人热泪盈眶。其次，时代性还表现在我们所选择的传播方式上。利用全媒体时代的信息传播优势，采用多种传播方式，更易于年青一代接受和传播。对于网上的不实传言，要敢于发声，及时发声，牢牢掌握话语权，避免思想主阵地的丧失。

历史不容否定！否定历史就等于背叛。历史不容忘，吾辈当自强。

［案例 4］以史为鉴　中国钢铁化解产能之道①

中国正在经历欧美国家此前所经历的“钢铁危机”，去产能力度不断加大，然而成效并没有预期那样理想。那么借鉴此前欧美国家去产能之路，中国应该怎么做？

曾经作为工业大国的欧美等一些国家，都在 20 世纪经历了钢铁危机。美国曾经像现在的中国的一样，占据着全球一半的钢铁产量，然而持续的产能过剩以及产品落后，导致产业结构崩塌，从而导致危机的产生。危机的化解路径归根结底就是持续不断地去产能。而去产能的过程，实际上也是钢铁产业结构调整的过程。产业结构调整必定伴随着落后产能的淘汰和转移，同时去产能也是产业结构调整最核心的问题。

放手一搏　不做温室之花

据资料显示，1969 年，在美国政府的支持下，美国钢铁企业与欧洲、日本的钢铁企业就自愿限制进口钢材达成了一致协议。2002 年迫于国内钢铁企业的压力，美国布什政府启动 201 条款对美国的汽车制造商和其他钢铁用户征收高额的关税来制裁企业从国外进口钢铁，以救助长期不景气的国内钢铁

① 中钢网：《以史为鉴　中国钢铁化解产能之道》，http: //news.steelcn.cn/a/120/20160927/87787702C30F79.html。

产业。从长期来看，保护主义措施对美国钢铁工业发展的作用是弊大于利。国内钢铁企业多数为国企，与欧洲钢铁企业私有化之前类似，不断受到地方政府的保护。李克强总理在2016年政府工作报告中明确指出，钢铁行业去过剩产能总的原则仍是市场倒逼、地方组织、中央支持，设立工业企业结构调整专项奖补资金1000亿元，用于解决职工安置、转岗、技能培训等方面的问题。不管是钢企还是地方政府，都应该明确去产能的意义所在，而不是一味寻求保护，养成温室中的花朵。

优化结构　切忌故步自封

20世纪80年代以后，美国进入后工业化时代，美国钢铁企业进行了大规模的管理及技术改革，通过高技术的扩散和渗透，促进钢铁工业有效地实行技术革新、结构重组，在更高层次上进行生存与发展。近几年，美国钢铁工业的经济效益在不断提高，竞争能力有所改善。其实，从近年来我国钢铁的出口结构可以看出，高附加值的产品所占比重非常小，所以造成了普碳钢材产品不断出现反倾销事件。工信部发布的《钢铁产业调整政策》（征求意见稿）中明确表示，钢铁技术创新体系不断完善，将建成一批具有先期介入、后续服务及推广应用功能的研发中心、实验室和产业联盟等创新平台。国内钢铁企业必须积极发展新技术、新工艺，降低成本、提高效率和产品竞争力，努力向专业化和多元化方向发展，不断提高企业内在实力。

环保倒逼　保护生态环境

曾经严苛的环保要求对欧洲钢铁工业去除过剩产能起到了积极作用。欧盟国家执行的碳排放交易政策，使得欧盟范围内钢铁企业生产成本上升，甚至导致部分成本过高企业直接退出市场，客观上实现了落后产能的主动退出。我国钢铁行业发展粗放无序，大型钢企尚能保证环保标准，然而中小企业的生产状况真是让人揪心。困扰中国多年的雾霾天气，严重影响人们的正常生活。2015年开始史上最严格地实施《中华人民共和国环境保护法》，按日记罚，上不封顶，多个企业接到罚单。2016 年环保组多次走访产钢大省，河北、江苏、河南、江苏等地，都因为环保组进驻而使得不达标钢企停产，但是，一旦环保小组离开，部分不达标企业又“死灰复燃”，治标不治本。国家想要去产能，必须严格执行环保标准，使污染企业难有出头之日，才能彻底淘汰落后产能，促使留下的企业加快转型升级。

转移产能　实现国际布局

欧美国家工业发展到一定阶段，仅仅依靠国内需求是难以消化的，将钢铁产能转移至其他钢铁工业不发达地区，帮助欧美国家在一定程度上降低了过剩产能。例如安赛乐米塔尔通过大量的兼并重组，钢厂遍布欧洲、亚洲、非洲以及美洲，实现了真正意义上的产能转移。在国内钢铁行业如此严峻的形势下，国内企业也应该适时转变思路，海外建厂，增强国际竞争力，这是顺应时代潮流的。我国企业自主投资或者与当地企业合作，逐渐实现中国钢铁产能的全球化布局。河钢、鞍钢、济钢、中钢等多数钢铁企业均有海外建厂计划，主要覆盖东南亚等钢铁工业不发达但是需求较大的地区。钢铁产能“走出去”是未来必然发展趋势。同时，中国钢铁工业经过多年发展，也具备了“走出去”的实力和能力。

以史为鉴，可以知兴替。欧美等工业大国都曾经历去产能之殇，中国借鉴其经验，或许可以少走弯路，更加有序有效地化解过剩产能，实现钢铁行业的持续长久发展。

常“回家”看看。历史是人的精神家园。这个家园中有民族的血脉。优秀传统文化是一个国家、一个民族传承和发展的根本，如果丢掉了，就等于割断了其精神命脉。

常“回家”看看。历史家园中有悠久的政治文化、丰富的领导思想宝藏、大国成长的艰辛、被帝国主义殖民的屈辱和中华民族不屈的灵魂。

常“回家”看看。李白有诗云：“举头望明月，低头思故乡。”举头望明月，望的是月之皎洁；低头思故乡，思的是何日回家乡。一个没有历史记忆的国家是没有精神家园的，一个没有精神家园的国家是没有前途的。一个没有历史思维的领导者，是没有精神家园的，也是没有前途的。领导者要像习近平要求的那样，“要看得见历史、记得往乡愁”。

常“回家”看看。问问“时间都去哪了？”回家不是为了“躲进小楼成一统，管它春夏与秋冬”，不是沉迷历史之中，不是宅在“家”里，而是走进历史深处，汲取宝库营养，再出发。习近平在庆祝建党95周年纪念大会上的讲话中要求，“不忘初心、继续前行”。

不忘初心，领导者就要通过以史为鉴、以史求是、以史寻根。

继续前行就要以史为志，倾听未来呼唤、把握发展大势，投入火热的历史创造中去。继续前行，就要适应今天的互联网时代，掌握互联网思维，激活发展新动力！

C H A P T E R 0 8

第八章

互联网思维

工欲善其事，必先利其器。

——孔子《论语·卫灵公》

要遵循新闻传播的规律和新兴媒体发展规律，强化互联网思维。

——习近平

先讲一个“神奇”的故事。

一个中国公司在西亚某国开展贸易活动，很快成为当地小偷的目标。中国驻地旁边的几家韩国公司被偷惨了。中国公司小心防范，也从来没有失窃过，但是之前也有过被入室偷窃未遂的事件出现。

穷则变，变则通。韩国公司的这些人一琢磨，这丢的钱都能雇保安了！于是他们真就雇了两个保安，还特意配了个现代 SUV，车顶上装个警用灯，二十四小时轮班围着韩国公司巡逻，自从开始巡逻后，韩国公司再也没丢过东西，效果是立竿见影。

遗憾的是，中国公司租的房子，跟韩国公司的驻地隔了一大栋房子和一条路。

怎么办呢？于是，领导们开了个会，讨论是不是也要雇两个保安来，或者至少和韩国公司合伙，一起分担一下请保安的费用。

但讨论的最终结果是，中国公司在自己驻地的窗口安装了一个小小的设备。

令人惊奇的是，从此两个保安自愿地扩大了巡逻范围。

中国驻地公司过上了平安无事的幸福生活。

那么，这个小小的设备到底是什么？

中国公司的领导们运用了什么思维，能够智“请”保安？

“世界潮流，浩浩荡荡，顺之者昌，逆之者亡。”在上一章我们提到，运用历史思维，紧跟时代潮流，顺应和把握历史趋势，是我们做好一切工作的基础。今天，互联网浪潮正是这样代表时代潮流和历史趋势。互联网为我们提供服务的速度是光速，范围是全球，距离是零，时间是一天 24 小时，容量是无极限，互联网创造出前所未有的财富。

互联网好比高速公路，组织好比车队，领导者好比头车，互联网思维好比汽车的发动机，组织成员没有互联网思维就会掉队，领导者没有互联网思维就会丧失领导权。

一、互联网思维引起头脑新风暴

普适计算之父马克·韦泽曾经说，最高深的技术是那些令人无法察觉的技术，这些技术不停地把它们自己编织进日常生活，直到你无从发现为止。今天，互联网正是这样的最高深技术，它正潜移默化地渗透到我们的生活中来，渗透到社会的方方面面，极大地改变了人们生产和生活的方式，影响了人们对于自我、对于世界的看法，给人们的思维方式带来了巨大的冲击，形成全新互联网思维。

例如，大家都比较爱看原声中文字幕的美国大片、日本动漫等影视作品，以往，一部新的国外作品要翻译成中文，大致会经过提供片源、翻译、校对、制作时间轴、制作特效和发布等环节，这些工作以传统的方式需要机构或公司首先买进版权，然后再聘请相关专业人员完成上述各工作流程，一般最快也需要一周时间，时间太长。

影迷们往往都等不及，就抢先看原声原文版，结果，等到原声中文字幕出来后，有些人已经没有兴趣再看了。

互联网时代的到来使人们译制工作的思维发生了根本性改变。现在人们只需几个小时甚至不到一个小时的时间就能实现原版进口影视作品的中文字幕化。

之所以能够快速实现中文字幕化，是因为人们运用了全新的互联网思维，正是运用互联网思维，使人们改变了传统的影视作品的译制生产方式，通过网络上一群热爱影视的翻译爱好者们义务翻译，实现了中文字幕化的“瞬间”完成，这群爱好者们自称为“网络字幕组”。

“互联网思维”是由互联网创业者首先提出的。据权威刊物红旗文稿的介绍，“互联网思维”是百度创始人李彦宏在 2011 年首次提到的。当时，李彦宏提出的互联网思维，就是要基于互联网的特征来思考问题。2012 年小米科技董事长兼 CEO 雷军开始频繁提及一个相关词汇“互联网思想”。几年来，雷军一直试图总结出互联网企业的与众不同，并进行结构性的分析。2013 年 11 月 3 日，《新闻联播》作了题为“互联网思维带来什么”的报道，公开使用了这个词，这是互联网思维的社会关注度达到新层次的一个标志[①]。此后，互联网思维得到人们的广泛关注和反思，人们已经在互联网企业家的引领下达成以下共识：

第一，用户至上。在互联网时代，只要使用你的产品或服务，那就是你的“上帝”，为了获得“上帝”的垂青，服务商提供的许多东西不仅不要钱，还把质量做得特别好，甚至给人们补贴来吸引和欢迎人们使用。

第二，体验为王。用户体验是互联网思维制胜的关键。好的用户体验从细节开始，并贯穿于每一个细节，能够让用户有所感知，并且这种感知要超

---

① 刘帅：《什么是互联网思维？》，载《红旗文稿》2014 年 9 月 11 日。

出用户预期，给用户带来惊喜，贯穿品牌与消费者沟通的整个链条，说白了，就是让消费者一直开心。可见，用户体验，不是用户的一般主观感受，而是把一个产品或服务做到极致，给用户超出预期的感受才叫体验，要让人们获得的感受超出他事先的预期，这就超出他的体验。

第三，免费模式。在软件免费之后，硬件也步入免费的时代。硬件以成本价出售，以零利润运营，当然，天下没有免费的午餐，免费是为了更好地收费，赢利依靠的是增值服务。

本章前面提到的中国驻延布公司的领导者们运用的就是互联网思维的免费模式。开始领导们讨论是不是也要雇一个保安来，或者至少和韩国公司一起分担一下保安的费用。但讨论的结果是，在中国驻地公司的窗口装了个没密码的WiFi。

开始几天，那边的小保安毫无察觉。于是中国公司的员工主动出击，下班回来以后故意在门口拿着 iPad 和手机在窗户边玩游戏。

没过几天，小保安就“发现”了这个“秘密”。那辆现代 SUV 上下班点还能围着既定路线转悠转悠，一过这个时间点，这辆车就绕到中国公司门口，时常停下休息玩会儿手机。到了晚上，车里暗淡的灯光下是一副恐怖狰狞的笑脸，背对大门，犹如门神一般！

免费的力量，让一个用户变成了一个产品和服务，心甘情愿地为你的利益来做事，同时他还觉得像占了便宜一样，小心翼翼地维护着你。这就是免费思维带来的增值服务。

第四，极简创新。用简洁的产品来吸引和服务用户，要把功能上超级强大的东西做得极其简约，使用户体验上得心应手，就能打动人心，为成功奠定坚实的用户基础。

1997 年苹果公司接近破产，乔布斯重回苹果，第一个大动作就是把苹果公司从 Apple Computer Inc. 的 Computer 在公司名称中拿掉，使苹果公司的名称从一个和电脑息息相关的公司变成了一个类似水果的有限公司的字样。去掉了“电脑”字样的同时，他也拿掉了与电脑有关的大量产品，推出了第一款震惊世界的产品 iPod。其实那时候随身听的龙头老大是 Sony 的 Walkman。大家还活在 CD 的时代，iPod 的出现改变了音乐的格局。MP3 直接可以拿来收听音乐，让音乐迷旅行的时候不再需要更换卡带或者 CD 片，另一个重大突破是把 iPod 和 itunes 的绑定。解决了没有时间天天去逛 CD 店找好听的歌这个大问题，让很多担心自己使用盗版的人找到了一个更好的交易平台。iPod 的推出让苹果的市值瞬间暴涨，他继续收缩产品线，减少库存，聚焦在有前途的产品上，集中力量开发与 iPod 有关的产品，让苹果把这个被 6 大权威报纸预测将要破产的公司从死亡线上拉了回来，此后从 iPod 到 iPhone、iPad，苹果公司的产品成为互联网时代的宠儿，苹果的新发展创造了超过昔日的辉煌。

乔布斯成功挽救苹果的经验告诉人们，面对复杂形势和激励竞争，领导者要勇于壮士断腕，学会做减法、除法，理解和强调“少即是多”“简练即是美”的道理。从而把精力放在适应和引领互联网时代民众需求的产品和服务创新上，学会专心专注，体现专业专长，通过小微创新积累、叠代形成系统创新。

第五，平台思维。互联网的平台思维就是由领导者提供开放、共享、共赢的平台，大家来发展的思维。平台模式最有可能成就时代巨头。在国外有苹果、谷歌等，在国内有 BAT 即百度、阿里巴巴、腾讯等。

领导的本质是服务，领导就是让组织成为员工成长的平台，领导的过程就是一个不断为追随者和服务对象打造学习的机会，提供创新服务的工作平台，创造能力展示的表演平台。

第六，跨界思维。跨界应该是现在互联网上谈论最多的思维模式，从最开始的苹果跨界进入手机行业，颠覆诺基亚，微信跨界进入通信领域，颠覆运营商的语音和短信业务到现在如火如荼的互联网金融颠覆传统银行的巨大影响，让人们充分领略跨界思维的巨大革命力量。

如今，跨界无处不在，淘宝和天猫就是阿里巴巴一个互联网公司干起了开办网上超市的活儿，事实上，用户数据是跨界制胜的最重要资产。跨界思维极富魅力，集中体现了互联网思维的特点，无所不在，无孔不入。渗透到传统行业事业产业，实施跨界整合，改造甚至颠覆传统行业事业产业，这就是互联网思维的逻辑。

二、互联网思维成为发展新引擎

互联网思维被广泛运用于经济领域、政治建设、社会建设、文化建设、生态建设和党的建设的方方面面，使得互联网思维的运用展现出美好的前景，可以说，互联网思维是推动发展的新引擎。

新思维催生的新业态。移动互联网、云计算、大数据、物联网等都是在互联网思维推动下发展起来的。

互联网思维具有时代价值和人类意义。美国著名未来学家托夫勒提出，“谁掌握了信息，控制了网络，谁就将拥有整个世界”。信息化是当代最鲜明的特征，互联网将信息化推向一个新的高度，推动人类进入历史上一个新的文明形态，推动了人类生产生活方式的快速转变。

当今时代，以信息技术为核心的新一轮科技革命正在孕育，互联网日益成为创新驱动发展的先导力量，深刻改变着人们的生产生活，有力地推动着社会发展。互联网真正让世界变成了地球村，让世界越来越成为你中有我、我中有你的命运共同体。

2014 年 2 月 27 日，习近平主持召开中央网络安全和信息化领导小组第一次会议并指出，当今世界，信息技术革命日新月异。信息化和经济全球化相互促进，互联网已经融入社会生活方方面面，深刻改变了人们的生产和生活方式。我国正处在这个大潮之中，受到的影响越来越深。

“工欲善其事，必先利其器。”习近平提出，“没有信息化就没有现代化”。在信息技术革命日新月异的时代，我们提出了两个百年的宏伟目标，要实现现代化目标，时间紧迫、任务艰巨，用传统的思维方式很难完成使命，在这个重要时刻，学好和用好互联网思维就显得尤为重要。互联网思维已经不仅是一个工具，不仅是一个思维利器，而且是一种思维境界，这种主张互联互通、共建共享的思维有助于人类文明的进步和发展，有利于人全面和自由的发展，因此，学好用好互联网思维也是持续发展的长期要求。

2014 年 8 月 18 日，习近平在主持召开中央全面深化改革领导小组第四次会议时强调指出：要“强化互联网思维，坚持推动传统媒体和新兴媒体在内容、渠道、平台、经营、管理等方面的深度融合”。领导干部应该把握时代契机，将领导工作与互联网思维相结合，利用互联网开创新局面，实现从“+ 互联网”到互联网思维的跨越，实现更深层次的互联互通。因此，如何在实际工作中运用好互联网思维，成为领导干部应当面对和深入思考的课题。

三、互联网思维体现互联新精神

简单地说，互联网思维就是以互联网的方式来思考和处理问题。以互联网的方式思考和处理问题，最直接的要求就是互联互通。

（一）互联互通是互联网思维的生命所在

互联网的本意就是“互联互通”。互联网也叫“因特网”，原因就是在英语中，互联网是由 inter 和 net 组成，是 International Net 的简写，所以又称国际互联网。

互联网的起步就基于“互联互通”的思维。在 20 世纪 60 年代美苏“冷战”时期，为了防止集中的军事指挥中心被苏联的核武器摧毁，为了避免全美国的军事指挥出现瘫痪状态，美国国防部设计了这样一个分散的指挥系统，它由一个个分散的指挥点组成，当部分指挥点被摧毁后其他点仍能正常工作，而这些分散的点又能通过某种形式的通信网互联互通。这是 1969 年美国国防部高级研究计划管理局（Advanced Research Projects Agency，ARPA）开始建立的一个命名为阿帕网的体系。后来，计算机网络在通信、资料检索、客户服务等方面发挥巨大作用，在资源共享及用户之间交换信息方面有了极大的突破，为用户提供强有力的通信手段和尽可能完善的服务，从而极大地方便了用户，实现了更广泛意义的互联互通。麦克卢汉提出的“地球村”的预言逐渐地实现，凸显出互联网在“地球村”形成过程中的关键作用。

习近平在描绘当今世界的变化与发展时说“互联网真正地使世界变成了地球村，让国际社会越来越成为你中有我、我中有你的命运共同体”。在这个世界“命运共同体”中，互联网思维起到了重要的连接作用。

在数学领域，存在着“六度分割理论”（也叫“小世界理论”）。这一理论提出：你和任何一个陌生人之间所间隔的人不会超过六个，也就是说，最多通过六个中间人你就能够认识任何一个陌生人，这种理论在互联网时代已经从假设走向现实。任何两个互不相识的人，通过互联互通的方式，总能够产生必然联系或者关系。在这个意义上，随着联系方式和联系能力的不同，实现个人期望的机遇将有明显的不同。因此，领导者的价值取决于其连接，与谁连接，连接多少，连接越广、连接越厚，说明领导者的潜在资源越多，其可开发的价值也就越大。

互联网思维的生命力所在就是互联互通。通过互联互通的新认识新思维，各种人、财、物、信息等资源被激活、配置、整合，从而发挥出比以往更大的价值。互联网思维也加强产业同消费者之间的互联互通。消费者在互联网时代中的地位和作用得到不断的提升和体现，互联网将企业同消费者之间的距离缩减到无限接近的程度，过去只有花费重金才能实现的个性化的定制服务，逐渐成为互联网经济领域的主流，未来互联网经济、互联网产业的发展方向就是关注关照每一个消费者，实现每一个消费者得到更精准的服务。互联互通还体现为由互联网带来的国际间的、人与人之间的互联与互通，由于互联网这种互联互通的特质和人们对于互联互通的需求，促使互联网领域产生了一系列基于互联互通的创新与变革，具体体现在大智移云上，互联互通也使互联网在运用中实现自身的几何式增长。可以说，互联网的全部活力与价值都蕴含在互联互通之中。

（二）互联互通要求开放思维与创新思维

开放是互联网思维的本质特征之一，是互联网思维的空间体现，是互联网思维的一种横向思维特征。开放是互联网互联互通的前提。互联网是一个高开放性的、全球化的系统。国际互联网建立的最原始动因是为了资源的共享，要共享就必须搭建一个相对开放的技术平台，这就要求电脑相互连接，并保持开放，这样，互联网就成为一个自由、开放和共享的计算机网络。没有思维的开放性，“inter”这个“互联”就成了空话，互联网也就成了局域网，甚至是僵网、死网。只有开放思维，将信息向全球开放，向不同类型的电脑开放，向不同的用户开放，才可能让互联网实至名归。同时，开放也是互联互通的结果。互联网要求越来越多的相互连接，而使更多互联建立起来之后，这个网络中的各个终端自然而然就呈现出了开放性。

开放决定发展。开放变成互联网时代领导成功的必备特征，你若不开放，你就没有办法去获得更多的连接，你就无法配置更多的资源，也就无法更有效地实现领导目标。因此，领导者应坚持发挥互联网思维引领思想、引导行为、指导工作的功能，不仅开放办公场所，拆除围墙，而且要开放思维空间，使不同行业、不同生活经历、不同地域的人们可以共同就某一现实问题展开交流和讨论，贡献思想火花和智慧闪电，扩展领导思维的边界，丰富人们的认识，加快推进人类文明的进程。

创新是互联网思维的本质特征之一，是互联网思维的时间体现，是互联网思维的一种纵向思维特征。

互联网思维为什么需要创新思维呢？互联网思维是一种高级思维活动。在互联网行业，创新越来越多地以两种形式出现：一种是用户体验的创新，另一种是商业模式的颠覆。在经济生产中，从消费侧的角度来看，因为在互联网时代，用户的需求是分散的、个性化的、不断水涨船高的。从供给侧的角度来看，信息技术发展日新月异，在核心技术不断提档升级的情况下，产品创新的及时提供也成为现实。

创新思维的核心是快速提供新的产品和服务，提升产品和服务的水平。通过互联网，实现了互联互通的生产者与消费者之间的实时互动，设计生产争分夺秒，消费换代与时俱进。通过快来发现需求，通过快来满足需求，通过快来创造需求成为互联网时代生产方式和生活方式的典型特征。

四、互联网思维追求共享新主张

互联网思维是一种整体的思维，它是一种包容的思维，是一种共建共担和共享共赢的思维。

（一）以共建共担思维培育互联网思维

共建共担成为互联网的核心精神之一，它要求互联网的使用者们在受益之后，同样去帮助别人，自愿地相互帮助成为互联网影响人的一种内生机制。共建共担思维集中体现为树立“众包”“众创”“众扶”“众筹”思维。

“众包”（crowd sourcing）是由美国《连线》杂志的记者杰夫·豪（Jeff Howe）在2006年提出的新思维。杰夫·豪所说的“众包”是指“一个公司或机构把过去由员工执行的工作任务，以自由自愿的形式外包给非特定的（而且通常是大型的）大众网络的做法。众包的任务通常由个人来承担，但如果涉及需要多人协作完成的任务，也有可能以依靠开源的个体生产的形式出现”。也就是说，组织把过去由员工执行的工作任务包给网民去做，把精英都难以做好的事交给草根去做，借助外脑外力实现复杂任务。

“众包”不是传统的“外包”，传统的外包具有明显的精英性，依赖的是专业机构和专业人士，主张“让专业的人干专业的事”。而“众包”则是互联网力量彰显的产物，强调的是社会差异性、多元性带来的创新，依靠的是“草根阶层”，相信“劳动人民的智慧是无穷的”，主张“三个臭皮匠顶个诸葛亮”。开发的是草根这支不可忽视的潜力股。

“众包”思维仿生的是“蜂群思维”，也叫“蜂群意识”，这是一种集体思维，是指由许多独立的单元高度连接而成的一个活系统。凯文·凯利著名的《失控：机器、社会与经济的新生物学》里做了详细的阐述。当然，我们也可以用我们熟悉的“蚁群思维”来理解众包。

蚂蚁在一亿年前就开始生活了，它和恐龙是同一个时代的，令人没有想到的是，在地球上统治一亿六千万年的恐龙灭绝了，而小得可怜的蚂蚁却奇迹般地活了下来。

蚂蚁为什么能？

因为蚂蚁有极强的互利共生本能，形成一种团结协作的“蚁群智慧”，能使它们以惊人的速度搬运超过它们体重数倍的重量，度过个体无法单独承受的危机。

培育“众包”思维，实际上是网络时代“从群众中来”的新型体现，领导者大开选择的空间，运用互联网将一定的工作释放到广大网民中去，以一定的激励措施让网民充分提出意见和建议，再从中选取主意，甚至再通过网民来选主意，形成比较完善的决策方案，并且网民们帮助组织监督实施，从而实现体现民主化、科学化的决策。

培育“众创”思维，就是为推动大众创业、万众创新，而构建面向每个人创新的平台和空间的思维，领导干部要科学配置资源，通过打造各种创新创业服务平台，激发亿万群众创造活力，培育包括大学生在内的各类青年创新人才和创新团队，带动扩大就业，打造经济发展新的引擎。

“众创”思维汇众智搞创新。坚持众创思维使领导者能为帮助广大创业者聚集和连接各类创业资源构建孵化平台，为创业能够提供全方位服务，使创业者可以专注于核心业务，有利于推进创意和创新成果的快速转化。目前，全球范围内的众创思维已经构筑出较为完善的创业创新生态，不断孕育出引领全球的前沿技术、商业模式和创新企业，成为推动经济发展的动力之源。

“众扶”是通过政府和公益机构支持、企业帮扶援助、个人互助互扶等多种途径，共助小微企业和创业者成长，构建创业创新发展良好生态的创新形式。领导者应统筹各类公共资源，为小微企业和群体提供免费使用研究场地和设施平台的机会。

“众筹”是个人或企业通过网络向广大网民或组织募集资金的筹资方式，是中小微企业早期发展资金的重要筹集来源。

什么叫众筹？

有一个段子是这样讲的：天冷了，想吃火锅，又懒得出去，咋办呢？首先邀请 5 个人。给第一个打电话：“顺路买点菜来，就差蔬菜了。”接着第二个：“顺路买点羊肉，就差肉了。”然后第三个：“顺路买点冻豆腐和各种丸子啥的，就差这个了。”之后第四个：“就差酒了。”最后第五个：“火锅底料不够了，带点来。”然后，挂电话烧锅水坐等……

这当然是玩笑，可是大家哈哈一笑后，总会多少悟出点道理来。通俗地说，众筹，就是“凑份子”，就是“众人拾柴火焰高”，由很多人投资、很多人管理的一项创业投资。领导干部应充分支持小微组织运用互联网渠道鼓励实物众筹、股权众筹和网络借贷等方式获得发展资金。

（二）以共赢共享思维培育互联网思维

共赢共享是互联网的原初性和目的性精神。“万维网之父”蒂姆·伯纳斯·李的最大的贡献是他对于万维网的共享理想的追求，他提出的技术都是无偿的，所有人都可以简单地使用。他说：“我对万维网抱有的理想就是任何事物之间都能潜在联系起来。正是这种理想为我们提供了新的自由，并使我们能比在束缚我们自己的等级制分类体系下得到更快的发展。”当技术专家和企业家们纷纷成立和并购公司以利用万维网时，他们注意的似乎是这样一个问题：“我如何使万维网为我所用？”然而，与他们同时的蒂姆所问的问题则是：“我如何使万维网为你们大家所用？”在万维网的缔造者那里，互联网思维的文明特质跃然闪现。

树立“共赢”思维，共治善治，构建和平共处的和谐社会。信息网络技术已把越来越多的个人、组织、民族和国家连接成为生机勃勃的生态网络系统，一个共生共栖的全球化社会。与其吃掉对手或与之竞争，不如结成同盟。各种主体之间竞相结盟，在信息和网络产业当中尤其如此。信息交流已经加快催生了各种合作和共赢行为。而从领导角度来看，共赢也应当是当代领导思维新模式。基于网络平台的多元主体共建愿景，共同治理，通过合作共赢可以创造更大的价值，共享“合作红利”。

共享是网络的内在特质，正是这种内在特质使万维网成为现代社会独一无二的伟大发明，这种发明只有中国的火药、指南针、造纸术和活字印刷术可以与之相媲美。共享性赋予了互联网无穷魅力。

在互联网技术领域存在一个基础定律叫梅特卡夫定律，这是一种互联网技术发展规律，是由计算机网络先驱罗伯特·梅特卡夫提出的。该定律表示：网络的有用性（价值）随着用户数量的增加而增加，网络的有用性等于用户增加量的平方。换句话说，互联网或互联网产品的价值随着用户数量的增加而增加。根据梅特卡夫定律我们可以获知，如果不存在用户，那么互联网的价值就是零；如果互联网用户较少，那么它的价值也不会高；只有当互联网用户开始大量地增长的时候，互联网的价值才能够充分地体现出来。

共享性极大地增加了用户量。使用者越多，网络对使用者而言效用（价值）会越大。如同一部经典文献一直被消费，但其价值不但没有减少，反而增多是一个道理。不仅如此，互联网最大的特点是它的包容性，用户不仅仅消费价值，而且创造价值。信息的消费过程同时就是信息的生产过程，它所包含的知识或感受在消费者那里催生出更多的知识或感受，使信息再生产可持续地发生。

领导者要坚持互联网思维，就要有共享精神，共享信息，共享资源，更好保障人民的知情权、参与权、表达权、监督权落实到位。人民当家做主是社会主义民主政治的本质与核心，只有积极推进领导决策网络化、公开化、民主化，才能使政治资本转化为社会资本；只有让社会各阶层分享改革开放的红利，才能提高和加强执政党与政府的治理能力。

共享思维最鲜明的体现是“免费”思维，共建共享，为构建公平正义的幸福社会提供机会。与原子构成的物质产品无法分享截然不同，以比特形式存在的信息，本身就包含有共享的性质。与传统“原子经济”不同，“比特经济”则是开放的、多元的、个性的，新经济主体更加注重分享的力量和免费的意义。互联网越是开放，发展就越是迅速，服务质量就越好，互联网服务企业的投入成本越低，网民的进入门槛和使用成本越低；使用互联网的人越多，互联网的价值越大，互联网产生的效益越多。大型网络平台无不免费开放，吸引更多的网民，产生更好的效益。从领导角度来看，领导就是引导追随者共享美好生活的过程。

因此，领导干部要适应新经济社会发展趋势，树立免费思维，加快共同富裕过程。领导干部要注意建设信息网络平台，推动数据、知识和智慧的共享，释放信息技术的红利。大力推动免费能源、免费教育、免费医疗等公共事业的发展，提高网民群众的幸福感，构建公平正义的和谐社会。

善治是互联网时代领导的基本方式，是共同参与的治理、依法行政的治理、阳光透明的治理、回应互动的治理、共识取向的治理、公平公开的治理、富有效率和效能的治理、负责尽责的治理。在国内社会，党和政府建设好、利用好、管理好互联网，协同工商企业、社会组织以及广大网民群众，加强治理，共同追求中国梦。在国际社会，应该加强与各种治理主体交流与合作，与国际社会共担责任，共对挑战，谋求共治，实现共赢。在互联网时代，领导者要弘扬中国传统优秀文化“修身、齐家、治国、平天下”之道，并借助互联网向世界传递“穷则独善其身，达则兼济天下”的积极而达观的思想，尊重主体，追求包括每个人、每个组织、每个民族、每个国家等各主体间的平等互利、和平共处与发展繁荣。

五、互联网思维培育网络新领导

互联网作为一个网状结构，已经没有明显的中心节点，它以一种去中心化的分布在体现和推行着平等观念，呼唤和追求着互联互通、共建共担、共赢共享。因此，领导者坚持互联网思维，要树立和强化“平民领导观”，培育新的领导方式。

平民化领导方式[①]是互联网时代出现的一种普遍的新领导范式。它是一种凸显和张扬居于多数的被领导者的地位和作用，把他们当作组织发展的主导力量，通过发挥他们的整体性创造张力，以达到组织、社会发展进步的领导方式。平民化领导方式是对传统等级化领导方式的一种扬弃。在领导关系上，平民化领导更强调领导者与被领导者之间和谐、平等、尊重以及互动、互换的关系；在领导目标上，平民化领导希望通过凸显被领导者的地位和作用，充分发挥领导者和被领导者的双重积极性，更好地促进组织的变革，与之相适应，领导方式也要发生相应的转变。

（一）从集中领导向分散领导转变

集中领导是封建等级时代的产物，它主要表现为领导权力和责任集中在少数人手中。只有少数人才有资格执掌领导权，发挥领导作用，大多数人只能是俯首听命。这种领导方式不仅严重地压抑了下属工作的积极性、主动性和创造性，而且还常常导致领导活动出现低效能甚至是负效能的现象。互联网的水平存在方式决定了网络是一个平等的世界。网络组织中的成员间彼此平等相待，网络使我们的世界更加透明和精彩。因此，互联网思维下的平民化领导方式，与集中领导方式恰恰相反，其要义是领导权力分散化、领导责任分散化、领导机会分散化、领导作用分散化。

平民化领导的实质是一种积极作用和影响力，而这种积极作用和影响力

---

① 刘兰芬:《领导学研究》，黑龙江人民出版社 2012 年版，第 169 页。

并非单纯属于少数人的，领导者可以发挥领导作用，被领导者也可发挥领导作用，每一个人都可对组织发挥或强或弱的积极作用和影响力，并成为实质上的领导者。也就是说，平民化领导强调把注意力放在大多数人身上。作为领导者，应该把自己看作组织中的普通一员，充分认识到自己所从事的领导活动并非别人不能做。作为追随者则应该认识到，尽管自己不是组织中的法定领导者，但仍然可以在组织中发挥真正的领导作用。

（二）从有界领导向无界领导转变

在传统的领导活动中，领导者就是领导者，下属就是下属，二者之间界限分明，不可逾越。这种领导方式直接导致了领导者与下属之间只能各行其是，“井水不犯河水”，彼此之间没有良性互动和必要的沟通，这就势必影响领导整体效能的提高。互联网时代，平民化领导则要突破领导者与追随者之间的界限，二者之间的角色定位将变得逐渐模糊。

之所以这样，主要是因为：第一，平民化领导强调领导的作用不再局限在少数领导者身上，人人都可发挥领导作用，在领导者与被领导者之间，没有不可逾越的鸿沟，两者的相互转化是极其平常之事。第二，领导替代理论和自我领导理论告诉我们，现代社会的成员其主体性不断增强，他们完全有能力实行自我领导、自我激励，在实现组织目标时，完全可能形成以被领导者为主导的领导方式，领导者仅仅是一个鼓动者或是为被领导者服务的公仆。

（三）从无限领导向有限领导转变

等级主义领导脱离领导情景和领导对象，孤立地看待领导的作用，因而把领导看作是无所不能的英雄，认为领导者的力量和作用是无限的，甚至把领导者奉为不同于凡人的神。

平民化领导则在领导的情景中，在领导者与被领导者的互动中看待领导者的作用，并把领导的作用植根于广大追随者之中，认为一旦脱离被领导者，脱离一定的社会条件，再高明的领导者也是一事无成。因此，平民化领导强调：没有无限的领导，只有有限的领导。领导者应把更多的空间、更多的机会、更多的权力、更多的责任留给被领导者，而不是包揽一切。

（四）从人治思维向法治思维转变

等级主义的领导方式具有明显的随意性、非理性的人治色彩，它缺乏规范、缺乏程序、缺乏规则，不讲法治。这种非理性的、人治的领导方式极容易导致领导者的独裁与专制。平民化领导方式是在市场经济体制日益完善，国家民主法治建设趋向成熟的背景下出现的，是民主法治高度发展的必然结果。领导者在社会生活和领导实践中必须严格遵循宪法和法律，人治领导必须要让位于法治领导，在领导活动中越来越强调体制的作用、制度的力量、法律的尊严。

六、互联网思维开辟虚实新天地

互联网思维给人们带来的自由和发展切实可见，这个具有虚拟色彩的思维，正以令人惊奇、惊喜的方式把梦想变成现实。让虚拟照进现实，领导者要给自己插上互联网思维的翅膀，与时俱进，不断创新领导方式，领导和团结人民群众创造更加美好的生活。

[案例1] 四川航空“免费接送”车

四川航空公司在四川成都机场有“免费接送”车。只要购买五折票价以上的机票，客户就能享受免费市区接送的服务。

航空公司承诺，司机在载客途中会帮风行汽车做广告，所以，航空公司以远低于市场价格一次性订购 150 台风行菱智。

司机则来源于找不到公司又想当出租车司机的人，航空公司以高于市场价把汽车卖给他们（司机），但承诺会为每一个乘客付 25 元的车费（类似带租约的商铺）。

这样，四川航空公司在自己家门口既通过低价购车、补贴司机、“免费接送”增加了用户黏性，提高了公司的知名度，很好地运用了互联网思维的“平台思维”“补贴思维”和“免费思维”，相对于机票，无论是购车费用，还是司机补贴，都只是“小钱”，这真是个完美运用互联网思维实现资源整合的商业模式。

［案例 2］山西忻州打造“随手拍 +”

忻州作为山西北部地理条件较差的一个地级市，在连续几年加强城市基础设施建设、城区面貌发生显著变化的新形势下，广大市民更加热爱和珍视自己的家园。经当地市民提议，市委宣传部承办，“忻州随手拍”随即应运而生。

忻州随手拍最初只是用来“发现美、曝光不文明”，随后内容涉及面也迅速扩张，各种与民生有关的问题进入视野，从行风问题直至反映“四风”问题，忻州随手拍积极顺应群众呼声，逐步发展成为以问政为核心，集发现美 + 曝光不文明 + 便民信息 + 四风监督 + 理论传播 + 权威资讯 + 培育和践行社会主义核心价值观等模块于一体的新型网络主流媒体。

忻州随手拍 + 政务形成随手拍问政、随手拍理政、政务信息公开、忻州政务资讯模块，忻州随手拍 + 监督形成四风随手拍。忻州随手拍 + 理论形成“全民有理”平台。忻州随手拍 + 核心价值观衍生出好人评选、文明商户评选、志愿服务、廉廉看：猜猜他是谁、网上纪念馆等多个互动品牌。

忻州随手拍从一开始就面向移动互联网发展，主动吸纳新理念已成为新常态，融合 + 免费 + 用户 + 极致 + 导向，已经深刻融入到随手拍发展的方方面面。

忻州运用移动互联网思维“随手拍 +”打造“指尖上的问政绿色通道”，建设培育和践行社会主义核心价值观的移动网络阵地，是践行党的群众路线的生动典范，是党政自媒体舆论引导的全民现场，是政府管理向社会治理转变的探索平台，忻州的经验值得推广学习。

[案例 3]“互联网 +”使“绝情谷”成为“神州行”

在黑龙江省绥化市的明水县，有一个叫崇德镇的地方被当地人称为“绝情谷”，过去，农民无论卖粮卖牲畜还是就医看病都要绕道邻县，单程要走两个多小时。就是修通了公路以后，当地也不富裕，而这也是明水县许多乡镇的特征。到 2015 年上半年，明水县仍有 57 个村被省扶贫办确定为扶贫开发重点村，低于国定标准的贫困人口有 4.68 万人，还有 51 个村没有完成农村电网改造任务。

如何让农民尽快脱贫？明水县领导干部在调研中树立了互联网思维，确定了以电子商务推动现代化大农业进程。他们把绿色食品产业作为电商发展的主导产业，把销售具有无公害、绿色、有机标识的杂粮、畜禽、瓜菜产品作为主攻方向，全面建设全程可追溯的农副产品基地。

要实现增收，就必须进行基地建设、生产标准化、品牌打造和可追溯体系建设。为此，明水县出台了电子商务发展实施方案，支持电信运营商加快宽带互联网建设，实现全县村屯宽带网络全覆盖，县里的公共场所实现免费 WiFi 覆盖，并通过各种途径加大了对农民的支持和培训，通过电子商务倒逼农产品的生产。

现在，通过大数据分析，农民知道了该种什么、怎么种、怎么销售才能更赚钱。明水县已落实近百家绿色农副产品网销直供基地，一年网购已经超过两亿元，年入百万不是梦。

互联网思维为明水插上腾飞的翅膀，使干部群众“飞出”传统条件束缚的桎梏，坚持运用互联网思维，相信在不远的将来，明水县的绿色农业就不仅是“神州行”，而且还会成为“全球通”。

[案例 4] 既要做低头族又要做抬头族

面对互联网思维，领导干部要有态度、有作为。习近平总书记 2014 年 8 月 18 日在中央全面深化改革领导小组第四次会议上指出：“要遵循新闻传播规律和新兴媒体发展规律，强化互联网思维。”作为具体的先进生产力的代表者、先进文化的代表者、中国最广大人民利益的代表者，面对互联网带来的先进生产力、新文化形态、网络民意，领导干部既要善于“低头拉”“互联网”之车，又要善于“抬头看”互联网社会发展之路。

互联网的技术、场域、社会属性，要求领导干部要有低头运用新思维的态度和抬头驾驭新技术的自觉，要有低头调研“网情”的态度和抬头引导网络舆论的自信，要有低头向网民学习的态度和抬头仰望理想信念的自强。

运用互联网思维，在“低头”与“抬头”之间，领导干部实现人与技术互动、官方舆论场与民间舆论场互融、领导者与追随者之间的互助；在“低头”与“抬头”之间，领导干部实现人与技术、人与环境、领导者与群众关系的和谐。一句话，在互联网时代，要想收获成功、追求卓越，领导干部既要做低头族又要做抬头族。

第一，既要做学习上的低头族又要做驾驭网络的抬头族。

马克思曾指出：“蒸汽、电力和自动走锭纺纱机甚至是比尔贝斯、拉斯拜尔和布朗基诸位公民更危险万分的革命家。”互联网是一种具有革命性的新技术，这种新技术给我们的生产方式产生了根本性改变。麦克卢汉提出“媒介即讯息”并提出社会形态因技术而演进为部落化—非部落化—重新部落化，从而把媒介理解为决定人类历史和社会形态的关键因素。互联网作为一种创新性新媒介，对当代生存方式产生巨大影响。在这个意义上，如果没有低头谦虚的学习态度，没有对网络新技术的尊重和重视，没有一种“空杯”

的境界，领导干部就不可能掌握过硬的网络技术，就不可能成为互联网运用的行家里手，就无法掌握先进的生产力，就不可能对互联网新经济、新业态、新社会成功领导。因此，领导干部要做网络技术学习上的低头族。首先就要以虚心的态度、重视网络技术对生产力和生产关系的促进和发展，主动学习互联网知识，提高科学检索信息的“搜商”，熟练运用互联网特别是移动互联网来实施自我领导。领导干部特别是年龄较大的领导干部，不能高高在上、置身网外，不能无视互联网的革命性质和巨大功能，不能将互联网当成“小儿科”；也不能将互联网当成“黑箱”，认为“这东西搞不懂学不会”，产生畏难情绪；更不能轻视使用互联网的年青一代，须知“90后”的年青一代生在网络时代下，长在网络环境中，活在网络社会里，他们才是互联网的“原住民”、移动互联网时代的主人。可以说，在互联网时代，一个不重视网络运用的领导者，就不能算作是一个现代化的领导，就不能算作是一个合格的领导，甚至是一个互联网时代的新“文盲”。

互联网又是一种极具吸引力以致使人“上瘾”的新媒体。例如，它具有包容性，是综合运用文、图、声、光、电等形式全方位展示传播内容，包容海量信息的“全媒体”；它具有平等性，是一种每一个人都有公平的发声机会，人人都可能成为传播中心的“大众媒体”；它具有无界性，是一种对于用户要求较低的“无门槛”、低编辑、低技术、低成本的“平民媒体”；它具有开放性，是一种可以自由搜索，自由发表自己言论，捍卫自己立场的“自媒体”；它具有分众性，是一种社会舆论多层次对象化，体现血缘、地缘、业缘和趣缘关系的“聚媒体”；它具有匿名性，是一种可以穿着“马甲”表达自己观点和纵横游戏的“隐媒体”；等等。互联网的这些特点以其万花筒般的丰富性、以其“自由而不孤独”体验打破了《逃避自由》的作者——德国心理学家弗洛姆提出的“自由与孤独总是同时存在”的悖论，似乎使人在网络“新世界”中一劳永逸地找到了归属感，使社会中过度依赖手机的人越来越多，而不自觉地一步步陷入与日常生活世界隔绝的深度孤独。不少领导干部特别是年轻的领导干部也随波逐流、沉溺网络，并将这一习惯带入工作之中、会议当中，乐此不疲、乐不思蜀、娱乐至上，“中毒”甚深，更有甚者“两耳不闻身外事，一心只在抠手机”，这种把消遣置于工作之上的做法已经成为“为官不为”的一种新表现，影响很坏，危害极大。

互联网隐蔽地侵蚀人的独立性，消弭人的自觉性，瓦解人的自律性。作为先进生产力的代表者，领导干部不仅要敢于运用网络新生产力，而且要善于运用这种新生产力，要成为新技术的主人而不是成为其奴隶，主宰它而不是被它主宰。因此，领导干部不仅要做网络技术运用的低头族，还要做驾驭网络技术的抬头族。而且，恰恰是通过亲身做技术学习的低头族，人们才更能体会到做驾驭网络技术抬头族的重要性。做驾驭网络技术的抬头族，一要在网络技术的运用中实现自我管理，合理安排上网时间，注意保护颈椎、眼睛、头脑和心灵，实现网上与网下的结合、智力与体力的协调、信息素质与身体素质的统一；二要在网络技术使用中实现组织动员和规范约束，通过完善网络运用的体制机制来引导人民群众科学运用网络开展工作，确保组织成员和人民群众运用网络而不沉溺于网络、使用手机而不过度依赖手机，适应时代而不损害国民素质，避免陷入现代技术所诱发的“社会病”，走出网络技术对人的奴役。

第二，既做网络舆论管理上的低头族又做网络舆论引导的抬头族。

互联网不仅是一种新技术，也是今天意识形态斗争的新战场、主战场。它不仅是德国哲学家哈贝马斯所说的“作为‘意识形态’的技术与科学”而宰制人的生活，而且是法国社会学家布尔迪厄所说的“场域”，即文化权力斗争的空间。互联网的开放性使网上各种思潮鱼目混珠、泥沙俱下，搞不好会成为执政党的心头之患。针对敌对势力的渗透和破坏，针对近期某些网络平台和网络文化出现的异化，领导干部必须深入学习贯彻习近平“8·19讲话”“2·19讲话”“4·19讲话”等系列讲话精神，把意识形态工作提升至“极端重要”的程度，提升到“一刻也不能放松”的地步。既然互联网是意识形态斗争的主阵地，那么领导干部就必须高度重视网络舆论场，做好网上意识形态工作。领导干部只有做网络舆论管理上的低头族，“低头”深入网络舆论之中，及时洞察、仔细分辨和适时解决网络舆论问题，才能加强网络舆论治理，才能认识和体会做网络舆论引导的抬头族的紧迫性。要想更好地管理好网络，领导干部还要做网络舆论引导的抬头族，“抬头”看路、引路，做先进文化的代表者和倡导者，引导网络舆论健康发展，让网络空间清朗起来，使网络环境友好起来。

做网络舆论管理上的低头族，要求领导干部明确认识到国外敌对势力蓄意渗透破坏是外因，我们需要低头认识自身互联网运用和管理不到位的问题，这才是决定事物变化的内因。例如，信息生产的效益追求上失准失衡、官方言论在舆论场中失语失位、新闻报道失真失实、正能量传播失声失势等问题都在一定范围一定程度上存在。只有正视自身存在的这些问题，不断提高“媒商”才能创新智能化和智慧型的传播方式方法，才能综合运用舆论批评、纪律约束、经济调节、法律制裁等工具管理好自身的同时也管理好网络。

做网络舆论引导的抬头族，就要意识到互联网对党执政能力的影响，意识到网络执政已经成为党执政的重要内容。做网络舆论引导的抬头族，关键是要坚持马克思主义在领导干部思想中的指导地位，以科学理论武装头脑，来坚定网上舆论引导的正确方向，增强辨别网上舆论立场的眼光，从而历史地、逻辑地、现实地反驳反击历史虚无主义对国史党史革命史的消解和污化，引导人民群众看清历史虚无主义等错误思潮的丑恶面目，以领导干部思想先进性和网上作风示范性赢得网络话语权。

第三，既做倾听网络民意的低头族又做仰望理想信念的抬头族。

互联网的背后是人，正如马克思所说的“技术是人器官的延伸”，麦克卢汉所说的“媒介是人的延伸”“计算机是人中枢神经系统的延伸”。因此，网络舆论背后是社情民意、世道人心，网络舆论是社情民意、世道人心的反映。领导干部只有看到互联网背后的群众主体，才能接收到互联网所反映出的社情民意。互联网是社会公众表达意愿的麦克风，具有社情民意表达功能；互联网是社会舆论的放大器，具有发酵催化社会舆论功能；互联网是社会冲突的晴雨表，具有社会风险预警功能；互联网是社会运行的润滑剂，具有社会关系协调功能；互联网是社会环境的监视器，具有舆论监督的功能；互联网是文化信息集散地，具有社会文化遗产传承功能。互联网不仅带来了新的社会交往方式，也开启了新的领导方式。因此，领导干部不仅仅应看到互联网的新工具属性、场域属性，做网络技术学习和管理的低头族，而且要看到互联网背后的群众属性，做尊重群众服务群众的低头族。

做倾听网络民意的低头族，要求领导干部把运用互联网上升到运用网络走“群众路线”的高度去看待，以积极的态度、包容的胸怀、创新的精神，将互联网当作人民群众的“喉舌”来理解，当作领导干部的“耳目”来看待，将使用互联网的网民当作领导活动的主体来看待，在决策过程中真心吸纳网民的意见和建议，在支持众创、众包、众扶、众筹中汇集民智民力，在倾听网民的主流声音的同时也要“打捞”沉默的声音，在矛盾协调中了解民情民意、听取民诉民愿、保障大多数群众利益的同时兼顾少数群众的利益，在沟通交流中有效地提高领导干部自身乐于接受互联网问政的素养。

值得注意的是，做倾听网络民意的低头族，是向历史的创造者低头表达尊重和敬意，不向炮制的虚假民意低头，不向代表少数人利益的利益集团低头。因此，领导干部不仅要低头倾听网民说什么，还要看他一贯说什么，看他怎么说，看有没有人资助他说，看谁资助他说。

把爱国作为互联网思维的鲜明旗帜，把敬业作为互联网领导的职业精神，把诚信作为运用互联网思维的基本要求，把友善作为互联网思维的运思标准，培育昂扬向上的网络公民品格。这就要求领导干部带头做仰望理想信念的抬头族，做中国最广大人民群众根本利益的代表者，坚持以人民为中心的立场，抓住中国民意的主题主线主流。

近代以来，中国民心民意的主题、主线、主流就是实现中华民族伟大复兴的中国梦。因此，党员领导干部做倾听网络民意的低头族，听到的必然是这样那样的亟须解决的问题，而这些问题又一定是需要通过改革发展逐步解决的问题。

根据第三十八次《中国互联网络发展状况统计报告》显示，截至2016

年6月，中国网民规模达7.1亿，互联网普及率达到51.7%。可以说，“领导就是服务”在今天和未来主要就是要为广大网民服务，就是要找到网民的利益焦点，切实维护网民群众的具体权益；就是要找到网民群众的兴奋点，让广大网民体验到共同富裕和更多的获得感。因此，领导者要努力为实现中国梦而凝聚强大的网民力量，党员领导干部要带头仰望理想信念，筑牢、托起中国梦，引领、助推“中国梦”的实现。

“低头拉车”要求党员领导干部肯当“老黄牛”。低头是一种心态姿态，拉车是一种实干苦干。当“老黄牛”就必须脚踏实地，勤勤恳恳，兢兢业业，踏踏实实，任劳任怨，一步一个脚印，一步一个台阶，一步一个境界。

“抬头看路”要求党员领导干部掌握“普照光”。抬头是一种自觉自由，看路是一种自强自信。“普照光”是马克思1857年在《政治经济学批判·导言》中提出的，物质生产支配其他关系的生产，掌握这种“普照光”，切实提高生产力，能够帮助党员领导干部培育世界眼光、历史眼光，在复杂形势中看清方向，在严峻挑战中捕捉机遇。

历史地看，既做倾听民心的低头族又做理想信念的抬头族，并不是限于中国，也不始于今天的互联网时代。康德曾经说过：“有两样东西，越是经常而持久地对它们进行反复思考，它们就越是使我心灵充满常新而日益增长的惊赞和敬畏，那就是我头上的星空和我心中的道德律。”不低头问心，怎知心中道德律？不抬头仰望，怎敬头上星空？说到底，这是哲学家康德对人心的低头，对内心所信之规律的仰望。李白有诗云：“举头望明月，低头思故乡。”举头望明月，望的是月之皎洁；低头思故乡，思的是乡归何处，我为何人而奋斗？诗人李白的天人感悟尽在这一“举头”“低头”之间。习近平提出：“要看得见历史、记得住乡愁。”这何尝不是一种对历史的“举头”、对初心的“低头”？在庆祝建党95周年纪念大会上，习近平讲话提出：“不忘初心，继续前行。”低头问初心，问心无愧！抬头再前行，前途光明！

2015年12月16日，在第二届世界互联网大会上，习近平提出构建网络空间命运共同体“互联互通、共享共治”的新主张。互联互通、共享共治既是互联网时代构建网络空间命运共同体的本质要求，也是人类的共同理想。在这个意义上来说，领导干部既要做低头族又要做抬头族，致力于实现人与技术、官方舆论场与民间舆论场、干部与群众的互联互通，既是新的时代对领导干部提出的新要求，又是新的技术对人类领导智慧的再现。

“仰无愧于天，俯无愧于地，行无愧于人，止无愧于心。”这既是互联网时代领导的特色，也是人类领导文明的本色。因此，今天的领导干部有责任有义务回应互联网时代对领导智慧呼唤、弘扬优秀文化、传承领导文明，也有使命有任务拥抱互联网、创新领导角色、切实提高网络领导力。

[案例 5] 以互联网思维推进政府治理现代化

推进政府治理现代化是贯彻落实党的十八大和十八届三中、四中、五中全会精神，推动简政放权、放管结合、优化服务改革向全面和纵深发展的重要举措。互联网思维的本质特征与国家治理现代化的基本要求内在契合，为从互联网思维着眼推进政府治理现代化提供了可能，也为从互联网思维着手完善政府治理体系和提升政府治理能力提供了路径。因此，应当把以互联网思维作为推进政府治理现代化的理论工具来看待，在总结实践经验的基础上避免误区。

1. 以互联网思维推进政府治理现代化的可能性

互联网思维的本质特征与国家治理现代化的基本要求内在契合，使得互联网思维与政府治理现代化紧密联系起来。

首先，互联网思维的出发点是互联网，互联网为政府治理的发展提供新动力。互联网作为一个新技术是当前推动社会生产力解放和发展的最活跃的要素之一，为解放和发展社会生产力提供强大牵引力。互联网具有互联互通、开放包容、共建共享和个性服务的本质特征，而这些属性恰恰是现代政府治理的整体化、开放化、协同化、智慧化所需要的基本要求。物质生产是社会生存的基础，生产力得到极大提高，生产关系相应发生变化。

从互联网与政务服务的发展角度来看，政务服务发展经历了四个阶段：一是“收发室”式的只受理不办理的点状政务服务的“电子政务 1.0”阶段；二是自下向上部署，对外提供政务服务，对内提供行政管理的“电子政务 2.0”阶段；三是横向综合平台与纵向的结合在一起的“电子政务 3.0”阶段；四是建立以用户为中心的智慧型电子政务体系为标志的“电子政务 4.0”阶段。作为上层建筑的一个具体表现形式，互联网思维及出台相关意见、方案的这些举措，正是致力于以现时代的互联网新技术运用来改善政务服务，推动政府治理提档升级。

其次，互联网思维的切入点是“思维”，互联网思维在社会生产和社会生活等领域的渗透和运行，也带来了社会服务方式的调整。从现在来看，我们已经进入了互联网时代，互联网已经成为日常工作与生活不可或缺的组成部分。互联网思维不仅带来了思维方式的革新，也带来了新的政府治理诉求。老子讲，“有无相生，难易相成，长短相较，高下相倾，音声相和，前后相随”，从辩证法的角度来看，问题本身就蕴含着解决方法。因此寻求“解铃”也要从思维这个“系铃”入手，不难理解互联网也是思维方式惊天动地的变革，在给我们提出了政府治理的新要求的同时，也给我们提供了在促进政府治理现代化方面具有创造性的逻辑思考与方法。在这一背景下，需要运用创新眼光和发展的眼光，及时调整服务设施建设的思路和举措。需要注意的是，实践操作与落实必然需要加强领导干部的互联网思维意识，培养良好的网上服务的习惯，积极回应互联网时代社会现实的这种变化，才能适应政务服务的发展要求。因此我们的领导思维一定要跟上节奏，按照新出台的《国务院关于加快推进“互联网 + 政务服务”工作的指导意见》要求，“推进实体政务大厅与网上服务平台融合发展”。我们的认识千万不能仍然停留在过去，不能仍单纯强调大建特建行政服务大厅，结果预期的职能没有发挥，办公楼等硬件设施也慢慢荒废，最后造成公共资源的巨大浪费。

最后，互联网思维的落脚点和归宿是政务服务，现代政务的表现形式和传统政务相比，是高度复杂性、个性化的和不断提高的，它是以一种“均等化分布”的方式影响到社会中所有的成员。“治理”就是要充分动员一切力量，让政府、企业、非营利组织、社区等之间彼此相互联系，构筑起提升政务综合服务水平的现代网络，共同实现社会事务的治理。因此“互联网”的和“政务服务现代化”的特征遥相呼应，同频共振，现代政务服务的现实要求应用互联网的独特优势，而互联网的存在大开现代政务服务之门，唯有有效利用互联网，才能有效实现社会政务创新。

2. 以互联网思维推进政府治理现代化的基本要求

以互联网思维推进政府治理现代化，重点就是要针对以往政府治理碎片性、封闭性、单边性、机械性问题，充分利用互联网思维的优势，从推进政府治理的整体化、开放化、协同化、智慧化上下功夫。

首先，以互联网思维推进政府治理整体化。“大、智、移、云”时代打破了以往的信息不对称格局，使得我国以往政府管理和服务中的碎片性特征日益凸显，虽然公共行政价值“碎片性”、公共资源运作“碎片性”、行政组织结构“碎片性”、公共服务供给“碎片性”，已经随着电子政务从 1.0 版向 2.0 版、2.0 版向 3.0 版的提档升级而减轻和弥合，但是，府际间、府内部际间、业务系统间信息难以全面共享，资源难以实时共用，业务难以有效对接，行为难以充分互动的现象还时有发生，“信息孤岛”、部门鸿沟的问题还没有从根本上解决，在硬件上政府重复建设和资源上严重浪费的情况还普遍存在。

在管理学上有一个著名的“鳄鱼法则”，是说你被鳄鱼咬住了腿，如果用手去救的话自己的手也会被咬住，从而陷入更加危险的处境。如果政府治理缺乏整体化，就犹如被鳄鱼咬住了腿，马上也会被咬住手，慢慢地被鳄鱼全部吞食掉。

我们在政府治理的过程中，对于“碎片化”这种客观存在的情况，一定要有壮士断腕的气魄，推进政府治理整体化。这是政府治理的大势所趋，也是政府治理变革的必然归宿。政府治理整体化有着明确的现实针对性，那就是解决治理“碎片性”所产生的政务服务供给侧结构性障碍。

所谓治理整体化，就是实现府际间、府内部际间、业务系统间信息全面共享、资源实时共用、业务有效对接、行为充分互动，实现府内融合、府际整合、府社结合，提高行政效率，从而打造一个更加具有包容性的政府。通过互联网思维，打破政府地域、层级和部门限制，为政府业务流程的重组和优化提供全新的平台，使得提供全面、全程、无边界的治理整体化目标成为可能。通过有效整合各类孤立、分散的政务服务资源，逐步实现政务服务事项和社会信息服务的全用户覆盖、全天候受理和全信息服务和“一站式”办理，构建方便快捷、公平公正、普适普惠、优质高效的政务服务信息体系，提升政务服务整体水平。

以互联网思维推进政府治理的整体化，第一，必须加强政府治理的整体规划，包括政府部门业务的整体规划、数据的整体规划、服务标准的整体规划，这就需要基于大数据而展开顶层设计。第二，要畅通数据通路，整合政务服务流程。要想实现政府部门之间信息共享，提高组织整体运作效率，就必须打破原有部门间的信息沟通共享障碍，对政府机构组织进行整合，并对政府的业务流程进行重组。优化简化网上申请、受理、审批等流程，缩短办事时限，降低办事成本；对于需要补交的材料等一次性告知清楚，避免重复性事务及操作的发生。

其次，以互联网思维推进政府治理开放化。“熵增原理”表明，孤立系统由于内部的熵增，必然导致系统组织程度越来越低，直至崩溃。系统要想生存和发展，一方面要将熵增物（异化物）输出到环境之中；另一方面又需要将信息、能量等输入到系统中来，以此来达到系统的平衡与发展。由此可以看出治理开放化是政府治理现代化的重要趋势，只有开放，政府组织的外向、亲民、回应、互动、分享、包容、交往、接纳、融合等的基本价值追求才能得到表述、表达和表征。政府治理的开放化主要体现在公开分享信息、公开回应公民诉求、进一步吸纳公众参与合作治理等方面。开放性是互联网的精神追求，互联网对其提供了结构性保障。互联网一方面对所有用户开放，另一方面对未来的改进空间开放。这就为以互联网思维推进政府治理开放化提供基础。应借助互联网的开放性优势，进一步推进政府治理开放化。

第一，应进一步推进政府信息公开。信息公开是开放性政府的首要表现和底线标准，没有信息公开、透明与分享，就谈不上政府治理开放化。如果公民不能获得政府政策基本的价值追求、内容及其执行等信息，何谈监督政府和参与决策？运用互联网思维可以打破传统政府地域、部门、层级界限，可以使信息及时准确地送达到民众手中，使之可以在信息的海洋中提取政府政务服务的信息，对政务服务过程及其结果做出分析和判断，从而实现政府与民众之间良好的交互。这样既能更好地维护民众切身利益，提高政府政务服务的质量，又可以充分发挥民众的主观能动性，充分利用民众的聪明才智。为此，我们应该努力实现以公开促落实，以公开促规范，以公开促服务。各地区各部门要在政府门户网站和实体政务大厅，集中全面公开与政务服务事项相关的法律法规、政策文件、通知公告、办事指南、审查细则、常见问题、监督举报方式，以及行政审批涉及的诸多事项。同时也需要明确指出提交的材料的名称、格式等相关信息。

第二，应进一步推进对公众诉求的及时准确的回应。开放不仅是政府分享信息与去神秘化的过程，而且是政府直面环境变化、与环境形成信息、能量交换和互动的过程。及时准确地回应社会关切的问题与诉求，是解决社会问题、担当公共责任的直接体现。一个开放政府，从原则上来说，不仅要去掉信息的高墙、打开服务大门，而且要邀请公众表达诉求，通过“面对面”“手拉手”相谈，扩大表达诉求被倾听和应答的空间。但是在这里我们需要根据实际情况作出具体改进，“互联网 +”虽然在一定程度上基本可以实现直接参与，但由于受到多种因素的制约，我们需要采取一系列的配套措施来保证功能的发挥，一是要加强网络回应分级化建设。根据诉求的内容不同、事件的严重程度不同，政府及其职能部门可以选择不同的回应主体、不同的回应时间和不同的回应方式。对于一般性的公民个人疑问或意见，相关网络民意诉求是一项变动不居的工作，加快建立和完善网络回应分类分级处理，依据部门在恰当时间做出必要解答就可以；对于正在形成或已经形成的网络舆情，可以由专门的网络发言人先做出应答，然后分门别类移交给相关部门进行具体、详细回答。二是要做到回应方式平台化。构建一个受众广泛并具有良好公信力的回应平台，对于提升政府回应的效果将具有事半功倍的作用，这个平台不仅仅局限于网络，可以虚拟平台与传统媒体平台相结合，打组合拳，同时，在应对重大危机事件时，虚拟与现实平台要实现无缝对接，网上网下齐发力，高效及时回应，引导网民正确表达意见。各级政府要依托政府门户网站，整合本地区本部门政务服务资源与数据，加快构建权威、便捷的一体化互联网政务服务平台，避免重复分散建设；已经单独建设的，应尽快与政府门户前端整合。要加强政府部门各业务系统与政务服务系统的对接，加强各平台间的互联互通。要积极推进平台服务向移动端、自助终端、热线电话等延伸，提供方便浏览、及时使用的便捷办事渠道与畅通的回应路径。

第三，应进一步提高推进公众的政策参与广度和深度。公共政策的制定和出台过程是多元利益主体复杂的互动博弈过程，政府不能也不可能独占政策信息、话语的制高点并且垄断政策资源。通过调适利益关系，促成协商对话，共建公共理性，治理开放化能够巩固公共政策的正当性基础与合法性。同时公众的参与体现在强化考核监督上，要畅通群众投诉举报渠道，在政府门户网站设立曝光纠错栏目，公开群众反映的办事过程中遇到的困难和问题，及时反馈处理结果。同时采取一定措施的正向激励行为，对于发现问题、提出建设性意见的群众，予以一定程度的奖励，实现正强化效果。

再次，以互联网思维推进实现政府治理协同化。协同治理是现代政府治理的必然要求。协同治理首先体现为多元主体的协同治理。梅特卡夫定律在一定意义上表明多元主体的协同治理的重要性。所谓的梅特卡夫定律是由计算机网络先驱罗伯特·梅特卡夫提出的，其意为网络的价值随着用户的增加而增加，网络的价值等于用户增加量的平方。换句话说，用户的种类和数量的增加将增加互联网或“互联网 +”的价值。因此，实现政府治理协同化，就要以主体的多元多维性有效突破单中心主义的政府管理模式带来的困境，而且要优化顶层制度设计，实现治理有效适用和治理效用的最大化。

实现政府治理协同化，应改变传统政府作为单一中心单打独斗的治理格局，适应当代社会的复杂性和多样性特征，为开发各种社会力量合作治理的途径，为推进政府治理现代化凝聚力量。

实现政府治理协同化，应加强人工智能技术和信息系统一体化建设，建设起一个多元主体间交流互动的平台来实现主体间信息快速传递与及时共享。推进互联网思维还应实现政务服务的动态化管理，改变传统政治管理中因固定流程而导致的政务静态化管理困境，更能适应信息时代公共服务的跨界性、信息海量性和互动多主体性，有效地融合各方力量，使组织结构更具弹性、管理流程更具灵活适应性，将各个行政事务间的信息联系起来，并进行协作。

实现政府治理协同化，关键在于各方主体共同参与，相互配合与合作。根据我国网络发展的实际情况，相关部门迫切需要做好以下两个方面工作：一是进一步完善相关法律法规，切实加强网络法制建设，使互联网在规范化、法制化的轨道上健康发展；二是根据网络发展出现的新情况和新问题，及时制定和出台一些新的法律法规以适应网络不断发展的需要。按照严格的程序与流程，制定和完善具有可操作性的互联网相关法律法规。有效清理网络上不良现象，对网络发展中出现的问题，如怎样甄别知情权与隐私权、言论自由与人身攻击、社会监督与造谣诽谤等诸多问题，做出更为明确的界定。

最后，以互联网思维推进政府治理智慧化。智慧治理是现代政府治理的发展方向。随着人工智能工具与移动互联网技术的集成创新发展和运用，人们逐渐摆脱以往机械性的生活，一切分化的部门都可以通过人工智能工具连接起来。智慧政务借助政务大数据平台，把涉及政务服务的证件数据、相关证明信息数据化和集成化，不断完善和优化政务信息资源目录与政务服务信息系统，整合互联网上社会群体与政府治理相关的各项数据信息，对包括全面建成小康社会、全面深化改革、全面依法治国和全面从严治党等公共活动在内的各种需求进行智能感应，积极开展与社会各类任务各类需求的深度融合，实现社会的“再一体化”。通过科学研判、科学决策，做出智能的回应，并不断评价政策运行效果，改进决策，并以大数据分析为核心，重构智慧感知、智慧评价、智慧决策、智慧管理服务和智慧传播的政府管理新流程，实现以用户为中心、全生命全周期办理、个性化投送、智能化查询、从“人找事”转向“事找人”、资料一次提交永久使用、进度办事查询等一系列融合，达到公众与政府良性互动新格局。

通过现代智能互联网技术和信息系统，掌握准确全面的数据是实时、快捷、方便的沟通交流平台，实现精准化治理。通过所获大数据分析，可使政府决策更快速、灵活、科学，从而实现政府治理的精细化和精准化，形成为群众服务的大数据资源体系。并运用大数据技术，进行综合分析，了解公众服务需求，不断优化资源配置，丰富服务内容，做好个性化精准推送服务，变被动服务为主动服务，从而实现政府治理智慧化。

以互联网思维推进政府治理智慧化还要求数据安全保障机制智能化。通过严格规范数据的访问权限，全程监控数据收集、处理、传播和应用，自动预警预报，有效隔离敏感公共数据和个人数据隐私，自动信息泄露追踪等，确保互联网思维数据安全。充分利用云计算、数据挖掘等有效工具，向纵深挖掘政府政务服务所需要的信息源，提高数据处理分析能力，实现从数字化到数据化的转变，不断创新和优化政务服务流程的智能化程度，有效整合相关联的信息数据、反馈数据等关键资源。让云计算、大数据、互联网思维在政府政务服务中发挥更大作用。推出流程一体化的组织管理和网络办公服务，助力政务服务。

3. 以互联网思维推进政府治理现代化要避免陷入的误区

从《关于积极推进“互联网 +”行动的指导意见》的实施到《推进互联网思维开展信息惠民试点的实施方案》的出台，互联网思维已经得到各级政府的普遍认同和响应，推进的速度也在不断加快。然而，实践中却出现了一些误区，很容易出现各种偏差，最终影响到我国政府政务服务水平和效能的提高。因此，要实现以互联网思维推进政府治理现代化，当务之急是要避免陷入认知误区。

首先，避免陷入“重互联网轻政务服务”的误区。在以互联网思维推进政府治理现代化进程中，要加强网站和客户端的建设，这是实现互联网思维的基础，但是，说到底，“互联网+”是工具、手段，而政务服务才是目的、宗旨。须知加强网站和客户端的建设的根本目的是提高政务服务水平，不能为互联网而互联网，不能将原有可整合的基础设施弃于一旁而重复建设，不能在设备系统上“贪大求洋”而在内容建设上浮皮潦草，不能犯目的服务于手段、形式大于内容的错误，这也是互联网思维的整体性和政府治理现代化整体化原则的客观要求。在当前经济形势下，一个需要坚持的根本原则是，在互联网建设上要量力而行，在政务服务建设上要尽力而为。此外，还应按照《国务院关于加快推进“互联网＋政务服务”工作的指导意见》的要求，加快“推动基层服务网点与网上服务平台无缝对接”。

其次，避免陷入“重数据架构轻权力清单”的误区。从政府权力视角来看，“互联网+政务服务”不是从天而降，也不是另起炉灶，而是在已经完成权力清单基础上开展的新型政务服务范式，通过不懈努力，经过“清权、减权、制权、晒权”等主要环节，权力清单制度已经建立起来，各级政府的权力清单已经明确了政府在政务服务上的“必须为”和“不能为”的边界。因此，应回应互联网思维的协同化要求，在推进互联网思维时，以权力清单为先，使数据架构与权力清单相适应，同时为了确保满足政府治理开放化要求，数据架构应确保空间可扩容、平台可升级、程序可优化。

最后，避免陷入“重线上审批轻线下服务”的误区。以往政府管理的一个突出问题就是重审批轻服务。在新的政府治理模式下，要避免新形式包裹着的这个老问题。不能因为强调互联网思维就弃守线下监管和服务，从一个极端走向另一个极端。须知互联网思维由于不是传统的真正的面对面打交道，而是天然地增加了引发诚信危机的概率，特别是在当前互联网依法治理的初级阶段，很容易为政府监管失位、缺位留有空间。事实上，由于互联网思维的应用极大地提高了效率，政务服务人员摆脱了以往时间、地点的束缚，客观上拥有更多的时间开展线下服务，因此运用互联网思维并不意味着以互联网取消了实地服务，而是要加强现场互动。同时，由于互联网思维的推进是一个循序渐进的过程，必要的线下工作不能停滞不前，要经历一个有序转交的过程。根据实际情况，我们现阶段要推进实体政务大厅与网上服务平台相融合，要进一步提升实体政务大厅的服务能力，加快与网上服务平台融合，形成线上线下功能互补，相辅相成的政务服务新模式。

虽然实践中的误区并不限于上述三种，但从中可看出，要真正实现以互联网思维推进政府治理现代化也需要坚持和运用好系统思维和辩证思维，需要始终坚持唯物辩证法，需要牢固树立科学的现代治理理念。

政府治理的整体化、开放化、协同化、智慧化，既是现代政府治理体系现代化的内容，又是提升现代政府治理能力建设的路径。我们要坚持整体思维、创新思维、协同思维和辩证思维，积极推行互联网思维，使政府治理的整体化、开放化、协同化、智慧化水平与互联网的互联互通、开放包容、共建共享和个性服务同步提高，协调发展。

“互联网思维”是互联网发展思想的“精华素”，是促使互联网与社会各领域发生化学反应的“催化剂”，是人们多维、立体、生动、丰富需求的“探测仪”，是为人们提供个性、细腻、灵活、体贴入微服务的“智慧树”。

互联网思维既是工具、商业模式，也是文明、领导方式。在互联网时代，互联网思维融入每个领导者日常工作中，融入网民日常生产生活交往之中，在衣食住行、待人接物、生老病死、婚丧嫁娶中，领导者不断追求开放、自由、平等、包容、创新、共享的精神气质与行事准则。坚持互联网思维的本质属性，培育好互联网思维，运用好互联网，领导者必将率领引导人们开创更加美好的未来。

E N D

结语

努力走在提升领导思维力的路上

笛卡儿说过一句名言，“我思故我在”，这句话的合理之处就在于凸显了思维对于人的意义，人通过思维能力确证自己的有尊严地存在，领导者也是一样。领导思维是领导过程中的思维，在这个意义上，领导思维不仅是领导者的思维，也是追随者的思维。更重要的是，作为引路者、带头人、决策者，领导者不能按平常人标准要求自己，要充分体现领导者应有的思维高度，还要通过思维传承、思维传递、思维传播，来改变人、改变世界。

通过前八章的分析我们看到，恢宏高远的战略思维、理性智慧的辩证思维、把握全局的系统思维、勇于开拓的创新思维、行事有格的法治思维、心中有底的底线思维、启迪深远的历史思维、互通共享的互联网思维相互依存、相互交叉、相互促进，在一定条件一定程度上相互转化，是领导者日知日用、做好工作离不开的科学思维，而且这八大思维在领导活动中展开、在领导者身上体现，既是一个自然历史过程，又是一个彰显主体能动性的过程。“圣人以天下为己身，视天下无一物非我”。“拯患救难是唯圣人”，那些能把八大思维都坚信坚持坚守并用于拯患救难得心应手的，那是圣人。“走遍思想的万水千山，感悟心灵的骨肉相连”，那些能笑看八大思维，打通参透领导思维的，那是仙人。“阵而后战，兵法之常，运用之妙，存乎一心”，那些能把八大思维的某些方面运用得娴熟巧妙，那是高人。“少知而迷、不知而盲、无知而乱”，那些对八大思维所知不多，所为不精的，那是常人。在这个意义上，领导者在率领引导追随者实现领导目标的实践过程，就是从常人到高人，从高人到仙人，再从仙人直到圣人的修炼过程。

恩格斯在谈到提升思维能力的对策时指出，“这种能力必须加以发展和锻炼，而为了进行这种锻炼，除了学习以往的哲学，直到现在还没有别的手段”[①]。为什么学习以往的哲学能够提升思维能力？那是因为它能让人们掌握把握事物发展的普遍规律。恩格斯当时所针对的是理论思维，领导思维除了具有理论思维的属性，还具有鲜明的实践性和主体性特征，因此，在学习知识、吸取理论光能的同时，回归实践本源、汲取实践智能，激活自我，释放领导潜能，也是领导思维力自我提升的重要途径。对于中国的领导干部来说，领导思维有其理论来源，即马克思列宁主义、毛泽东思想和中国特色社会主义理论中的领导思想；领导思维有其实践来源，即中国特色社会主义新的伟大实践和亿万人民的伟大创造；领导思维有其文化来源，即博大精深、源远流长的中华历史文化和世界文明丰富多彩的优秀成果。如何能从源头汇流成海？领导者始终高度重视领导思维能力建设是提升领导思维的必要条件。

《大学》里说：“苟日新，日日新，又日新。”实践发展永无止境，认识真理永无止境，提升领导思维力永无止境，让我们努力走在不断提升领导思维品质的路上，走在不断提高领导力的路上。

① 《马克思恩格思选集》第三卷，人民出版社 1995 年版，第 465、467 页。

主要参考文献

一、著作

1.《马克思恩格斯选集》第一—四卷，北京：人民出版社 1995 年版。

2.《列宁选集》第一—四卷，北京：人民出版社 1995 年版。

3.《毛泽东选集》第一—四卷，北京：人民出版社 1991 年版。

4.《邓小平文选》第一—三卷，北京：人民出版社 1993—1994 年版。

5.《江泽民文选》第一—三卷，北京：人民出版社 2006 年版。

6. 习近平:《之江新语》，杭州：浙江人民出版社 2013 年版。

7. 习近平:《干在实处　走在前列》，北京：中共中央党校出版社 2013 年版。

8. 习近平:《习近平谈治国理政》，北京：外文出版社 2014 年版。

9. 习近平:《摆脱贫困》，福州：福建人民出版社 2014 年版。

10. 习近平:《知之深　爱之切》，石家庄：河北人民出版社 2016 年版。

11. 中共中央党央研究室编:《十八大以来重要文献选编》（上），北京：中央文献出版社 2014 年版。

12. 刘峰著:《领导大趋势》，北京：中国言实出版社 2003 年版。

13. 刘峰著:《新领导观》，北京：北京大学出版社 2005 年版。

14. 刘峰著:《简约领导》，北京：国家行政学院出版社 2012 年版。

15. 胡月星著:《胜任领导》，北京：国家行政学院出版社 2012 年版。

16. 雷强著:《网络领导》，北京：国家行政学院出版社 2012 年版。

17. 穆青著:《底线思维》，北京：华夏出版社 2013 年版。

18. 邵景均著:《人民日报刊载邵景均理论文集》，北京：人民日报出版社 2014 年版。

19. 段培君:《战略思维理论与方法》，北京：中央党校出版社 2011 年版。

20. 管向群主编:《战略思维》，南京：江苏人民出版社 2015 年版。

21. 张一兵主编:《辩证思维》，南京：江苏人民出版社 2015 年版。

22. 袁久红主编:《创新思维》，南京：江苏人民出版社 2015 年版。

23. 王小锡主编:《底线思维》，南京：江苏人民出版社 2015 年版。

24. 夏锦文主编:《法治思维》，南京：江苏人民出版社 2015 年版。

25. 双传学主编:《历史思维》，南京：江苏人民出版社 2015 年版。

26. 杜骏飞主编:《互联网思维》，南京：江苏人民出版社 2015 年版。

27. 钟宪章，禹政敏编著:《新常态：新思维：领导干部科学思维能力提升十讲》，北京：国家行政学院出版社 2015 年版。

28. 金一南著:《心胜》，武汉：长江文艺出版社 2013 年版。

29. 金一南著:《金一南讲：世界大格局，中国有态度》，北京：北京联合出版公司 2015 年版。

30. 公方彬著:《大思想：中国崛起的瓶颈与突破》，广州：广东人民出版社 2015 年版。

31. 公方彬著:《大战略：以新设计走出中国崛起的新路径》，广州：广东人民出版社 2016 年版。

32. 郑永年著:《再塑意识形态》，上海：东方出版社 2016 年版。

33. 郑永年著:《重建中国社会》，上海：东方出版社 2016 年版。

34. 陈宇主编:《毛泽东军事战略》，北京：解放军出版社 2015 年版。

35. 吕思勉著:《中国通史》，上海：中华书局 2015 年版。

36. [美] 埃里克·奎尔曼著:《互联网思维：成为未来引领者的五大法则》，北京：中国人民大学出版社 2015 年版。

37. Simon Wootton, Terry Horne. Strategic Thinking: A Nine Step Approach to Strategy and Leadership for Managers and Marketers, Third Edition, London: Kogan Page, 2010.

38. Larry Alper, Kimberly Williams, David Hyerle. Developing Connective Leadership: Successes with Thinking Maps, Bloomington: Solution Tree Press, 2011.

39. Hilarie Owen, Ed. New Thinking on Leadership: A Global Perspective, Philadelphia: Kogan Page, 2012.

40. Phil Higson, Anthony Sturgess. Uncommon Leadership: How to Build Competitive

Advantage by Thinking Differently, London: Kogan Page, 2014.

二、论文

1. 姜作培:《努力提高中青年战略思维能力》,载《特区理论与实践》2001 年第 3 期。

2. 王超:《战略思维能力:中青年领导干部必备的重要素质》,载《组织人事学研究》2002 年第 2 期。

3. 王泽旭:《领导干部必须具备宽广的世界眼光,提高战略决策和战略思维能力》,载《科学社会主义》2003 年第 5 期。

4. 屠春友:《什么是战略哲学》,载《学习时报》2005 年 10 月 24 日。

5. 屠春友:《关于战略哲学研究的几个基本问题》,载《理论前沿》2005 年第 20 期。

6. 段培君:《把握战略思维的当代发展》,载《学习时报》2008 年 8 月 11 日。

7. 段培君:《着力加强战略预见》,载《学习时报》2008 年 8 月 18 日

8. 周英东:《领导干部创新思维能力提升的途径》,载《学习月刊》第 12 期。

9. 李际均:《战略思维:在战争中学到的智慧》,载《新华日报》2010 年 11 月 3 日。

10. 杨春贵:《如何提高战略思维能力》,载《人民论坛》2010 年第 11 期。

11. 邱敦红:《领导干部要重视提高战略思维能力》,载《光明日报》2012 年 2 月 22 日。

12. 程建国:《领导干部应注重提高战略思维能力》,载《人民日报》2012 年 3 月 26 日。

13. 张国祚:《谈谈底线思维》,载《求是》2013 年第 19 期。

14. 人民日报评论部:《以战略思维谋全局》,载《人民日报》2014 年 3 月 5 日。

15. 人民日报评论部:《以辩证思维解忧难》,载《人民日报》2014 年 3 月 7 日。

16. 人民日报评论部:《以法治思维图善治》,载《人民日报》2014 年 3 月 11 日。

17. 人民日报评论部:《以系统思维聚合力》,载《人民日报》2014 年 3 月 13 日。

18. 人民日报评论部:《以底线思维定边界》,载《人民日报》2014 年 3 月 17 日。

19. 人民日报评论部:《以创新思维增活力》,载《人民日报》2014 年 3 月 20 日。

20. 慎海雄:《运用法治思维和法治方式推进改革》,载《瞭望》2014 年第 44 期。

21. 姜奇平:《什么是互联网思维》,载《互联网周刊》2014 年 5 月 5 日。

22. 刘帅:《什么是互联网思维》,载《红旗文稿》2014 年第 17 期。

23. 张怡恬:《坚持底线思维才能赢得主动》,载《人民日报》2014 年 6 月 18 日。

24. 雷强:《互联网时代的领导思维》,载《学习时报》2014 年 12 月 22 日。

25. 韩庆祥:《全面深入把握习近平治国理政思想的十个重要方面》,载《中国特色社会主义研究》2014 年第 6 期。

26. 杨永加:《习近平强调的思维方法》，载《学习时报》2014 年 9 月 1 日。

27. 杨永加:《向习近平总书记学科学思维方法》，载《紫光阁》2015 年第 6 期。

28. 吴德贵:《论领导干部辩证思维能力》，载《人事天地》2015 年第 9 期。

29. 董振华:《领导干部要着力培养战略思维能力》，载《前线》2015 年第 5 期。

30. 袁仁国:《以创新思维迎接新常态》，载《人民日报》2015 年 9 月 11 日。

31. 颜欣:《领导干部法治思维的培养》，载《法制博览》2015 年第 11 期（下）。

32. 陶文昭:《治国理政的历史思维》，载《科学社会主义》2016 年第 3 期。

33. 宋建丽:《底线思维的现实威力》，载《人民日报》2016 年 2 月 26 日。

34. 何绍辉:《思维·思考·思想:〈智库的力量:公共政策研究机构如何促进社会发展〉读后》，载《光明日报》2016 年 3 月 22 日。

35. 周文彰:《谈谈互联网思维》，载《光明日报》2016 年 4 月 9 日。

36. 刘书林:《马克思主义历史思维的新发展和新运用》，载《红旗文稿》2016 年第 21 期。

后　记

领导思维是领导科学的重要内容。在中共黑龙江省委党校黑龙省行政学院领导科学教研部工作的近 20 年时间里，笔者曾就“战略思维”“辩证思维”“创新思维”“底线思维”“网络新媒体领导力”“应急管理中的舆情分析和舆论引导”等专题，在领导干部培训班上与学员研讨过，也与党校行政学院系统的教师交流过。从结果来看，这些专题较受学员和同行的欢迎，这些认同全都来源于领导思维有着内在的迷人魅力，前辈们诲人不倦的倾情助力，学员努力探求真理的精神动力。正是这些强大力量，让我和领导思维结下情缘，沉迷其中，无法自拔，流连忘返，乐此不疲。

“书到用时方恨少。”到了真正著书立说的时候，日益觉得自己还远远没有准备好，纵使搜肠刮肚、苦思冥想、绞尽脑汁、殚精竭虑，也仍难如愿，然而，那些写作中神交的人类思想大师不断提醒我们，“人的全部尊严就在于思想”，“要想站在科学的最高峰，就一刻也不能没有理论思维”。“思维着的精神是地球上最美丽的花朵”，我们有什么理由不求真、向善、唯美？怎么能因一己之贫乏而停下向前奋进的脚步？陈寅恪先生引用《史记》说的“《诗》有之：‘高山仰止，景行行止’，虽不能至，心向往之”，给人以深刻启迪。

向前，向前！不问结果。正如泰戈尔的诗：“天空不留翅膀的痕迹，而鸟已经飞过。”

领导科学诸前辈的榜样力量，特别是国家行政学院胡月星教授的信任鼓励和出版方的平台搭建，为我们创造了放飞心灵、思维分享的良机，所以感谢之情无以言表。感谢我的学生，他们的勤学好问倒逼了我对领导思维一些根本问题的深思。感谢我的领导、同事、朋友和家人的仁厚，感谢他们不与“登吟榻构思，闻人声便怒”之人一般见识的包容，正是领导、同事、朋友和家人的深切理解和大力支持，让我能心无旁骛地写作，堪堪完成此写作任务。令我欣慰的是，女儿非但没有因为她的父亲的无暇顾及而懈怠退步，反倒自觉地投入学习之中，尽了做学生的本分。

“问渠那得清如许？为有源头活水来”。再次感谢中国领导科学共同体中的前辈们，感谢在一线实践领导思维的“关键少数们”，从他们身上，我们看到了高远的人生境界、浓厚的家国情怀、务实的为民精神和强烈的社会责任感，也意识到自己身上的责任和使命，因此，本人愿意致力于将领导科学界这些弥足珍贵的思想和精神传承下去，为中国领导学研究事业尽自己一份绵薄之力。

本书系国家社科基金项目“领导干部掌握网上舆论斗争领导权对策研究”（14BXW023）、黑龙江省社科项目“建立健全松花江流域水污染治理中的地方政府间协同机制研究”（2013D085）、2016 年黑龙江省委党校委托课题“强化领导思维　推进龙江振兴研究”和“黑龙江省领导科学研究所 2017 年专项研究”的成果。

书不尽言，言不尽意。意犹未尽，敬请指正！

赵福生

2016 年 12 月 12 日于冰城汲沧溪